ユーキャンの

2025年版
介護福祉士

2025徹底
予想模試

新カリキュラムについて

　2017（平成29）年に介護福祉士養成課程における教育内容（カリキュラム）の見直しが行われました。新しいカリキュラムに基づく国家試験は、第35回試験（2023〔令和5〕年1月実施）から行われています。

求められる介護福祉士像

平成19年度カリキュラム改正時

1. 尊厳を支えるケアの実践
2. 現場で必要とされる実践的能力
3. 自立支援を重視し、これからの介護ニーズ、政策にも対応できる
4. 施設・地域（在宅）を通じた汎用性ある能力
5. 心理的・社会的支援の重視
6. 予防からリハビリテーション、看取りまで、利用者の状態の変化に対応できる
7. 多職種協働によるチームケア
8. 一人でも基本的な対応ができる
9. 「個別ケア」の実践
10. 利用者・家族、チームに対するコミュニケーション能力や的確な記録・記述力
11. 関連領域の基本的な理解
12. 高い倫理性の保持

社会状況や人々の意識の移り変わり、制度改正等

今回の改正で目指すべき像

1. 尊厳と自立を支えるケアを実践する
2. 専門職として自律的に介護過程の展開ができる
3. 身体的な支援だけでなく、心理的・社会的支援も展開できる
4. 介護ニーズの複雑化・多様化・高度化に対応し、本人や家族等のエンパワメントを重視した支援ができる
5. QOL（生活の質）の維持・向上の視点を持って、介護予防からリハビリテーション、看取りまで、対象者の状態の変化に対応できる
6. 地域の中で、施設・在宅にかかわらず、本人が望む生活を支えることができる
7. 関連領域の基本的なことを理解し、多職種協働によるチームケアを実践する
8. 本人や家族、チームに対するコミュニケーションや、的確な記録・記述ができる
9. 制度を理解しつつ、地域や社会のニーズに対応できる
10. 介護職の中で中核的な役割を担う

＋

高い倫理性の保持

出典：厚生労働省「介護福祉士養成課程における教育内容の見直し」について

❶新カリキュラムの見直しのポイント

①チームマネジメント能力を養うための教育内容の拡充

②対象者の生活を地域で支えるための実践力の向上

③介護過程の実践力の向上

④認知症ケアの実践力の向上

⑤介護と医療の連携を踏まえた実践力の向上

❷新出題基準（新カリキュラム）に対応した第35回試験の内容

　第35回試験からは、下記のとおり見直されました。

①カリキュラムの見直しにより出題される領域の順番が変更となり、午前は「人間と社会」「こころとからだのしくみ」「医療的ケア」、午後は「介護」「総合問題」の順に出題された。

②カリキュラムの見直しにより「人間関係とコミュニケーション」の時間数が増えたことで、試験科目「人間関係とコミュニケーション」の問題数が2問増えて4問になった一方で、「コミュニケーション技術」が2問減って6問になった。

ユーキャンが よくわかる！ その理由

● 試験直前にも役立つ科目ごとの講義ページ

■重要ポイントをまとめて確認

巻頭の「直前総まとめ講義」では、過去の本試験問題の分析から、出題の可能性が高いと予想される項目や学習上のアドバイスなどを、科目ごとに紹介しています。苦手分野の復習や、直前期の最終確認などにもお役立てください。

● オリジナルの模擬試験125問を2回分収録

■実際の試験に即した問題構成・体裁の模擬試験

国家試験の「問題数、レベル、出題形式」を予想した模擬試験です。問題冊子は1回分ずつ取り外すことができ、本試験をよりリアルに体感することができます。

■本番の試験をシミュレーション

切り離して使える解答用紙も、本番のマークシート方式を想定した作りになっています。解答目標時間を自分で設定することで、1問に対する時間配分や科目ごとの比重など、本試験をイメージしながら問題に取り組むことができます。

● 充実解説だから出題の意図がわかる、応用力が身につく！

■すべての選択肢に詳細な解説を掲載

すべての選択肢について、出題意図を確実に押さえた詳細な解説を掲載しています。模擬試験を解いた後は採点するだけでなく、解説をよく読んで復習し、再度チャレンジしてみましょう。

■過去問題の分析に基づく重要度を表示

解答解説のページに、その問題の重要度を★の数で表示しています（最重要は★3つ）。

■重点解説にPOINTを表示

解説のうち、過去繰り返し問われている要点を含むものや、必ず覚えておきたい数値・用語などを含むものは、「POINTマーク」を表示しています。

■補足解説も充実

問題文や解説中に出てくる重要な用語は「重要ワードの再・確・認」、問題を解くうえで押さえておきたい知識は「ステップUP」として、まとめています。

2024年試験も的中が出た！

　試験傾向の徹底的な分析に基づき本書は編集されています。第36回国家試験でも『2024年版ユーキャンの介護福祉士2024徹底予想模試』から類似選択肢が多数出題されました！！
　試験合格に向け、学習の総まとめとして本書をご活用ください。

■的中した選択肢の一部を紹介！

『2024年版ユーキャンの介護福祉士2024徹底予想模試』	第36回国家試験
第1回問題2〈自立〉 4　自立とは、必ず自分の力だけで行われる状態である。 第2回問題2〈自立〉 1　自立支援とは、自分でできるようにすることだけを目標としている。	問題2〈介護を必要とする人の自立〉 1　自立は、他者の支援を受けないことである。
第1回問題9〈視覚障害者が利用できる介護給付サービス〉 4　同行援護	問題14〈「障害者総合支援法」に規定されている移動支援〉 3　同行援護は、危険を回避できない知的障害者が利用する。
第1回問題26〈副交感神経のはたらき〉 1　心拍数増加 2　血圧上昇 3　瞳孔散大 4　気管支拡張 5　唾液分泌増加 第2回問題23〈交感神経のはたらき〉 1　血管は収縮する。 4　心拍数は減少する。 5　瞳孔は収縮する。	問題20〈交感神経作用〉 1　血管収縮 2　心拍数減少 3　気道収縮 4　消化促進 5　瞳孔収縮
第1回問題39〈若年性認知症〉 2　女性より男性に多くみられる。	問題43〈若年性認知症の特徴〉 2　男性よりも女性の発症者が多い。
第1回問題42〈せん妄〉 1　せん妄は、夜間に現れることはない。	問題41〈認知症の人にみられるせん妄〉 5　日中に多くみられる。

第1回問題44〈バリデーション〉
5 バリデーションの基本テクニックのレミニシングは、感情を一致させることである。

➡問題46〈バリデーションに基づく認知症の人の動きや感情に合わせるコミュニケーション〉
3 レミニシング

第1回問題52〈「障害者差別解消法」〉
2 法の対象を身体障害、知的障害、精神障害、発達障害のある者に限定している。

➡問題13〈「障害者差別解消法」〉
1 法の対象者は、身体障害者手帳を交付された者に限定されている。

第1回問題89〈爪の手入れ〉
1 爪を切る場合には、斜め方向から切るスクエアオフが適している。
3 入浴後に切ると切りやすい。

➡問題86〈医学的管理が必要ない高齢者の爪の手入れ〉
1 爪は、入浴の前に切る。
3 爪は、一度にまっすぐ横に切る。

第2回問題34〈老化〉
3 健康寿命は、介護の有無に関係なく、自立して暮らすことができる期間をいう。

➡問題36〈健康寿命〉
5 健康上の問題で日常生活が制限されることなく生活できる期間

第2回問題43〈家族の介護〉
3 ダブルケアとは、夫の親と妻の親を同時に介護することをいう。

➡問題64〈介護を取り巻く状況〉
1 ダブルケアとは、夫婦が助け合って子育てをすることである。

第2回問題55〈統合失調症の陽性症状〉
1 幻覚　　　2 感情の平板化
3 意欲低下　4 抑鬱気分
5 自殺念慮

➡問題52〈統合失調症の特徴的症状〉
1 振戦せん妄　2 妄想
3 強迫性障害　4 抑うつ気分
5 健忘

第2回問題80〈嚥下しやすい食べ物〉
1 海苔　　　2 餅
3 ヨーグルト　4 水
5 カステラ

➡問題88〈嚥下機能が低下している利用者に提供するおやつ〉
1 クッキー　2 カステラ
3 もなか　　4 餅
5 プリン

第2回問題84〈左片麻痺者の入浴介助〉
5 左足から浴槽に入る。

➡問題91〈右片麻痺者の安全な入浴〉
1 「浴槽に入るときは、右足から入りましょう」

このほかにも、類似や関連性の高い選択肢が多数出題されました。解説にも得点アップのカギが!!

5

本書の使い方

　本書「介護福祉士 2025 徹底予想模試」は、徹底的な出題傾向の分析に基づいた「模擬試験」を 2 回分収録‼ 本試験を完全シミュレーションし、完成期の仕上げを行います。

●模擬試験／解答用紙

　問題冊子は取り外しができます。また、本体 p.61 ～ 64 に、模擬試験の解答用紙があります。切取線にそって切り離して使用してください。

領域：人間と社会

人間の尊厳と自立

問題1　Aさん（80歳、女性）は、夫と二人暮らしである。脊柱管狭窄症（spinal stenosis）のため、長時間立っていると痛みがひどくなり、思うように料理を作ることができない。また、歩行時に痛みが出ることから、自宅に閉じこもりがちである。歩行の際には杖を両手に持って体を支えている。夫が買い物に行ったり簡単な調理を行っていることを、Aさんは気にしている。夫は、進んで手助けをしているが、自分の趣味の集まりなどに出かけることをためらうようになっている。
　　Aさんに対する介護福祉職の助言として、**最も適切なもの**を1つ選びなさい。
1　休み休みでも自分で買い物に行くように伝える。
2　自分で家事をすべてやるように伝える。
3　夫と相談して、それぞれの役割分担を決めるように伝える。
4　Aさんの外出の機会を増やすため、夫に買い物に行かないように伝える。
5　夫に自分の趣味を優先するように伝える。

問題2　人間の尊厳に関する次の記述のうち、**正しいもの**を1つ選びなさい。
1　「日本国憲法」では、第25条で尊厳という文言を用いて、個人として尊重されることを規定している。
2　尊厳という理念的価値は、障害者のみ当てはまる。
3　「障害者基本法」では、障害者の権利として「その人が望む生活」を保障している。
4　理念的価値とは、発展的に考えた価値という意味である。
5　尊厳とは、生活支援の基本的原理であり、理念的価値である。

1

本試験と同じ 出題形式を再現

本試験と同じ5肢択一を基本とする多肢選択形式になっています。図表を用いた問題もありますので、出題形式に慣れておきましょう。

第 1 回模擬試験（午前）解答用紙

氏 名　［　　　　　　　］

※実際の解答用紙には受験番号記入欄があります。

人間の尊厳と自立
| 1 | ① ② ③ ④ ⑤ |
| 2 | ① ② ③ ④ ⑤ |

人間関係とコミュニケーション
3	① ② ③ ④ ⑤
4	① ② ③ ④ ⑤
5	① ② ③ ④ ⑤
6	① ② ③ ④ ⑤

社会の理解
7	① ② ③ ④ ⑤
8	① ② ③ ④ ⑤
9	① ② ③ ④ ⑤
10	① ② ③ ④ ⑤
11	① ② ③ ④ ⑤
12	① ② ③ ④ ⑤
13	① ② ③ ④ ⑤
14	① ② ③ ④ ⑤
15	① ② ③ ④ ⑤
16	① ② ③ ④ ⑤
17	① ② ③ ④ ⑤
18	① ② ③ ④ ⑤

こころとからだのしくみ
19	① ② ③ ④ ⑤
20	① ② ③ ④ ⑤
21	① ② ③ ④ ⑤
22	① ② ③ ④ ⑤
23	① ② ③ ④ ⑤
24	① ② ③ ④ ⑤
25	① ② ③ ④ ⑤
26	① ② ③ ④ ⑤
27	① ② ③ ④ ⑤
28	① ② ③ ④ ⑤
29	① ② ③ ④ ⑤
30	① ② ③ ④ ⑤

発達と老化の理解
31	① ② ③ ④ ⑤
32	① ② ③ ④ ⑤
33	① ② ③ ④ ⑤
34	① ② ③ ④ ⑤
35	① ② ③ ④ ⑤
36	① ② ③ ④ ⑤
37	① ② ③ ④ ⑤
38	① ② ③ ④ ⑤

認知症の理解
39	① ② ③ ④ ⑤
40	① ② ③ ④ ⑤
41	① ② ③ ④ ⑤
42	① ② ③ ④ ⑤
43	① ② ③ ④ ⑤
44	① ② ③ ④ ⑤
45	① ② ③ ④ ⑤
46	① ② ③ ④ ⑤
47	① ② ③ ④ ⑤
48	① ② ③ ④ ⑤

障害の理解
49	① ② ③ ④ ⑤
50	① ② ③ ④ ⑤
51	① ② ③ ④ ⑤
52	① ② ③ ④ ⑤
53	① ② ③ ④ ⑤
54	① ② ③ ④ ⑤
55	① ② ③ ④ ⑤
56	① ② ③ ④ ⑤
57	① ② ③ ④ ⑤
58	① ② ③ ④ ⑤

医療的ケア
59	① ② ③ ④ ⑤
60	① ② ③ ④ ⑤
61	① ② ③ ④ ⑤
62	① ② ③ ④ ⑤
63	① ② ③ ④ ⑤

切取線

マークシート方式を再現

実際の試験は機械で読み込むマークシート方式です。塗りつぶし方の練習にもなるので、実際の試験をイメージしながらチャレンジしてみましょう。

■本試験と同じ条件でチャレンジ

実際の試験時間を参考に、あらかじめ解答目標時間を決めて、「模擬試験」にチャレンジしましょう。

■解答・解説と採点シートで採点

解答し終わったら、「解答・解説」で採点し、「採点シート」（本体 p.60）に採点結果を記入しましょう。

■繰り返し学習で、実力アップ

解説をよく読んで、知識を確実なものとしてください。繰り返し学習し、苦手科目を克服しましょう。

●解答・解説

解答・解説の p.1 ～ 72 に第 1 回、p.73 ～ 140 に第 2 回の模擬試験の解答・解説を掲載しています。

補足解説も充実

その項目で出てくる重要な用語などを詳しく解説しています。

問題を解くうえで押さえておきたい知識です。必要に応じてイラストや図表を用い、わかりやすくまとめています。

直前総まとめ講義

巻頭 p.12 ～ 56 で科目ごとに重要ポイントをまとめてあります。学習の最終確認にも最適です。

問題の論点を表示

問題で何が問われているか、その論点を表示しています。

（模擬試験解答・解説ページの縮小表示）

		正答	重要度

症状

| 人物の順に見当 |
| の着脱が上手 |

| | てんかん、発 |
| 継続症状 | 語不能、嚥下困難、尿失禁、嗅覚低下、寝たきりなど |

問題41　幻視への対応
正答 3　★★★

1　× 何も言わずに黙っているのは適切ではない。Jさんが何かが見えると言ったときには、肯定も否定もせずにそのまま受け入れる対応が必要である。●POINT●
2　× 否定してもJさんには見えているので、見えているものがそこにはないということを理解できない。適切な対応ではない。
3　○ Jさんに見えているものを否定せず、しかし、肯定もしない声かけが大切である。
4　× 「僕にも見える」という幻視を肯定する声かけは適切ではない。
5　× ごまかしの対応をするのではなく、Jさんをそのままに受け入れる対応が必要である。

問題42　せん妄
正答 5　★★★

1　× せん妄は、夜間に強く現れることがある。これを夜間せん妄という。急激に発症することが多く、幻覚・妄想、興奮を伴う。
2　× 高齢者の精神障害は器質性精神障害と機能性精神障害に分類される。せん妄は、脳の器質的な問題が原因で起こる器質性精神障害に分類される。
3　× せん妄の原因として、認知症や脳血管障害、栄養障害、脱水、肺炎、感染症、心臓・腎臓・肺の疾患、ビタミン欠乏、薬の副作用などがある。
4　× 認知症は…
5　○ せん妄は…

問題43　レビー小体型認知症
正答 2　★

1　× レビー小体型認知症（びまん性レビー小体病）は、初老期の認知症のひとつである。脳内の神経細胞にレビー小体ができて発症する。
2　○ レビー小体型認知症は、初期には記憶障害が目立たないことが多く、パーキンソニズムや幻視のほか、自律神経症状がみられる。パーキンソニズムが目立たない場合には、アルツハイマー型認知症との区別が難しくなる。●POINT●
3　× レビー小体型認知症では、薬物療法が中心となる。塩酸ドネペジルなどで改善がみられることが多いとされ、初期には、レボドパや脳循環改善も併用される。
4　× 幻視、パーキンソニズム、認知の変動のうち2つが存在する場合は、レビー小体型認知症と診断される。
5　× レビー小体型認知症では、記憶獲得障害より、覚醒障害や注意障害によって記憶力が損なわれる。

　レビー小体型認知症の主な症状

パーキンソニズム	歩行障害（小刻み歩行・突進歩行）　など
幻視	具体的で複雑かつ現実的な幻視
自律神経症状	起立性低血圧、失神、尿失禁　など
記憶障害	記憶獲得障害により覚醒レベルや注意レベルが損なわれる

問題　バリデーション
正答 2　★★★

1　　バリデーションは、アルツハイマー型認知症と類似の認知症の高齢者とのコミュニケーションの方法である。●POINT●
2　○ バリデーションでは、認知症高齢者の訴えをその人の現実として受け入れて共感し、その人の心の現実に合わせていく。
3　× 見る・話す・触れる・立つを4つの柱としているのは、ユマニチュードである。バリデーションでは、誠実・敬意・尊重・共感を基本的態度としている。●POINT●
4　× バリデーションの基本テクニックは、認知症の進行度合いに合わせて使い分ける。
5　× レミニシングは昔話をすることで、感情を一致させるのはカリブレーションである。バリデーションの基本テクニックには、キーワードを反復させるリフレージング、ミラーリング、タッチング、…

重点解説にPOINTを表示

●POINT●

解説のうち、過去に繰り返し問われている要点を含むものや、必ず覚えておきたい数値・用語などを含むものは、「POINTマーク」を表示しています。

重要度を表示

本試験における重要度を★の数で表示しました（最重要は★3つ）。

＊重要度は、過去問題分析に基づいています。

CONTENTS

2024年試験も的中が出た！ ……………………………………………… 4

本書の使い方 ……………………………………………………………… 6

巻頭2大特集

法改正等に伴う更新情報 ……………………………………………… 10

直前総まとめ講義 ……………………………………………………… 12

注意事項 ………………………………………………………………… 58

採点シート ……………………………………………………………… 60

模擬試験 解答用紙 …………………………………………………… 61

- -

模試問題冊子

第1回 模擬試験 問題 ………………………………………… 1～54

第2回 模擬試験 問題 ………………………………………… 1～54

解答・解説

第1回 模擬試験 解答・解説 …………………………………………… 1

第2回 模擬試験 解答・解説 ………………………………………… 73

おことわり

■法令などの基準について

　本書の記載内容は、2024年3月末までに発表された法令と厚生労働省資料に基づき編集されたものです。本書の記載内容について、執筆時点以降の法改正情報などで、2025年の試験の対象となるものについては、下記「ユーキャンの本」ウェブサイト内「追補（法改正・正誤）」にて、適宜お知らせいたします。

https://www.u-can.co.jp/book/information

法改正等に伴う更新情報
直前総まとめ講義

法改正等に伴う更新情報

　2024（令和6）年3月末までの法改正等に関連して変更となった内容や統計情報の更新のうち、第36回試験に関連のありそうな情報をまとめました。改正や変更の概要をしっかり押さえたうえで、学習を進めましょう。

☑ 民間事業者による合理的配慮の提供が義務化

　2021（令和3）年5月に「障害を理由とする差別の解消の推進に関する法律の一部を改正する法律」が成立し、民間事業者も合理的配慮の提供が**義務づけられた**。施行は公布の日から3年を超えない範囲とされていたが、2023（令和5）年3月に政令が公布され、2024年4月1日からとなった。

🔍人間の尊厳と自立　🔍社会の理解

☑ 地域包括支援センターの業務の見直し

　2023年5月に「全世代対応型の持続可能な社会保障制度を構築するための健康保険法等の一部を改正する法律」が成立し、複数の法律が一括で改正された（施行は2024年4月）。「介護保険法」にかかわる主な改正事項は次のとおり。
◎指定介護予防支援事業者の対象拡大
　指定居宅介護支援事業者は、市町村から直接**指定**を受け、指定介護予防支援事業者として、**介護予防支援**を実施できることになった
◎総合相談支援業務の委託
　地域包括支援センターの設置者は、包括的支援事業のうち、**総合相談支援業務の**一部を**指定居宅介護支援事業者**に**委託**することが可能になった

🔍社会の理解

☑ 障害者等の地域生活の支援体制の充実

　2022年12月に「障害者の日常生活及び社会生活を総合的に支援するための法律等の一部を改正する法律案」が成立し、複数の法律が一括で改正された。「障害者総合支援法」にかかわる主な改正事項は次のとおり。
①共同生活援助の内容に、一人暮らし等を希望する人への支援や退居後の一人暮らし等の定着のための相談などの支援を追加（2024年4月施行）
②基幹相談支援センター等の整備を市町村の**努力義務**に（2024年4月施行）

🔍社会の理解

☑「認知症基本法」施行

　認知症の人が尊厳を保持しつつ希望をもって暮らすことができるよう、認知症の人を含めた国民一人一人がその個性と能力を十分に発揮し、相互に人格と個性を尊重しつつ支え合いながら共生する活力ある社会の実現を推進することを目的として、「共生社会の実現を推進するための認知症基本法（**認知症基本法**）」が2023年6月に公布された（施行は2024年1月）。

　認知症施策は基本理念に定められた事項に沿って行うとともに、施策を総合的かつ計画的に推進するため、内閣に内閣総理大臣を本部長とする**認知症施策推進本部**を設置する。

🔍認知症の理解

☑ 精神障害者の定義の変更

　2022年12月10日に「障害者の日常生活及び社会生活を総合的に支援するための法律等の一部を改正する法律」が成立し、複数の法律が一括で改正された（施行は同年12月16日）。「精神保健及び精神障害者福祉に関する法律（精神保健福祉法）」では、精神障害者の定義が「統合失調症、精神作用物質による急性中毒又はその依存症、知的障害その他の精神疾患を有する者」と変更された。

🔍障害の理解

☑ 医行為の解釈の内容更新

　2022年12月、厚生労働省は「医師法第17条、歯科医師法第17条及び保健師助産師看護師法第31条の解釈について（その2）」を発出した。これは、2005（平成17）年通知に記載のない行為のうち、介護現場で実施されることが多く、かつ原則として医行為ではないと考えられる行為などについて示されたものである。

　具体的には、「血糖値の確認（持続血糖測定器のセンサー貼り付け・測定値の読み取りなど）」「水虫や爪白癬に罹患した爪への軟膏または外用液の塗布（褥瘡の処置を除く）」「とろみ食を含む食事の介助」「義歯の着脱および洗浄」など。

🔍医療的ケア　🔍生活支援技術

イラスト問題

　図・イラストを用いた過去の出題とその問題に関連した図・イラスト問題の参考となる資料をピックアップしました。

第36回　問題105　以下の図のうち、握力の低下がある利用者が使用する杖（つえ）として、最も適切なものを1つ選びなさい。

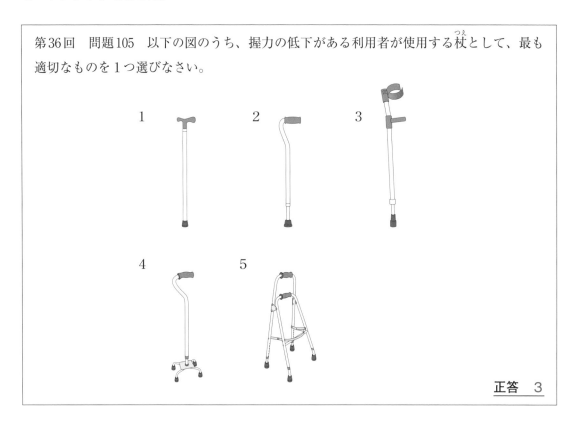

正答　3

●杖の種類

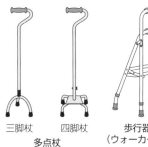

歩行が不安定な人向き

三脚杖　　四脚杖
　　多点杖
歩行器型杖
（ウォーカーケイン）

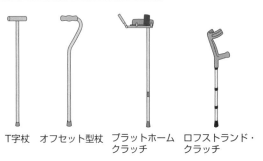

歩行がやや安定している人向き

T字杖　オフセット型杖　プラットホーム　ロフストランド・
　　　　　　　　　　　クラッチ　　　　クラッチ

第33回　問題40　介護福祉職が利用者を仰臥位（背臥位）から側臥位へ体位変換するとき、図に示された力点の部位として、適切なものを1つ選びなさい。

1　AとC
2　AとD
3　BとC
4　BとD
5　BとE

正答　1

●仰臥位から側臥位への体位変換

仰臥位から側臥位に体位変換する際には、Cの膝頭とAの肩峰を力点として、てこの原理を応用するとよい。

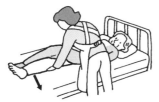

❶利用者の患側に立ち、利用者に健側の足を患側の足の下に入れて交差してもらう。ベッドの端（手前）へ利用者を寄せる
❷利用者の健側に回り、枕を移動させる側に引く
❸利用者に、胸の辺りで患側の腕を健側の手で支えてもらう

❹一方の手で利用者の肩関節を覆い、他方の手で腸骨部と臀部を覆うように当てる。骨盤を回転させ、肩を引き上げる。利用者の身体を手前に向けて、患側を上にした側臥位にする

❺利用者の背部から腸骨（左右）を後方に引き、「く」の字型の側臥位にする
❻安楽の確認をし、背部と患側の腕と足の下にクッションなどの当てものをする

第29回　問題111　介護福祉士が鼻腔内の吸引を行うときに、吸引チューブを挿入できる範囲の限度として、正しいものを1つ選びなさい。

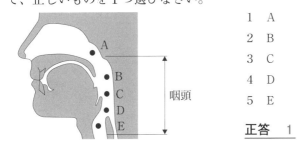

咽頭

1　A
2　B
3　C
4　D
5　E

正答　1

●鼻腔内の吸引

カテーテル（吸引チューブ）を挿入できる範囲は咽頭の手前までとされている（下図）。

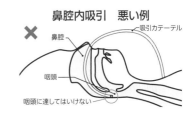

鼻腔内吸引　悪い例

吸引カテーテル
鼻腔
咽頭
咽頭に達してはいけない

13

人間の尊厳と自立

科目の概要

　介護実践の基盤となる教養や倫理的態度を学習する科目です。人間の尊厳の保持と自立という考え方をきちんと理解したうえで、学習を進めることが重要です。

過去問題での主な出題項目

◆尊厳の保持、自立支援のために介護福祉士に求められること

◆介護福祉士の業務に関する法律

◆自立に関する法律の記述

◆地域包括支援センターの権利擁護業務

◆利用者の意思・意欲を尊重した介護福祉職の支援のあり方

◆ケアの本質

確認しよう

☑人間の尊厳

　人間の尊厳とは、すべての人が一人ひとりの個人として尊重されることである。

　利用者の尊厳を保持することが、その人の自律、ひいては自立につながっていく。

☑自立・自律

自立 ─┬─ 福祉用具の活用などによって改善された日常生活を営むこと

　　　└─ 自らの意思で物事を決定し、可能な限り社会活動を行うこと

自律 ─→　利用者のこうしたい、こうなりたいという自由意志のこと

☑ 人間の尊厳と自立について示された憲法・法律

「日本国憲法」第13条

すべて国民は、個人として尊重される。生命、自由及び幸福追求に対する国民の権利については、公共の福祉に反しない限り、立法その他の国政の上で、最大の尊重を必要とする。

この条文は、国民の権利（人権）が無制約なものではなく、「公共の福祉」による制限があることを意味している。

「日本国憲法」第25条

すべて国民は、健康で文化的な最低限度の生活を営む権利を有する。

2　国は、すべての生活部面について、社会福祉、社会保障及び公衆衛生の向上及び増進に努めなければならない。

この条文から、国家が、人間としての尊厳を侵されない生活を国民に保障していることがわかる。

「介護保険法」第1条

この法律は、加齢に伴って生ずる心身の変化に起因する疾病等により要介護状態となり、入浴、排せつ、食事等の介護、機能訓練並びに看護及び療養上の管理その他の医療を要する者等について、これらの者が尊厳を保持し、その有する能力に応じ自立した日常生活を営むことができるよう、必要な保健医療サービス及び福祉サービスに係る給付を行うため、国民の共同連帯の理念に基づき介護保険制度を設け、その行う保険給付等に関して必要な事項を定め、もって国民の保健医療の向上及び福祉の増進を図ることを目的とする。

「障害者基本法」第3条

（中略）全ての障害者が、障害者でない者と等しく、基本的人権を享有する個人としてその尊厳が重んぜられ、その尊厳にふさわしい生活を保障される権利を有することを前提としつつ、次に掲げる事項を旨として図られなければならない。

「障害者総合支援法」第1条

この法律は、障害者基本法の基本的な理念にのっとり、（中略）障害者及び障害児が基本的人権を享有する個人としての尊厳にふさわしい日常生活又は社会生活を営むことができるよう、（中略）障害の有無にかかわらず国民が相互に人格と個性を尊重し安心して暮らすことのできる地域社会の実現に寄与することを目的とする。

人間の尊厳とは、「すべての人が、一人ひとりの個人として尊重されること」ということができる。

☑ 「社会福祉士及び介護福祉士法」での介護福祉士の定義

　介護福祉士の定義は、「社会福祉士及び介護福祉士法」の第2条第2項に規定されている。

> ### 第2条第2項（定義）
> 「介護福祉士」とは、第42条第1項の登録を受け、介護福祉士の名称を用いて、専門的知識及び技術をもつて、身体上又は精神上の障害があることにより日常生活を営むのに支障がある者につき心身の状況に応じた介護（喀痰吸引その他のその者が日常生活を営むのに必要な行為であつて、医師の指示の下に行われるもの（厚生労働省令で定めるものに限る。以下「喀痰吸引等」という。）を含む。）を行い、並びにその者及びその介護者に対して介護に関する指導を行うこと（以下「介護等」という。）を業とする者をいう。

試験によくでるポイント

●人間の多面的理解

　利用者と介護者の間に信頼のおける人間関係をつくるためには、介護者には「人間を多面的に理解する」という視点が求められる。

■「社会福祉士及び介護福祉士法」での介護福祉士についての規定

誠実義務	第44条の2	社会福祉士及び介護福祉士は、その担当する者が個人の尊厳を保持し、自立した日常生活を営むことができるよう、常にその者の立場に立つて、誠実にその業務を行わなければならない
信用失墜行為の禁止	第45条	社会福祉士又は介護福祉士は、社会福祉士又は介護福祉士の信用を傷つけるような行為をしてはならない
秘密保持義務	第46条	社会福祉士又は介護福祉士は、正当な理由がなく、その業務に関して知り得た人の秘密を漏らしてはならない。社会福祉士又は介護福祉士でなくなつた後においても、同様とする
連携	第47条第2項	介護福祉士は、その業務を行うに当たつては、その担当する者に、認知症であること等の心身の状況その他の状況に応じて、福祉サービス等が総合的かつ適切に提供されるよう、福祉サービス関係者等との連携を保たなければならない
資質向上の責務	第47条の2	社会福祉士又は介護福祉士は、社会福祉及び介護を取り巻く環境の変化による業務の内容の変化に適応するため、相談援助又は介護等に関する知識及び技能の向上に努めなければならない

●権利擁護

　介護者には、利用者の権利を擁護するため、「介護を必要とする人々も人間らしく生きる権利を有する」という人権意識をもつことが求められる。そのためには利用者主体の支援姿勢を貫き、利用者の判断と自己決定を最大限に尊重しなくてはならない。

　利用者は、ときに自分の意見や希望などを自ら主張できないことがある。そのため、介護者などが利用者の意向をくみ、意思の疎通をはかったうえでそれらを代弁するアドボカシー（権利擁護）が必要となる。

キーワード

【自己決定】	個別援助の原則のひとつ。利用者が自らの意思で、物事を決定すること
【ニーズ】	福祉分野では、利用者の欲求や、利用者が必要とする事柄・ものを意味する
【人権尊重】	人権は、その国の国民（自然人）だけでなく、制限的ながら法人や外国人も有すると考えられている
【権利擁護・アドボカシー】	介護者などが利用者の権利を擁護するため、利用者に代わって権利やニーズを主張すること
【ケアの本質】	ミルトン・メイヤロフは、著書の『ケアの本質－生きることの意味』で、「一人の人格をケアするとは、最も深い意味で、その人が成長すること、自己実現することをたすけることである」と述べている

人間関係とコミュニケーション

科目の概要

　良好な人間関係を形成するためのコミュニケーションの基本を学習する科目です。介護実践のために必要な人間関係についての理解や、他者への情報の伝達に必要な基礎的なコミュニケーション能力について学習します。

過去問題での主な出題項目

◆共感、受容、自己覚知、他者理解、ラポール、自己開示
◆コミュニケーションの定義や種類、技法、道具を用いたコミュニケーション
◆施設での指揮命令系統、マネジメント

確認しよう

☑コミュニケーションの分類

①言語的（バーバル）コミュニケーション

　伝達媒体の代表が言語です。言語には、文字や点字、手話も含まれる。言語的な記号を介してメッセージの伝達が行われる場合を**言語的（バーバル）コミュニケーション**（verbal communication）という。手紙やメールもこれに含まれる。

②非言語的（ノンバーバル）コミュニケーション

　伝達媒体には言語のほかに、表情やしぐさ、身振りなどがある。ため息、声のトーン、目線、姿勢などからも相手の気持ちが伝わり、これらを伝達媒体とするコミュニケーションを**非言語的（ノンバーバル）コミュニケーション**（nonverbal communication）という。ときに「目は口ほどにものをいう」というように、言語だけでは伝わらないことが、非言語的な媒体を通して伝わる。

☑ ジョハリの窓

　自分の心を自分が知っているか否か、他人が知っているか否かによって4つの領域に分け、窓のようにして表したもの。4つの窓の大きさは一人ひとり異なる。

■ジョハリの窓

	自分は 気づいている	自分でも 気づいていない
他人は 知っている	①開放部分	②盲点部分
他人は 知らない	③隠蔽部分	④未知部分

①開放部分…自分で気づいていて、他人も知っている部分
②盲点部分…他人にはみえているが、自分では気がついていない部分
③隠蔽部分…自分は気づいているが、他人にはみせていない部分
④未知部分…自分も他人も気づいていない部分

試験によくでるポイント

●自己覚知

　自分以外の人間を理解するためには、まず自分自身を知ることが大切。対人援助に求められる**自己覚知**とは、**自己の価値観や感情などについて理解しておくこと**である。

●ラポール

　ラポール（rapport）とは、ソーシャルワークの直接援助や心理カウンセリングにおいて、援助する側とされる側の間に結ばれる**信頼関係**のこと。介護の専門家が利用者に援助を行う際には、このラポールの形成が援助の原点となる。

　利用者とラポールを形成するには、①**傾聴**、②**共感**、③**受容**の3つの態度が求められる。じっくりと利用者の話に耳を傾け、その心情を理解し、相手のあるがままを受け止める。このような態度で接することにより、利用者は安心して自分のことを語ることができる。

　介護実践は相手を知ることから始まる。人間関係を形成し、信頼関係を築くことによって介護は成り立つ。利用者との間に信頼関係を築くために自己開示することもある。

キーワード

【傾聴】相手の話をよく聴こうとする姿勢のこと

【共感】相手の立場になって気持ちを理解しようと努力し、伝えていくこと

【受容】相手をあるがままに受け入れること

社会の理解

科目の概要

　介護実践の基盤となる社会的知識を身につける科目です。制度や政策に関して、覚えなければならない内容が多い科目ですが、制度の仕組みを理解して整理していきましょう。

過去問題での主な出題項目

◆家族の形態、国民生活基礎調査等によるライフスタイルの変化　◆少子高齢化

◆社会保障の基本的な考え方、年金、医療保険の概要

◆介護保険制度の仕組みの基礎的理解　◆障害者総合支援制度の動向

◆介護実践に関連する制度としての成年後見制度、高齢者虐待防止法、障害者虐待防止法、障害者差別解消法、生活保護法

◆NPO法人　◆セルフヘルプグループ活動

確認しよう

☑社会保障の基本的な考え方

「福祉六法」体制の確立

1946（昭和21）年　生活保護法 → 1950（昭和25）年全面改正

1947（昭和22）年　児童福祉法

1949（昭和24）年　身体障害者福祉法

1960（昭和35）年　精神薄弱者福祉法（現：知的障害者福祉法）

1963（昭和38）年　老人福祉法

1964（昭和39）年　母子福祉法（現：母子及び父子並びに寡婦福祉法）

社会保障制度におけるサービス給付方法

現物給付	利用者にサービスそのものを給付する
現金給付	利用者に金銭を支給する

利用者の負担方法

応能負担	利用者の支払い能力に応じて負担額を決定
応益負担	サービスの利用量に応じて負担額を決定

☑ 社会保障制度の仕組み

公的年金保険は、全国民共通の**国民年金（基礎年金）**を基礎とした**3階建ての体系**である。

民間被用者と公務員等は、国民年金に加えて**被用者年金**にも加入する。

医療保険は、**被用者保険（健康保険、共済組合など）**と国民健康保険に大別される。

75歳以上の高齢者（後期高齢者）は、**後期高齢者医療制度**の被保険者となる。

☑ 介護保険制度の仕組み

介護保険の保険者は、**市町村**である。

1号保険料の徴収は、**年金からの天引き（特別徴収）**が原則とされている。

	第1号被保険者	第2号被保険者
対象者	65歳以上の者	40歳以上65歳未満の医療保険加入者
資格の取得	65歳以上の者が当該市町村に住所を有するようになったとき、または保険者の区域内に住所を有する者が65歳に達したとき	40歳以上65歳未満の者が当該市町村に住所を有し、かつ医療保険に加入したとき
資格の喪失	転出・死亡	転出・死亡・65歳到達・医療保険脱退
届け出の要否	原則必要（本人または世帯主）	原則不要

☑ 介護保険給付の内容
■居宅サービス・介護予防サービス

①訪問介護（要介護者のみ）

②訪問入浴介護・介護予防訪問入浴介護

③訪問看護・介護予防訪問看護

④訪問リハビリテーション・介護予防訪問リハビリテーション

⑤居宅療養管理指導・介護予防居宅療養管理指導

⑥通所介護（要介護者のみ）

⑦通所リハビリテーション・介護予防通所リハビリテーション

⑧短期入所生活介護・介護予防短期入所生活介護

⑨短期入所療養介護・介護予防短期入所療養介護

⑩特定施設入居者生活介護・介護予防特定施設入居者生活介護

⑪福祉用具貸与・介護予防福祉用具貸与

⑫特定福祉用具販売・特定介護予防福祉用具販売

■地域密着型サービス・地域密着型介護予防サービス

①定期巡回・随時対応型訪問介護看護（要介護者のみ）

②夜間対応型訪問介護（要介護者のみ）

③地域密着型通所介護（要介護者のみ）

④認知症対応型通所介護・介護予防認知症対応型通所介護

⑤小規模多機能型居宅介護・介護予防小規模多機能型居宅介護

⑥認知症対応型共同生活介護・介護予防認知症対応型共同生活介護

⑦地域密着型特定施設入居者生活介護（要介護者のみ）

⑧地域密着型介護老人福祉施設入所者生活介護（要介護者のみ）

⑨複合型サービス（看護小規模多機能型居宅介護）（要介護者のみ）

※2016（平成28）年4月から地域密着型サービスに追加。小規模な通所介護が移行されました。

■指定施設サービス

○介護福祉施設サービス　○介護保健施設サービス　○介護医療院サービス

○介護療養施設サービス

☑2017（平成29）年の法改正の概要

○地域ケアシステムの進化・推進

①医療・介護の連携の推進等（**介護医療院の創設**）

②地域共生社会の実現（介護保険と障害者福祉制度に新たに**共生型サービス**を位置づける）

○介護保険制度の持続可能性の確保

①介護給付費・地域支援事業支援納付金への**総報酬割**の導入

②利用者負担の引き上げ

☑障害者総合支援制度の仕組み

「障害者総合支援法」に基づく障害者福祉制度の対象は、**身体障害、知的障害、精神障害（発達障害を含む）、難病等**である。

「障害者総合支援法」によるサービスは、**自立支援給付**と**地域生活支援事業**の2つが大きな柱となる。

☑生活困窮者自立支援法

生活保護に至る前の生活困窮者を対象として、**必須事業**の自立相談支援事業と住居確保給付金の支給、**任意事業**の就労準備支援事業、一時生活支援事業、家計改善支援事業、生活困窮世帯の子どもの学習・生活支援事業を実施し、自立促進を図ることを目的としている。

試験によくでるポイント

●介護保険の財政

利用者負担分1割（または2割か3割）を除いた介護給付費は、公費50％、保険料（第1号保険料と第2号保険料）50％で賄われている。

●介護保険給付の種類

介護保険の保険給付には、介護給付、予防給付、市町村特別給付がある。

●介護保険制度の地域支援事業

地域支援事業には、介護予防・日常生活支援総合事業、包括的支援事業、任意事業がある。

●地域包括支援センター

地域包括支援センターには、専門職として**保健師・社会福祉士・主任介護支援専門員**が配置される。

●障害者総合支援制度の自立支援給付

主な自立支援給付には、**介護給付、訓練等給付、自立支援医療、補装具**がある。

介護給付は9種類、訓練等給付は6種類のサービスを対象とする。

●成年後見制度

成年後見制度は、判断能力が不十分な人の権利を保護するための制度である。

法定後見には、後見・保佐・補助の3つの類型がある。

●高齢者虐待防止法

高齢者虐待は、**身体的虐待、ネグレクト、心理的虐待、性的虐待、経済的虐待**の5種類に分けられる。

虐待発見者の市町村への通報義務なども「**高齢者虐待防止法**」に定められている。

キーワード

【要介護者】	①第1号被保険者で、**要介護状態**にある人
	②第2号被保険者で、加齢に伴う**特定疾病**によって**要介護状態になった人**
【要支援者】	①第1号被保険者で、**要支援状態**にある人
	②第2号被保険者で、加齢に伴う**特定疾病**によって**要支援状態になった人**

こころとからだのしくみ

科目の概要

　適切な介護実践の根拠として必要な知識を身につける科目です。介護実践に必要な医学的知識について、「生活支援技術」に結びつけていけるよう意識しながら学習していきましょう。

過去問題での主な出題項目

◆欲求や記憶などの心の仕組み　◆基本的な身体の仕組みとはたらき
◆身支度・移動・食事・入浴・排泄・睡眠などに関連した心と身体の仕組みとその機能低下が及ぼす影響　◆人体の構造　◆交感神経と副交感神経の作用　◆薬の作用

確認しよう

☑欲求や記憶などの心の仕組み

　マズローは、生理的、安全と安定、愛情と所属、自尊、自己実現という欲求の五段階説を唱えた。

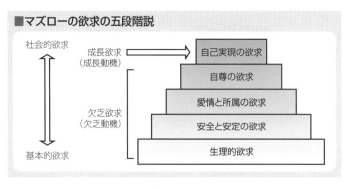

☑脳・神経

　神経系は、脳と脊髄からなる中枢神経と末梢神経に分けられる。

　自律神経には交感神経と副交感神経がある。

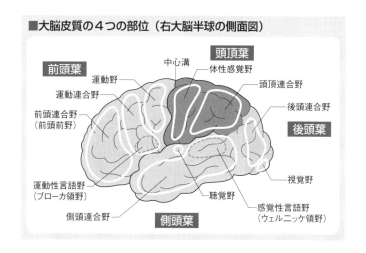

■大脳皮質の４つの部位（右大脳半球の側面図）

☑骨・関節・筋肉

骨はカルシウムの貯蔵庫であり、血液の凝固作用にも関係する。

筋肉はエネルギーの貯蔵庫である。

☑感覚器

網膜の視細胞は視覚における受容器であり、網膜上に映し出された像が視神経を経由して脳に伝達される。

舌にある味蕾（みらい）で味を感じ、舌咽神経（ぜついん）、舌神経を経て脳に伝達される。

☑循環器

血液は酸素や栄養素を全身の細胞に運び、老廃物を排泄するために肺や腎臓（じんぞう）、肝臓へ運ぶ。

心臓が収縮したときの血圧を収縮期血圧（最高血圧）、拡張したときの血圧を拡張期血圧（最低血圧）という。

☑呼吸器

上気道に分布しているリンパ組織は、外部から侵入してきた微生物に対応している。

肺胞は肺動脈・肺静脈の毛細血管につく小さな泡（袋状）のような組織であり、ガス交換のほか、異物の浄化に関係している。

☑消化器

消化作用には、機械的作用・化学的作用・腸内微生物による作用の３つがある。

消化・吸収の大部分は小腸で行われる。

☑ 泌尿器

泌尿器は、老廃物を尿として体外へ排泄する器官で、腎臓と尿路からなる。

☑ 生殖器

男性生殖器は、精巣・精嚢・前立腺など体内にある内性器と、陰嚢・陰茎など外側からみえる外性器に分けられる。

女性生殖器は、卵巣・卵管・子宮・膣からなる内性器と、外陰部ともよばれる外性器に分けられる。

☑ 内分泌器

内分泌器には視床下部、脳下垂体、甲状腺、副甲状腺、副腎、精巣、卵巣、膵臓などがある。

☑ 身支度に関連した心と身体の仕組みとその機能低下が及ぼす影響

身支度は、心と身体の健康や社会とのつながりを守るうえでも大切な行為である。

毛髪や爪には、外部の刺激から身体を守る役割がある。

加齢により陥入爪や爪白癬、爪肥厚などの疾患にかかりやすくなる。

☑ 移動に関連した心と身体の仕組みとその機能低下が及ぼす影響

転倒による大腿骨頸部、脊椎、上腕骨頸部、橈骨遠位端などの骨折が多くみられる。

生活不活発病では、心身機能の低下が進行して寝たきりになることもある。

☑ 食事に関連した心と身体の仕組みとその機能低下が及ぼす影響

摂食・嚥下の過程を、先行期・準備期・口腔期・咽頭期・食道期の5段階に分けたものを摂食・嚥下の5分類という。

治療のため利用者の状態に合わせてエネルギー量や栄養量を調整した食事を治療食という。

☑ 入浴・清潔保持に関連した心と身体の仕組みとその機能低下が及ぼす影響

入浴・清潔保持には、感染予防、心身のリラックスなどさまざまな効果がある。皮膚からは、臭いや汚れの原因となる汗や皮脂、垢などが出る。

高齢者の肌は、しわやしみが増えたり、乾燥肌（ドライスキン）になったりする。

☑ 排泄に関連した心と身体の仕組みとその機能低下が及ぼす影響

排尿には、交感神経と副交感神経からなる自律神経のはたらきが深くかかわっている。

排便の姿勢には、座位が適している。

排泄とは、身体にとって不要な物質や有害な物質を体外に出すことである。

☑睡眠に関連した心と身体の仕組みとその機能低下が及ぼす影響

睡眠の役割には、脳の疲労回復や免疫力の強化など、さまざまなものがある。

睡眠には**レム睡眠**と**ノンレム睡眠**の2種類があり、約90分周期で交互に出現する。

☑死の受容過程

キューブラー・ロスは、死にゆく人々がたどる心理過程を5段階（否認→怒り→取り引き→抑鬱^{よくうつ}→受容）に分けて説明しており、この段階を行きつ戻りつしながら段階的に死を受容していくと述べている。

試験によくでるポイント

●摂食・嚥下障害

摂食・嚥下障害には、**器質的な障害、機能的な障害、心理的原因による障害**がある。

●口以外からの栄養摂取の方法

口から食物の摂取ができない場合、**経管栄養法**などによって栄養摂取を行う。

●排泄にかかわる障害

身体機能に異常がなくても、ストレスによって心因性頻尿や過敏性腸症候群（IBS）などが起こり、日常生活に支障をきたすことがある。

尿失禁には、**腹圧性尿失禁、切迫性尿失禁、溢流性（横溢性）尿失禁、反射性尿失禁**などがある。

●睡眠障害

睡眠障害は**高血圧や糖尿病の発症、肥満**など、身体にさまざまな影響を与える。

キーワード

【ホルモン】	特定の器官でつくられ、主に血液を介して運ばれ、他の組織の機能を調節するはたらきをするごく微量の物質のこと。アミノ酸や、コレステロールなどの脂質が原料となる
【生活不活発病】	長期の寝たきりなどで心身の機能を十分に使わないために、骨や筋肉、循環器系などの身体機能や精神的機能が低下して起こる肺炎や抑鬱などのさまざまな症状のこと

発達と老化の理解

科目の概要

　発達の観点から老化を理解し、老化に伴う心と身体の変化について学習する科目です。ここでは適切な介護実践の根拠として必要な知識を身につけるために、医学や心理学の基礎知識を学習していきましょう。

過去問題での主な出題項目

◆エリクソン等の発達段階説　◆愛着の形成

◆乳幼児の身体的発育、スキャモンの発達曲線　◆老年期の発達課題

◆老化に伴う身体機能の変化、記憶・知能の変化　◆老化に伴う喪失、適応機制

◆脳血管障害、パーキンソン病、関節リウマチ、老人性難聴、誤嚥性肺炎、変形性膝関節症、肝疾患、糖尿病、前立腺肥大症、サルコペニアなど高齢者に多い疾患

確認しよう

☑エリクソンの発達段階

　エリクソンは、乳児期から老年期にかけての発達段階ごとに**発達課題**を示した。

発達段階		心理的・社会的発達課題
乳児期	0〜1歳	「信頼感（信頼性）」対「不信」
幼児前期	1〜3歳	「自律性」対「恥と疑惑」
幼児後期	3〜6歳	「自発性（積極性）」対「罪悪感」
学童期	7〜11歳	「勤勉性」対「劣等感」
青年期	12〜20歳	「(自我)同一性」対「(自我)同一性拡散」
成年前期	20〜30歳	「親密性」対「孤独」
成年後期	30〜65歳	「生殖性」対「停滞」
老年期	65歳以上	「統合性」対「絶望」

☑ ピアジェの発達段階

発達段階	年齢	
感覚運動期	０～２歳	見たり聞いたりという感覚や、つかんだり噛んだりという運動によって外界を知る、感覚器や運動器が主体となる時期
前操作期	２～６、７歳	言葉遊びやごっこ遊びをするなど、物を離れた思考ができる時期。直感的で、自己中心性がある。物の見かけが変わると、その数や量も変わったと判断したりする
具体的操作期	６、７～１１、１２歳	物の見かけが変わっても数や量、長さなどは同じであると理解する保存概念が確立する。仮説を元にした推論はできない
形式的操作期	１１、１２歳～	具体的な体験がなくても頭の中で仮説を立てたり抽象的な思考ができるようになる

☑ 老化とは

老化には、疾患が影響している病的老化と、疾患の影響を受けない生理的老化とがある。

☑ 老化に伴う喪失、適応機制

老年期は、さまざまな喪失体験を経なければならない時期である。

ライチャードとニューガーテンは、高齢の男性の性格を適応という面から分類した。

■ライチャードによる定年後の高齢男性の５つの性格類型と適応パターン

◎適応タイプ

円熟型	自分の過去を受容し、人生に建設的な態度をもつ。積極的な社会活動を維持し、そこに満足を見出す。高齢であっても、さらに未来に対する視野をもち、社会と一体となって生きていける
揺りいす型 （依存型・安楽いす型）	現実に満足し、不満を感じても自分を抑えて周囲に適応し、安楽を求める。万事に消極的で、高齢者としていたわられ、依存的欲求の充足に満足する
鎧兜型 （防衛型）	老化への不安に対して強い防衛的態度で臨み、積極的な活動を維持し、若者と張り合おうとする

◎不適応タイプ

他罰憤慨型 （外罰型）	自分の過去や老化の事実を受容できず、その態度は攻撃的で、相手に敵意を向ける
自己嫌悪型 （自責型・内罰型）	自分の過去を悔やみ、自分を責める

☑ 適応機制

適応機制には、**自我防衛機制、逃避機制、攻撃機制**の3種類がある。

■主な自我防衛機制

合理化（正当化）	欲求が満たせないときや失敗したとき、もっともらしい理由をつけて正当化する
同一化（同一視）	自分の欲求を実現できそうな他人を自分だと思い込むことで、現実の欲求不満を解消しようとする
固着	明らかに実現不可能と思われる欲求に対し、その実現に向かって繰り返し同じ行動をとり続ける
注意獲得	自分の存在と価値を認めさせるために、わざと他人と異なった行動をとる
代償	本来の欲求よりも簡単に満たすことのできる別のものに対象を変更し、その代わりのもので満足しようとする
反動形成	欲求を満足させることが困難な場合に、正反対の態度や行動をとる
投影（投射）	自分の欲求を自分で認めたくない場合など、その欲求は他人がもっているものと考えてしまう
補償	身体的・精神的な劣等感を、他の方面で能力を伸ばして優越を勝ちとることによって解消しようとする
昇華	性的願望や攻撃欲など社会的に認められない欲求を、別の活動に打ち込むことによって解消しようとする
隔離	不安やストレスなどを回避するために関連ある問題や感情を切り離し、自分とは関係ないものとして扱う

■主な逃避機制

逃避	不安や緊張、葛藤（かっとう）などフラストレーションを感じざるを得ないような場面から逃げ出すことにより、消極的に心の安定を図ろうとする
抑圧	性的願望など社会的に認められにくい自分の欲求を、意識の表面に上らないように無意識のうちに抑えつける（抑圧した欲求は、言い間違いや夢の中でかたちを変えて現れてくることがある）
退行	年齢より未熟な行動をとり、周囲の人の気を引くことで欲求の充足を図ろうとする。赤ん坊や子どものように振る舞って甘える「赤ちゃん返り」などはこれに当たる
拒否	フラストレーションを感じるような状況を避けるために、現実や周囲からの指示・要求を拒絶する

■攻撃機制

　自分の欲求を満足させるため、じゃまだと思われる人や状況に対し、**攻撃や反抗をすること**によって一時的に欲求不満を解消しようとするもの。

☑ 高齢者の疾患

○呼吸器の疾患

　高齢者の肺炎では、高熱などの典型的症状が出ないことが多い

　慢性閉塞性肺疾患（COPD）とは、慢性気管支炎と肺気腫の総称である

○消化器の疾患

　胆石症とは、胆汁の通り道を結石が塞いでしまう疾患をいう

　肝炎ウイルスのうちB型とC型は慢性化し、高齢者にはC型慢性肝炎が多い

○泌尿器の疾患

　慢性腎不全は、腎機能が通常の2分の1以下に低下した状態である

　膀胱炎は女性に起こりやすく、排尿痛や残尿感、頻尿が症状として現れる

○生活習慣病

　糖尿病のうち、2型糖尿病（インスリン非依存型糖尿病）は生活習慣病である

　LDLコレステロール値が高いと動脈硬化になりやすい

○高齢者の感染症

　免疫機能・体力の低下などにより、緑膿菌やMRSAに感染しやすくなる

　高齢者には呼吸器・消化器・尿路の感染症や褥瘡感染症、敗血症がよくみられる

 試験によくでるポイント

●部位別にみた老化に伴う機能低下

　感覚神経・運動神経の情報伝達速度が老化に伴って低下し、**敏捷性**が失われる。

　高齢者は**免疫機能**が低下し、感染症などに罹患しやすくなる。

●記憶

　記憶は、**記銘→保持→再生**というプロセスを経る。

　感覚記憶は1〜2秒、**短期記憶**は30秒ほどで消失し、**長期記憶**は永続的保持が可能。

　長期記憶は、**意味記憶、エピソード記憶、手続き記憶、プライミング**に分類される。

●知能

結晶性知能は、学習や経験から獲得された能力に関連する知能であり、流動性知能は、新しい情報を獲得し、処理していく知能である。

●老年期の発達課題

老年期の課題は「統合性対絶望」である。

●エイジズムには、高齢者に対する不当な差別という意味がある。

●パーキンソン病

パーキンソン病では、「安静時振戦」、「筋固縮」、「無表情、無動・寡動」、「姿勢反射障害」がみられる。

●関節リウマチ

関節リウマチは、朝のこわばりを特徴とする。

●運動機能の低下は生活不活発病（廃用症候群）を引き起こし、心理的荒廃などを招くこともある。

●高齢者の精神疾患

老年期の幻覚・妄想では物盗られ妄想などの被害妄想が多い。
高齢者の自殺の要因として、鬱病との関連が強く疑われている。

キーワード

【発達】　発達とは、人の機能・資質・能力の向上といった質的な変化を意味する

【適応機制】適応機制とは、自らの欲求を満足させるためにとられる無意識的な行動・態度をいう

認知症の理解

科目の概要

　認知症介護を適切に行うための認知症に関する基礎知識を身につける科目です。認知症についての医学的知識や認知症のある人の心理的理解について学び、適切な介護に結びつけていきましょう。

過去問題での主な出題項目

◆認知症高齢者の現状　◆軽度認知障害　◆若年性認知症

◆認知症の定義、認知症の診断基準、認知症の原因疾患

◆認知症の中核症状と行動・心理症状（BPSD）

◆国の認知症対策、地域包括支援センターなどの地域福祉、多職種連携、家族へのレスパイトケア

確認しよう

☑アルツハイマー型認知症

　アルツハイマー型認知症の進行は慢性的で緩慢だが、末期には重度の認知症となる。

■アルツハイマー型認知症の主な症状

記憶障害	物盗られ妄想・不安・鬱状態　　など
思考・判断力の障害	遂行機能（実行機能）の障害
見当識障害	時間→場所（空間・地理）→人物の順に見当識が障害
病巣症状 （局所症状）	失語・失行・失認　　など
神経症状	筋緊張・歩行障害・自発性低下・寝たきり　　など

☑血管性認知症

血管性認知症には、まだら認知症や情動失禁（感情失禁）などの特徴がみられる。

■原因別の主な症状

脳血栓	脳の障害部位の反対側に起こる片麻痺、感覚障害　　など
脳塞栓	局所症状と頭蓋内圧亢進症状　　など
脳内出血	運動麻痺・感覚障害・運動失調などの局所症状、頭蓋内圧亢進症状（頭痛・意識障害）　　など
くも膜下出血	急激な頭痛、嘔気・嘔吐、意識障害、眼瞼下垂　　など

☑レビー小体型認知症

レビー小体型認知症では、パーキンソニズムが目立たない場合、アルツハイマー型認知症との区別が難しい。明確な幻視が特徴。

☑認知症の検査

長谷川式認知症スケールはスクリーニングテストとして用いられる。

「認知症高齢者の日常生活自立度」判定基準は、日常生活上の具体的動作の状況を評価の目安として示しており、要介護認定の判定資料として利用されている。

☑認知症の中核症状

1）記憶障害

記憶は、最近の出来事ほど不鮮明であり、過去のことは比較的よく保持されているという特徴がある。

2）見当識障害

時間・場所・人物に対する認識（見当識）の障害が現れる。認知症の進行に伴い時間、場所、人物へと障害が進む。日常生活では、時間的な約束を守れなくなる、迷子になる、家族のことが認識できなくなるなどの症状として現れ、さまざまな場面で支障が生じる。

3）理解力・判断力の障害

言葉や標識などが示す意味を理解できなくなったり、自分の身のまわりの状況を的確に把握し、どう対応すればよいのかがわからなくなる障害。物事を段取りよく進めるための一連の作業ができなくなる（遂行機能〔実行機能〕障害）。また、計算力の低下も初期の段階からみられる症状のひとつ。

4）失行・失認

失行とは、運動機能に障害がないにもかかわらず、ある動作が行えない状態をいい、着衣失行、構成失行、観念失行などがある。

失認は、感覚機能は損なわれていないが、視覚や聴覚、触覚などから得られる情報を正しく

認識できなくなる状態をいう。

５）性格の変化

　認知症の進行に伴い、発病する前の性格が認知症になってさらに強調される**先鋭化**、病前にはなかった性格が出現する**性格変化**が認められる場合もある。

☑認知症のある人へのかかわりの基本

　対人援助の基本は**自己覚知**である。

　利用者には常に支援的・保護的に対応することが望ましい。

☑認知症高齢者への実際の援助・支援方法

　介護者は利用者の気分の変化や表情をよく観察することが大切である。

　介護者は利用者に感謝を伝えたり褒めたりすることで、利用者の意欲の向上を促していく。

☑認知症と地域福祉

　生活モデルによる支援をかたちにするのが地域福祉の役割のひとつである。

　社会福祉基礎構造改革以来、認知症のある人へのサポート体制づくりは市区町村単位が主流になっている。

☑認知症のある人の介護とチームアプローチ

　多職種連携の必要性を共有していることが、利用者のQOL向上には不可欠な要素である。

　小さな変化に関する情報でも共有するよう心がけ、皆が同じ情報・状態像をもって援助に携わることが大切である。

☑家族介護者へのレスパイトケア

　過剰な介護ストレスは、家族介護者による認知症のある人への虐待の要因になることがある。

　介護からの一時的解放を目的とするサービスを**レスパイトサービス**とよぶ。レスパイトサービスの種類には、公的サービスや家族会への参加、民間サービスなどがある。

試験によくでるポイント

●パーソン・センタード・ケア

　認知症のある人に寄り添いながら、その声に耳を傾け、気持ちや感情などを理解しようとする、高齢者自身を中心に据えた対応を、**パーソン・センタード・ケア**という。イギリスの臨床心理学者キットウッドが提唱した考え方で、行動症状について医療的アプローチで対応するのではなく、その人らしさを尊重しながら、人間らしい生き方を支援していくというもの。

●ユマニチュード

「見る・話す・触れる・立つ」の４つの要素（**介護の４つの柱**）と「出会いの準備・ケアの準備・知覚の連結・感情の固定・再会の約束」の手順（**５つのステップ**）に基づいた介護手法

●認知症の周辺症状

1）心理症状

① **不安・焦燥**

② **抑鬱状態・自発性の低下**

③ **心気症状**

物忘れの訴えや**身体的愁訴**がみられる

④ **幻覚・妄想**

よくみられる妄想には、**嫉妬妄想**や**物盗られ妄想**などがある

⑤ **睡眠障害**

2）行動症状

① **作話**

② **徘徊**

徘徊の背景には本人なりの**目的や意味**がある。**夕暮れ症候群**など

③ **異食**

④ **不潔行為**

⑤ **その他の症状**

暴力的行為、性的逸脱行為、収集癖、**せん妄**など

キーワード

【BPSD】	Behavioral and Psychological Symptoms of Dementiaの略。BPSDとは「認知症の行動と心理状態」という表現の頭文字であり、これを採用する背景として認知症症状、特に周辺症状への理解を促す目的がある
【バリデーション】	認知症の人の言動や行動には意味があるととらえて、会話を通してその意味を探り、言動や行動を認め、受け入れること

障害の理解

科目の概要

　障害者の心理や身体機能に関する基礎知識を身につける科目です。障害についての医学的知識や障害者の心理を理解し、適切な介護に結びつけていけるようにしましょう。

過去問題での主な出題項目

◆障害のとらえ方、ICIDHからICFへの変遷、法律での障害の定義、障害者福祉の基本理念、ノーマライゼーションの理念　◆障害の受容過程
◆障害の医学的理解と心理的理解　◆多職種連携、家族へのレスパイトケア

確認しよう

☑ ノーマライゼーションの理念

　デンマークのバンク＝ミケルセンが最初にノーマライゼーションの理念を提唱した。
「国際障害者年」が契機となり、日本でも障害者福祉の一層の推進が図られた。

☑ ICF

　ICF（国際生活機能分類）は、医学モデルと社会モデルを統合したものである。

☑ 法律での障害の定義

　「障害者基本法」と「障害者総合支援法」には、「障害者」を定義した規定が置かれている。
　身体障害者には**身体障害者手帳**、知的障害者には**療育手帳**、精神障害者には**精神障害者保健福祉手帳**が交付される。

☑ 視覚障害

　視覚障害は、網膜から視覚中枢までの伝達路のどこかに病変がある場合や、損傷を受けた場合に起こる。

先天性視覚障害者は、言葉は習得しても、実際にどのようなものかがわからない状態（バーバリズム）になりやすい。

中途視覚障害者は、心理的安定にかかわる喪失のほか、さまざまな喪失感に陥る。

☑聴覚障害

聴覚障害は聾と難聴に分けられ、難聴には**伝音性難聴**と**感音性難聴**がある。

■伝音性難聴と感音性難聴

伝音性難聴（外耳から中耳の障害）	感音性難聴（内耳より奥の障害）
小さな音が聞き取りにくい	大きな音でも聞き取りにくい
補聴器などで改善が可能	補聴器の適合が困難
中耳炎などでも起こる	メニエール病、突発性難聴などの内耳の病気によって起こる

☑失語症の種類

①ウェルニッケ失語（感覚性失語）

自発的で流暢に話すものの、意味のわからない言葉でまとまりを欠いている。また、他人の言語を理解することが困難となる。

②ブローカ失語（運動性失語）

簡単な言葉を除き、通常の言語表出が困難となる。他人の言語を理解することはできる。

☑肢体不自由者

肢体不自由者は、障害の種類別でみると、下肢機能障害の人が最も多い。

脳の損傷に起因する肢体不自由の場合は、知的障害などの随伴障害を起こしやすい。

肢体不自由者は、**身体像（ボディイメージ）**に歪みが生じやすく、外見上の問題から劣等感を抱きやすい。

☑内部障害のある人

心臓機能障害者は、不安やストレスを抱えており、鬱病を発症している場合もある。

心臓ペースメーカーは、拍動が著しく減少する疾患の場合に装着する。

呼吸器の機能障害には、薬物療法、酸素療法、気管切開による気道確保、**人工呼吸療法**などの治療法がある。

☑知的障害

知的障害は、原因のわからないものが全体の約4分の3を占めている。

ダウン症候群の多くは、21番目の染色体の数が1本多いために起こる。

☑家族支援

家族支援では、物理的支援、心理的支援、経済的支援が必要である。

☑難病

難病は、原因不明で、治療方法が確立されていないため、長期にわたる療養を続けなければならない。

試験によくでるポイント

●精神障害

統合失調症と気分障害（躁病・鬱病）は、内因性精神障害の代表である。

外因性精神障害には器質性精神病のほか、中毒性精神病などが含まれる。

●発達障害

発達障害には、広汎性発達障害、学習障害、注意欠陥多動性障害などがある。

自閉症スペクトラム障害（自閉症・アスペルガー症候群）は、広汎性発達障害に分類される。

●高次脳機能障害

高次脳機能障害は、脳に損傷を受けたことによって起こる知的機能の障害である。高次脳機能障害者への支援として、高次脳機能障害およびその関連障害に対する支援普及事業が実施されている。

●相談支援専門員

相談支援専門員は、利用者の生活ニーズに対する目標を明確にし、課題解決を目指す役割を担っている。

キーワード

【エンパワメント】利用者が自らの問題を主体的に解決しようとする力を引き出すこと
【ストレングス】　個人の特性や強さを見つけて、それを生かす支援を行うこと
【合理的配慮】　　障害者から何らかの助けを求める意思表明があった場合には、過度な負担にならない範囲で社会的障壁を取り除くこと

医療的ケア

科目の概要

　介護福祉士の業務として位置づけられた医療的ケア（喀痰吸引と経管栄養）を行うために必要な医療的基礎知識、実施時の留意点、利用者の心理的理解、医療職との連携など学習します。

過去問題での主な出題項目

◆医療的ケアを規定する法律

◆介護福祉士が行える医療的ケアの範囲

◆喀痰吸引の実施手順と安全に行うための注意点

◆経管栄養の実施手順と安全に行うための注意点

◆呼吸器の構造

確認しよう

☑ 医療的ケアとは

　2011（平成23）年に行われた「社会福祉士及び介護福祉士法」の改正により、介護福祉士の定義において「喀痰吸引等」が介護福祉士の行う業務として位置づけられた。この改正に伴い、介護福祉士養成課程のカリキュラムに「医療的ケア」の領域が加わった。

☑ 医行為とは

　「医行為」とは、「医師の医学的判断および技術をもってするのでなければ人体に危害を及ぼし、または危害を及ぼすおそれのある行為」や「医師が行うのでなければ保健衛生上危害を生ずるおそれのある行為」と解釈されている。

☑ 健康状態の把握

　血圧、脈拍、呼吸、体温など健康状態を把握するための基本的な情報を、バイタルサインとよぶ。

■バイタルサイン

血圧	臓器の血管障害を起こしにくい理想的な血圧を至適血圧といい、収縮期血圧（最高血圧）120mmHg未満、拡張期血圧（最低血圧）80mmHg未満としている。さまざまな要因で変動するため、正常値の把握が重要
脈拍	脈拍が1分間に50〜60回以下または100回以上の場合や、リズムが乱れている場合、脈の触れ方が弱い場合には異常な徴候と判断
呼吸	安静時の正常呼吸は成人の場合1分間に12〜18回程度の頻度。胸腹部が一定のリズムで膨らんだり縮んだりするのが正常な呼吸
体温	正常体温は、成人の平均で36.0〜37.0℃。基礎代謝の影響で、成人に比べて乳幼児は高く、高齢者は低めである

☑喀痰吸引のポイント

○吸引は医師の介護職員等喀痰吸引等指示書の内容に従って行う

○吸引の実施前には説明を行い、同意を得る

○吸引カテーテルは浸漬法か乾燥法で保管する

☑経管栄養のポイント

○栄養剤には液体栄養剤と半固形栄養剤がある

○栄養剤の種類や量は、医師の指示書に従う

○経管栄養実施の際の体位は、半座位にする

☑緊急時対応のポイント

○心肺停止の際、気道は顎先挙上法で確保する

○やけどの応急手当では、患部を冷やす

○意識障害の把握には、3―3―9度方式を用いる

キーワード

【AED】	心室細動の際に機器が自動的に解析を行い、必要に応じて電気ショック（除細動）を与え、心臓の拍動を正常に戻す救命器具
【チアノーゼ】	酸素が不足したときに口唇、舌、爪などが紫色になることをいう
【消毒と滅菌】	消毒は病原体を死滅させて感染を予防する方法、滅菌はすべての微生物を死滅させることをいう

介護の基本

科目の概要

「尊厳の保持」と「自立支援」という考え方について理解を深め、介護の基本を身につける科目です。介護福祉士の役割や介護サービスについてなど幅広く学習する必要があります。

過去問題での主な出題項目

◆「社会福祉士及び介護福祉士法」の介護福祉士の定義と義務規定

◆利用者主体と自立の考え方、ICFの考え方

◆リハビリテーションの理念

◆個別性と多様性の理解、生活ニーズ

◆ケアマネジメントとケアプラン

◆介護サービスの概要と介護サービス提供の場

◆多職種連携　◆地域連携　◆個人情報の管理

◆リスクマネジメント、感染症対策、腰痛予防

◆労働環境整備（労働基準法、労働安全衛生法、育児・介護休業法）

確認しよう

☑「社会福祉士及び介護福祉士法」

　第48条第2項（名称の使用制限）

　介護福祉士でない者は、介護福祉士という名称を使用してはならない。

☑日本介護福祉士会の倫理綱領

　「日本介護福祉士会倫理綱領」には、「利用者本位、自立支援」「プライバシーの保護」など、専門職としての倫理観の確立を促す内容が記されている。

☑ICFの考え方

ICF（国際生活機能分類）では、生活機能を**心身機能・身体構造、活動、参加の３つのレベル**に分類している。

ICFでは、**環境因子、個人因子の２つの背景因子**が重視される。

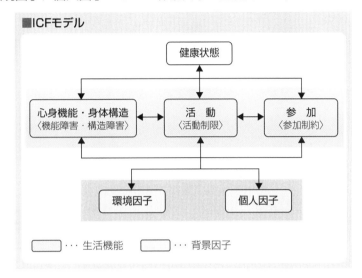

☑リハビリテーションの理念

リハビリテーションの目的は、**残存能力を活かしてQOLの向上を目指す**ことである。

リハビリテーションとは、**全人間的復権**を目指す、時間を限定したプロセスである。

☑ケアマネジメント

ケアマネジメントとは、要援護者やその家族のニーズと社会資源とを結びつけることである。

☑介護保険のサービス

訪問介護のサービス内容には、**身体介護、生活援助**および相談・助言が含まれる。

通所・短期入所系サービスは**居宅サービス**であり、どちらにも家族の**介護負担が軽減される**という効用がある。

☑障害福祉サービス

重度障害者等包括支援では、訪問系サービスに限らず、生活介護や自立訓練などの障害福祉サービスが包括的に提供される。

施設サービスが**日中活動**と**居住支援**に区分され、複数のサービスが選択可能である。

☑ 多職種連携

■ 主なソーシャルワーカー

○社会福祉士	○精神保健福祉士	○社会福祉主事
○身体障害者福祉司	○知的障害者福祉司	○相談支援専門員
○サービス管理責任者	○医療ソーシャルワーカー	○精神科ソーシャルワーカー

■ 主なケアワーカー

○サービス提供責任者　○訪問介護員　○保育士

☑ 地域連携

■ 地域連携にかかわる主な職種・機関

民生委員・児童委員	民生委員は、「民生委員法」に基づく民間ボランティア。都道府県知事の推薦によって厚生労働大臣が委嘱する（任期は３年で児童委員も兼任）
NPO（民間非営利団体）	特定非営利活動を目的とする民間団体
社会福祉協議会（社協）	地域福祉の推進を図ることを目的とした団体。各種の福祉サービスや相談活動、ボランティアや市民活動の支援、共同募金運動への協力などを行う
福祉事務所	福祉六法に定める援護・育成・更生の措置に関する事務を行う第一線の社会福祉行政機関。都道府県と市（特別区を含む）に設置が義務づけられている（町村は任意設置）
社会福祉法人	社会福祉事業を行うことを目的として設立された法人で、所轄庁（原則として都道府県知事または指定都市・中核市の市長）の設立認可が必要。公益事業と収益事業を行う
保健所	医療・福祉の分野にまたがる専門職が配置され、栄養改善や食品衛生、下水道・廃棄物処理などの環境の衛生、母性・乳幼児および高齢者の保健に関する事項、感染症の予防や対策など、さまざまな事業を行う機関。「地域保健法」に基づいて都道府県、指定都市、中核市などに設置される。所長は原則として医師
市町村保健センター	地域住民に対して、健康相談や保健指導、健康診査、その他地域保健に関する必要な事業を行う施設。「地域保健法」に基づいて市町村は市町村保健センターを設置することができる
発達障害者支援センター	「発達障害者支援法」に基づき、発達障害のある人への支援を総合的に行うことを目的とした専門的機関。都道府県および指定都市に設置されている
在宅療養支援診療所	在宅療養をしている患者やその家族に対し、24時間365日体制で訪問看護や往診を行う施設
病院・診療所	「医療法」に規定されている医療施設。病院は20人以上の患者を入院させるための施設を有する施設。診療所は、19人以下の患者を入院させるための施設を有するか、入院施設をまったく有しない施設

試験によくでるポイント

●ICFモデルの6つの構成要素

①健康状態

②心身機能・身体構造

　身体の生理的機能、心理的機能、器官・肢体とその構成部分などの、身体の解剖学的部分

③活動

　課題や行為の個人による遂行（日常生活や家事、趣味活動、人との交際も含むさまざまな行為）

④参加

　生活場面・人生場面へのかかわり（親、主婦といった社会的な役割を果たすことや、社会への参加）

⑤環境因子

　人々が生活し、人生を送っている環境を構成する因子（福祉用具や住宅などの**物的環境**、家族や介護福祉職などの**人的環境**、法制度や医療・福祉サービスなどの**制度的環境**といった幅広いもの）

⑥個人因子

　性別、年齢、ライフスタイル、習慣、生育歴、職業、過去および現在の経験など

●ケアマネジメントの過程

　ケアマネジメントは、アセスメント → ケース目標の設定とケアプランの作成 →（サービス担当者会議 →）ケアプランの実施 → モニタリング → 再アセスメント・評価 → 終結という過程をたどる。

キーワード

【QOL】	「Quality of Life」の略。「生活の質」「生きることの質」のこと
【ADL】	日常生活動作。起居移動、食事、排泄（はいせつ）、着替え、入浴、整容など、どのような生活をしていても毎日必ず行う行為
【ノーマライゼーション】	介護を必要とする状態になっても、住み慣れた地域で生活を継続していくことのできる社会を創造していこうという考え方

コミュニケーション技術

科目の概要

適切なコミュニケーションを実践するためのコミュニケーション技術を学ぶ科目です。

過去問題での主な出題項目

◆傾聴、共感、質問の技法、相談・助言・指導など介護における利用者・家族とのコミュニケーションの技法　◆アサーティブ・コミュニケーション

◆利用者の特性に応じたコミュニケーション、チームのコミュニケーション（報告・連絡・相談、記録、会議）

確認しよう

☑ソーラー

ソーラー（SOLER）とは、相手に十分関心をもっていることを伝える動作をいう。

①まっすぐに向かい合う（Squarely）

まっすぐ向かい合って話を聴くことが原則。ただし、高齢者の場合は、緊張したり構えたりすることもあるので、斜め前に位置するくらいがよい

②開いた姿勢（Open）

腕や足を組まず身体を開くということは、心も開いていることを表し、相手に安心感を与える

③身体を傾ける（Lean）

身体を相手に向けて傾けると、話を親身になって聴いているという印象を与える

④適切に視線を合わせる（Eye contact）

視線を合わせる長さや方向などを適切にして、相手が気持ちよく話せるようにする

⑤リラックスした態度（Relaxed）

話を聴こうとして構えすぎると相手を緊張させてしまうため、リラックスした態度で聴くことが大切

☑ バイステックの７原則

①個別化

利用者の個別性を理解し、それに応じた援助をする

②意図的な感情表現

利用者が感情を自由に表現できるよう、意図的にはたらきかける

③統制された情緒関与

利用者の感情表出に対して、援助者が意図的かつ適切に対応する

④受容

利用者の行動や態度をあるがままに受け入れる

⑤非審判的態度

援助者の価値基準を一方的に利用者に当てはめて評価しない

⑥自己決定

利用者が自己決定できるように援助し、決定したことを尊重する

⑦秘密保持

利用者に関する情報を、本人の承諾なしに漏らさない

試験によくでるポイント

●傾聴、共感

予備的共感、観察、波長合わせ、日常的な言葉を用いることが、傾聴のポイントである。

●アサーティブ・コミュニケーション

介護職、利用者ともに相手を尊重しながら、それぞれが自分の気持ちを相手に伝えるコミュニケーションをいう。

●質問の技法

「はい」「いいえ」などの短い言葉で答えさせる閉じられた質問と、相手に自由に答えさせる開かれた質問がある。

●介護記録

①記録は、情報の共有化のために重要

②介護の記録には、ケース記録、業務日誌、ヒヤリハット報告書などが含まれる

③記録には５Ｗ１Ｈの要素を必ず盛り込み、事実を客観的に記述する

生活支援技術

科目の概要

　「尊厳の保持」と「自立支援」という観点から、利用者が望む生活を支えるために必要な介護福祉士としての専門的技術・知識を学ぶ科目です。利用者がどのような状態であっても、その人の自立を尊重し、安全に援助できるよう、適切な介護技術や知識を身につけることが重要です。

過去問題での主な出題項目

◆生活支援のあり方　◆バリアフリー化や福祉用具の活用　◆住環境整備
◆整容・口腔ケア・着替えなど身支度における介護技術、体位変換・車いす介助・歩行介助など移動・移乗の介護技術、誤嚥予防など食事における介護技術、入浴、排泄、人生の最終段階における介護技術
◆障害に応じた生活支援技術　◆レクリエーション活動

確認しよう

☑生活支援のあり方
　生活の**多面性**が、生活全体の**個別性**を生んでいる。

☑体位変換
　利用者の安全・安楽・安心と自身の健康保持のため、**ボディメカニクス**を活用する。

☑褥瘡ができやすい人
　○ 自力で寝返りが打てない
　○ 痩せて骨の突出が顕著である
　○ 心臓・腎臓疾患などにより浮腫（むくみ）がある
　○ 知覚麻痺のため痛覚がない

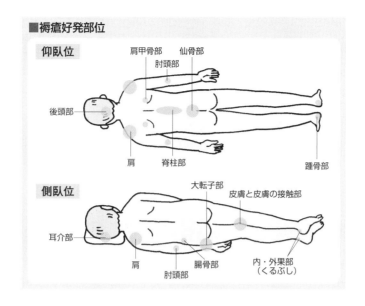

■褥瘡好発部位

仰臥位

肩甲骨部　仙骨部
肘頭部
後頭部
肩　脊柱部　踵骨部

側臥位

大転子部　皮膚と皮膚の接触部
耳介部
肩　肘頭部　腸骨部　内・外果部（くるぶし）

☑ 麻痺の種類

麻痺の部位により、以下のように分類される。

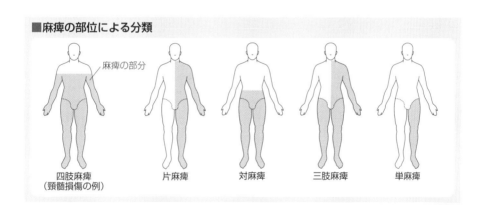

■麻痺の部位による分類

麻痺の部分

四肢麻痺（頸髄損傷の例）　片麻痺　対麻痺　三肢麻痺　単麻痺

☑ 住環境整備

機能低下がある高齢者の場合、以下のような住環境整備が望ましい。

○ 寝室（居室）とトイレの移動距離を短くする

○ 寝室（居室）は、1階が望ましい

○ ベッド周りの照明は、局部照明で必要な場所を照らすようにする

○ 扇風機やエアコンで、適度な室温に調節する

○ トイレや浴室の扉は、外開きや引き戸が望ましい

☑車いす介助

車いすは、姿勢の保持、体力などの身体状況と、生活や用途に応じた適切なものを選択する。

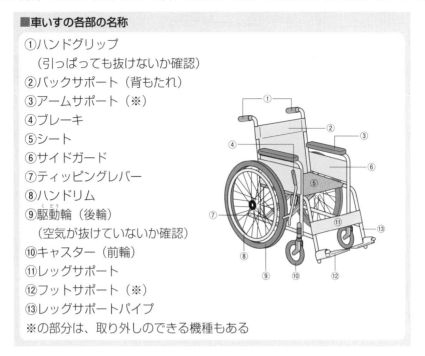

■車いすの各部の名称

① ハンドグリップ
　（引っぱっても抜けないか確認）
② バックサポート（背もたれ）
③ アームサポート（※）
④ ブレーキ
⑤ シート
⑥ サイドガード
⑦ ティッピングレバー
⑧ ハンドリム
⑨ 駆動輪（後輪）
　（空気が抜けていないか確認）
⑩ キャスター（前輪）
⑪ レッグサポート
⑫ フットサポート（※）
⑬ レッグサポートパイプ
※の部分は、取り外しのできる機種もある

☑移動・移乗の介護における5つの原則

① 利用者の身体の状態を考え、**残存機能**を活用する

② 利用者にこれから行う介助を事前に説明し、了解を得る

③ 寝返りを打つ、座る、立ち上がるなど、身体の自然な動きに従って介助を行う

④ 状況に応じた介護の方法を実施する

⑤ ボディメカニクス（**生体力学**）を活用する

☑誤嚥予防のポイント

○ 食前にアイスマッサージや嚥下体操を行う

○ 嚥下しやすい形状の食べ物を少量ずつ勧める

○ 水分でむせやすい場合は増粘剤で**とろみ**をつける

○ 隠し包丁を入れる、一口大に切る、軟らかくなるまで煮る

○ 座位をとり、顎を引いた嚥下しやすい姿勢をとる

○ 意識がはっきりしているときに食事を摂る

☑入浴

入浴の前後には、利用者の体調を確認する。

居室や脱衣室、浴室との温度差による**ヒートショック**に注意する。

シャワー浴は入浴に比べ、体力消耗が少ない利点がある。

☑ 栄養素

■ 主なビタミン

種類		主なはたらき	主な供給源	欠乏症状
脂溶性ビタミン	A	・視力の調節 ・成長促進	レバー、うなぎ、乳製品、緑黄色野菜	発育不良、夜盲症、ドライアイ
	D	・骨の形成とはたらきに関与	いわし、さけ、まぐろ、きのこ類	骨粗鬆症、骨軟化症
	E	・酸化防止 ・老化防止	穀物、緑黄色野菜、豆類、卵黄	歩行失調、位置感覚障害
	K	・血液凝固に関与 ・骨の形成促進	緑黄色野菜、豆類、海藻類	血液凝固遅延、骨粗鬆症
水溶性ビタミン	B_1	・糖質代謝に関与 ・消化液の分泌促進	豚肉、レバー、豆類、緑黄色野菜	浮腫、脚気、食欲不振、倦怠感
	B_2	・アミノ酸・糖質・脂質の代謝に関与	レバー、卵、牛乳、緑黄色野菜、肉類	口唇炎、口角炎、発育不良
	B_6	・アミノ酸の代謝に関与 ・皮膚を健康に保つ	レバー、肉類、魚介類、卵、牛乳	貧血、痙攣、皮膚炎
	B_{12}	・造血作用	レバー、肉類、魚介類、卵	悪性貧血
	C	・コラーゲンの合成	果実、野菜、いも類	壊血病、貧血、成長不良、骨形成不全

■ 主な無機質

種類	主なはたらき	主な供給源	欠乏症状
カルシウム	・骨や歯の形成 ・精神安定	牛乳、乳製品、小魚、海藻類	骨粗鬆症、精神不安
鉄	・酸素を体内に運搬	緑黄色野菜、卵黄、レバー	貧血
ナトリウム	・神経興奮の伝達 ・体液の浸透圧の調節	食塩、しょうゆ、みそ	血圧の低下、倦怠感、精神不安
カリウム	・浸透圧やpHの調節	野菜、果実	筋力低下
マグネシウム	・筋肉の収縮や神経伝達、血圧調節などに関与	緑黄色野菜、穀類、肉類	骨の形成不全
亜鉛	・たんぱく質の合成に関与 ・インスリンの構成元素	魚介類、肉類、牛乳、卵黄	成長不良、皮膚障害、味覚障害
マンガン	・骨の生成促進	牛乳、肉類、豆類	骨の発育不全

☑ 排泄

排泄行為の自立は、**社会的自立の重要な条件**となる。

介護者は、利用者の心理面に十分な配慮をする。

☑ 人生の最終段階における介護技術

緩和ケアを中心とした援助を行うことを**ホスピスケア**という。

☑ グリーフケアにおける援助のポイント

○ 最善のケアを行ったという肯定感がもてるよう援助する

○ 遺族の心身に異常がないか、悲しみの表れ方や程度をチェックする

○ 遺族の新しい生活に向けた援助をする

試験によくでるポイント

●着替え

上下肢に麻痺などがある場合の衣服の着脱では、**脱健着患**が原則である。

●歩行介助

片麻痺がある利用者の歩行介助では、介護者は利用者の**患側後方**（かんそく）に立つ。

杖（つえ）を使っての三動作歩行では、杖→患側の足→健側（けんそく）の足の順で前に出す。

●食事における介護技術

疾患や障害、加齢などの影響により、**誤嚥性肺炎**（ごえんせいはいえん）を起こしやすくなる。

高齢者は体内水分量の減少や水分吸収機能の低下により**脱水**を起こしやすい。

●視覚障害者の移動の援助

介護者は、利用者が**白杖**（はくじょう）を持つ手の反対側の半歩前に立ち、**肘のすぐ上**（ひじ）を、空いているほうの手でつかんでもらう。

●ボディメカニクス

○ 身体を安定させるために、**支持基底面を広くとり、重心を低くする**

○ 骨盤を安定させる

○ 利用者に近づいて、お互いの**重心を近づける**

○ **大きな筋群**（背筋や腹筋など）を活用し、利用者の身体を**水平に引く**

○ **てこの原理**を活用する

○ 利用者の身体を**小さくまとめ**、膝（ひざ）を立てて肩と腰を支えながら回転させて仰臥位から側臥位（ぎょうがい）（そく）（がい）にする（トルクの原理）

○ 身体をねじらず、腰と肩を**平行**に保つ

🔑 キーワード

【バリアフリー】	人が生活を送るうえで問題となる、あらゆる障壁（バリア）を取り除こう（フリー）という理念
【ユニバーサルデザイン】	すべての人が利用可能であるように配慮されたデザイン
【清拭（せいしき）】	タオルなどで身体を拭（ふ）き清めること
【支持基底面】	身体を支える面積のこと。下図のＡよりもＢのほうが足の間隔が広く、支持基底面が大きくなるため、身体が安定する

A

B

支持基底面

【褥瘡（じょくそう）】	身体組織の一部が長時間にわたって圧迫を受け、血液の循環障害が起こった状態

介護過程

 ## 科目の概要

　他科目で学習した知識や技術を統合して、介護過程の展開、計画の立案など適切な介護サービスを提供できる能力を身につけましょう。

 ## 過去問題での主な出題項目

◆介護過程の意義と目的　◆短期目標と長期目標

◆介護過程の展開、客観的・主観的情報の記録、アセスメント、計画の立案、援助の実施、評価

◆介護過程とチームアプローチ　◆事例研究の目的

 ## 確認しよう

☑介護過程の意義と目的

　介護過程は**アセスメント、計画の立案、援助の実施、評価**の4つで構成される。

■介護過程の一連のプロセス

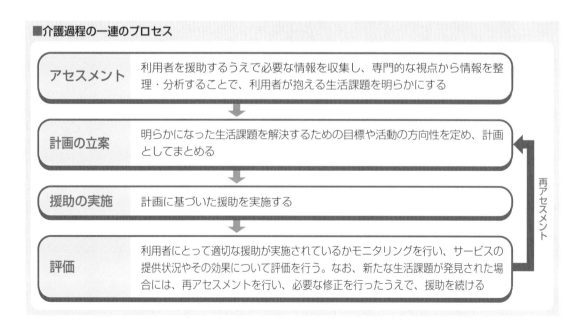

アセスメント	利用者を援助するうえで必要な情報を収集し、専門的な視点から情報を整理・分析することで、利用者が抱える生活課題を明らかにする
計画の立案	明らかになった生活課題を解決するための目標や活動の方向性を定め、計画としてまとめる
援助の実施	計画に基づいた援助を実施する
評価	利用者にとって適切な援助が実施されているかモニタリングを行い、サービスの提供状況やその効果について評価を行う。なお、新たな生活課題が発見された場合には、再アセスメントを行い、必要な修正を行ったうえで、援助を続ける

再アセスメント

☑アセスメント

アセスメントには情報収集、情報分析・解釈、生活課題の明確化のプロセスがある。

■アセスメントのプロセス

①情報収集 → ②情報分析・解釈 → ③生活課題の明確化

☑ケアマネジメントと介護過程の関係

■介護保険制度におけるケアマネジメントと介護過程

ケアマネジメント	介護過程
総合的な援助の方針を要介護者や関連職種と協議し、ケアマネジメントを展開する	ケアプランの目標に沿って各専門職が個別援助を展開する
ケアプランを作成する	**介護計画**を作成する

試験によくでるポイント

●介護計画（個別援助計画）

介護計画とは、利用者の主体性や自己決定を尊重しながら、利用者が望む生活実現のために具体的な目標を設定したうえで、介護福祉職が提供できるサービスやその内容などを示したものである。

●ケアマネジメントと介護過程

ケアマネジメントでは、生活全般を対象とした総合的な援助を展開する。

介護過程では、ケアプランの目標に沿って各専門職が個別援助を展開する。

●介護過程とチームアプローチ

介護福祉職は、利用者の状態の変化に気づきやすい立場にいる。

キーワード

【生活課題】利用者が望む生活を実現するうえで解決しなければならない問題。複数ある場合は、利用者のニーズと生活状況に合わせて優先順位をつけることが必要

総合問題

科目の概要

　4領域（人間と社会、介護、こころとからだのしくみ、医療的ケア）の知識および技術を横断的に問う問題が、事例形式で出題されます。介護の実践に即して知識を活用できるように学習しましょう。

過去問題での主な事例

◆脊髄損傷　◆ダウン症候群　◆精神発達遅滞　◆前頭側頭型認知症

◆デュシェンヌ型筋ジストロフィー（8歳）　◆アルツハイマー型認知症

◆レビー小体型認知症　◆全盲　◆統合失調症　◆糖尿病

◆関節リウマチ　◆自閉症スペクトラム障害　◆脳梗塞　◆片麻痺

◆筋萎縮性側索硬化症　◆アテトーゼ型脳性麻痺

試験によくでるポイント

●利用できる制度・サービス

●介護福祉職の対応・利用者への支援

●利用者の疾患の症状

●介護福祉職の対応・具体的な言葉かけの例

●利用者の今後の状態について

●介護福祉職の対応・家族への対応

模擬試験

実際の試験問題には、表紙の次に下記のような注意事項が記されています。氏名・受験番号の記入のしかたや、マークシートの塗りつぶし方などについて説明されていますので、試験開始前にはしっかり目を通すようにしましょう。

注　意　事　項

1　試験時間等

　試験時間は、受験票のとおりです。

　午前の試験問題数は63問です。

2　解答用紙への氏名の記入

　解答用紙には、すでに「受験番号（●塗りつぶし含む）」「カナ」氏名が印刷されています。「受験番号」と「カナ」氏名が正しいかどうか確認して、「氏名」欄に、受験票に印刷されている氏名を記入してください。

（例）受験番号　Ｋ０１０－２３４５６　の場合

介 護 福 祉 士 国 家 試 験
（午前）解 答 用 紙

会　場	福祉大学
1	第1教室

カ　ナ	フクシ　タロウ
氏　名	福祉太郎

受験番号　Ｋ０１０－２３４５６

3　解答方法

⑴　各問題には1から5まで5つの答えがありますので、そのうち、問題に対応した答えを1つ選び、例にならって解答用紙に解答してください。

〔例〕問題201　次のうち、県庁所在地として正しいものを1つ選びなさい。

　　　1　函館市

　　　2　郡山市

　　　3　横浜市

　　　4　米子市

　　　5　北九州市

　正答は「3」ですので、解答用紙の

問題201　① ② ③ ④ ⑤ のうち、③ を塗りつぶして、

問題201　① ② ● ④ ⑤ としてください。

(2)　採点は、光学式読取装置によって行います。解答は、鉛筆またはシャープペンシルを使用し、○の外に、**はみださないように濃く塗りつぶしてください。**ボールペンは使用できません。また、塗りつぶしが薄い場合は、正答であっても正しく読み取れないため、注意してください。

良い解答の例………　●

悪い解答の例………　　レ点　塗り残し　線　なぞる　中黒　はみ出し　薄い　（解答したことになりません。）
　　　　　　　　　　　　　　　　　　　　　　　　　（ずれ）

(3)　一度解答したところを訂正する場合は、消しゴムで消し残りのないように完全に消してください。鉛筆の跡が残ったり、◈のような消し方などをした場合は、訂正したことになりませんので注意してください。

(4)　1問に2つ以上解答したときは、誤りになります。

(5)　解答用紙は、折り曲げたり、チェックやメモなどで汚したりしないように特に注意してください。

4　その他の注意事項

(1)　印刷不良やページが抜けている場合は、手を挙げて試験監督員に連絡してください。

(2)　問題の内容についての質問には、一切お答えできません。

問題の中で使用している英語および振り仮名に関する注意事項

1　英字略語の一部には英語での正式名称を併記し、疾病名には英語を
　併記していますが、それらが正しいか否かを問う問題ではありません。

2　英語に原語をもつカタカナの一部に英語を併記していますが、それ
　らが正しいか否かを問う問題ではありません。

3　振り仮名については、それらが正しいか否かを問う問題ではありま
　せん。

● 実際の試験時間と問題数の配分

午前試験／問題数63問（1～63）、試験時間1時間40分

午後試験／問題数62問（64～125）、試験時間2時間

● 採点シート

　介護福祉士試験に合格するためには、総得点が合格基準点※以上であるだけでなく、11に分けられた科目群すべてにおいて得点していることが条件となります。下記のシートに採点結果を記入し、苦手科目の補強に役立ててください。

（※合格基準点は、総得点の60%程度を基準として、問題の難易度で補正されるため、毎年異なりますので注意してください。ちなみに、第36回試験の合格基準点は、67点（問）／125問です。）

［筆記試験の合格基準］

　次の2つの条件を満たした者を筆記試験の合格者とする。

　　ア　問題の総得点の60%程度を基準として、問題の難易度で補正した点数以上の得点の者。

　　イ　アを満たした者のうち、以下の試験科目11科目群すべてにおいて得点があった者。
　　①人間の尊厳と自立、介護の基本　②人間関係とコミュニケーション、コミュニケーション技術　③社会の理解　④生活支援技術　⑤介護過程　⑥こころとからだのしくみ　⑦発達と老化の理解　⑧認知症の理解　⑨障害の理解　⑩医療的ケア　⑪総合問題

	科目名	第1回模擬試験 正答数	第2回模擬試験 正答数
午前試験	人間の尊厳と自立	/2問	/2問
	人間関係とコミュニケーション	/4問	/4問
	社会の理解	/12問	/12問
	こころとからだのしくみ	/12問	/12問
	発達と老化の理解	/8問	/8問
	認知症の理解	/10問	/10問
	障害の理解	/10問	/10問
	医療的ケア	/5問	/5問
午後試験	介護の基本	/10問	/10問
	コミュニケーション技術	/6問	/6問
	生活支援技術	/26問	/26問
	介護過程	/8問	/8問
	総合問題	/12問	/12問
		/125問	/125問

第1回模擬試験（午前）解答用紙

氏　名	

※実際の解答用紙には受験番号記入欄があります。

人間の尊厳と自立

1	①	②	③	④	⑤
2	①	②	③	④	⑤

人間関係とコミュニケーション

3	①	②	③	④	⑤
4	①	②	③	④	⑤
5	①	②	③	④	⑤
6	①	②	③	④	⑤

社会の理解

7	①	②	③	④	⑤
8	①	②	③	④	⑤
9	①	②	③	④	⑤
10	①	②	③	④	⑤
11	①	②	③	④	⑤
12	①	②	③	④	⑤
13	①	②	③	④	⑤
14	①	②	③	④	⑤
15	①	②	③	④	⑤
16	①	②	③	④	⑤
17	①	②	③	④	⑤
18	①	②	③	④	⑤

こころとからだのしくみ

19	①	②	③	④	⑤
20	①	②	③	④	⑤
21	①	②	③	④	⑤
22	①	②	③	④	⑤
23	①	②	③	④	⑤
24	①	②	③	④	⑤
25	①	②	③	④	⑤
26	①	②	③	④	⑤
27	①	②	③	④	⑤
28	①	②	③	④	⑤
29	①	②	③	④	⑤
30	①	②	③	④	⑤

発達と老化の理解

31	①	②	③	④	⑤
32	①	②	③	④	⑤
33	①	②	③	④	⑤
34	①	②	③	④	⑤
35	①	②	③	④	⑤
36	①	②	③	④	⑤
37	①	②	③	④	⑤
38	①	②	③	④	⑤

認知症の理解

39	①	②	③	④	⑤
40	①	②	③	④	⑤
41	①	②	③	④	⑤
42	①	②	③	④	⑤
43	①	②	③	④	⑤
44	①	②	③	④	⑤
45	①	②	③	④	⑤
46	①	②	③	④	⑤
47	①	②	③	④	⑤
48	①	②	③	④	⑤

障害の理解

49	①	②	③	④	⑤
50	①	②	③	④	⑤
51	①	②	③	④	⑤
52	①	②	③	④	⑤
53	①	②	③	④	⑤
54	①	②	③	④	⑤
55	①	②	③	④	⑤
56	①	②	③	④	⑤
57	①	②	③	④	⑤
58	①	②	③	④	⑤

医療的ケア

59	①	②	③	④	⑤
60	①	②	③	④	⑤
61	①	②	③	④	⑤
62	①	②	③	④	⑤
63	①	②	③	④	⑤

切取線

第1回模擬試験（午後）解答用紙

※実際の解答用紙には受験番号記入欄があります。

氏 名	

介護の基本

	①	②	③	④	⑤
64	①	②	③	④	⑤
65	①	②	③	④	⑤
66	①	②	③	④	⑤
67	①	②	③	④	⑤
68	①	②	③	④	⑤
69	①	②	③	④	⑤
70	①	②	③	④	⑤
71	①	②	③	④	⑤
72	①	②	③	④	⑤
73	①	②	③	④	⑤

コミュニケーション技術

	①	②	③	④	⑤
74	①	②	③	④	⑤
75	①	②	③	④	⑤
76	①	②	③	④	⑤
77	①	②	③	④	⑤
78	①	②	③	④	⑤
79	①	②	③	④	⑤

生活支援技術

	①	②	③	④	⑤
80	①	②	③	④	⑤
81	①	②	③	④	⑤
82	①	②	③	④	⑤
83	①	②	③	④	⑤
84	①	②	③	④	⑤
85	①	②	③	④	⑤
86	①	②	③	④	⑤
87	①	②	③	④	⑤
88	①	②	③	④	⑤
89	①	②	③	④	⑤
90	①	②	③	④	⑤
91	①	②	③	④	⑤
92	①	②	③	④	⑤
93	①	②	③	④	⑤
94	①	②	③	④	⑤
95	①	②	③	④	⑤
96	①	②	③	④	⑤

	①	②	③	④	⑤
97	①	②	③	④	⑤
98	①	②	③	④	⑤
99	①	②	③	④	⑤
100	①	②	③	④	⑤
101	①	②	③	④	⑤
102	①	②	③	④	⑤
103	①	②	③	④	⑤
104	①	②	③	④	⑤
105	①	②	③	④	⑤

介護過程

	①	②	③	④	⑤
106	①	②	③	④	⑤
107	①	②	③	④	⑤
108	①	②	③	④	⑤
109	①	②	③	④	⑤
110	①	②	③	④	⑤
111	①	②	③	④	⑤
112	①	②	③	④	⑤
113	①	②	③	④	⑤

総合問題

	①	②	③	④	⑤
114	①	②	③	④	⑤
115	①	②	③	④	⑤
116	①	②	③	④	⑤
117	①	②	③	④	⑤
118	①	②	③	④	⑤
119	①	②	③	④	⑤
120	①	②	③	④	⑤
121	①	②	③	④	⑤
122	①	②	③	④	⑤
123	①	②	③	④	⑤
124	①	②	③	④	⑤
125	①	②	③	④	⑤

切取線

第2回模擬試験（午前）解答用紙

氏　名	

※実際の解答用紙には受験番号記入欄があります。

人間の尊厳と自立

1	①	②	③	④	⑤
2	①	②	③	④	⑤

人間関係とコミュニケーション

3	①	②	③	④	⑤
4	①	②	③	④	⑤
5	①	②	③	④	⑤
6	①	②	③	④	⑤

社会の理解

7	①	②	③	④	⑤
8	①	②	③	④	⑤
9	①	②	③	④	⑤
10	①	②	③	④	⑤
11	①	②	③	④	⑤
12	①	②	③	④	⑤
13	①	②	③	④	⑤
14	①	②	③	④	⑤
15	①	②	③	④	⑤
16	①	②	③	④	⑤
17	①	②	③	④	⑤
18	①	②	③	④	⑤

こころとからだのしくみ

19	①	②	③	④	⑤
20	①	②	③	④	⑤
21	①	②	③	④	⑤
22	①	②	③	④	⑤
23	①	②	③	④	⑤
24	①	②	③	④	⑤
25	①	②	③	④	⑤
26	①	②	③	④	⑤
27	①	②	③	④	⑤
28	①	②	③	④	⑤
29	①	②	③	④	⑤
30	①	②	③	④	⑤

発達と老化の理解

31	①	②	③	④	⑤
32	①	②	③	④	⑤
33	①	②	③	④	⑤
34	①	②	③	④	⑤
35	①	②	③	④	⑤
36	①	②	③	④	⑤
37	①	②	③	④	⑤
38	①	②	③	④	⑤

認知症の理解

39	①	②	③	④	⑤
40	①	②	③	④	⑤
41	①	②	③	④	⑤
42	①	②	③	④	⑤
43	①	②	③	④	⑤
44	①	②	③	④	⑤
45	①	②	③	④	⑤
46	①	②	③	④	⑤
47	①	②	③	④	⑤
48	①	②	③	④	⑤

障害の理解

49	①	②	③	④	⑤
50	①	②	③	④	⑤
51	①	②	③	④	⑤
52	①	②	③	④	⑤
53	①	②	③	④	⑤
54	①	②	③	④	⑤
55	①	②	③	④	⑤
56	①	②	③	④	⑤
57	①	②	③	④	⑤
58	①	②	③	④	⑤

医療的ケア

59	①	②	③	④	⑤
60	①	②	③	④	⑤
61	①	②	③	④	⑤
62	①	②	③	④	⑤
63	①	②	③	④	⑤

切取線

第2回模擬試験（午後）解答用紙

※実際の解答用紙には受験番号記入欄があります。

氏 名	

介護の基本

64	①	②	③	④	⑤
65	①	②	③	④	⑤
66	①	②	③	④	⑤
67	①	②	③	④	⑤
68	①	②	③	④	⑤
69	①	②	③	④	⑤
70	①	②	③	④	⑤
71	①	②	③	④	⑤
72	①	②	③	④	⑤
73	①	②	③	④	⑤

コミュニケーション技術

74	①	②	③	④	⑤
75	①	②	③	④	⑤
76	①	②	③	④	⑤
77	①	②	③	④	⑤
78	①	②	③	④	⑤
79	①	②	③	④	⑤

生活支援技術

80	①	②	③	④	⑤
81	①	②	③	④	⑤
82	①	②	③	④	⑤
83	①	②	③	④	⑤
84	①	②	③	④	⑤
85	①	②	③	④	⑤
86	①	②	③	④	⑤
87	①	②	③	④	⑤
88	①	②	③	④	⑤
89	①	②	③	④	⑤
90	①	②	③	④	⑤
91	①	②	③	④	⑤
92	①	②	③	④	⑤
93	①	②	③	④	⑤
94	①	②	③	④	⑤
95	①	②	③	④	⑤
96	①	②	③	④	⑤

97	①	②	③	④	⑤
98	①	②	③	④	⑤
99	①	②	③	④	⑤
100	①	②	③	④	⑤
101	①	②	③	④	⑤
102	①	②	③	④	⑤
103	①	②	③	④	⑤
104	①	②	③	④	⑤
105	①	②	③	④	⑤

介護過程

106	①	②	③	④	⑤
107	①	②	③	④	⑤
108	①	②	③	④	⑤
109	①	②	③	④	⑤
110	①	②	③	④	⑤
111	①	②	③	④	⑤
112	①	②	③	④	⑤
113	①	②	③	④	⑤

総合問題

114	①	②	③	④	⑤
115	①	②	③	④	⑤
116	①	②	③	④	⑤
117	①	②	③	④	⑤
118	①	②	③	④	⑤
119	①	②	③	④	⑤
120	①	②	③	④	⑤
121	①	②	③	④	⑤
122	①	②	③	④	⑤
123	①	②	③	④	⑤
124	①	②	③	④	⑤
125	①	②	③	④	⑤

切取線

第1回　模擬試験

問　題

第1回模擬試験　問題
＜　午　前　＞

※午前試験／問題数63問（1〜63）、試験問題1時間40分

解答目標時間	分

　あらかじめ、模擬試験の問題を解くにあたっての目標時間を決めておきましょう。

　実際の本試験では、試験時間が決まっており、科目ごとあるいは問題ごとの時間配分は重要です。また、目標を立てて余裕をもって解くことで、解答を見直す時間を取れるようにもなります。適切な時間配分で解答できるように、模擬試験でトレーニングをしておきましょう。

■模擬試験出題形式について

　この模擬試験は、2024年3月末までに発表された厚生労働省資料を基に作成しているため、2025年1月に実施される第37回国家試験では出題順などが異なる可能性があります。ご了承ください。

この問題冊子は本体から
取り外して使用できます

人間の尊厳と自立

問題1　Aさん（80歳、女性）は、夫と二人暮らしである。脊柱管狭窄症（spinal stenosis）のため、長時間立っていると痛みがひどくなり、思うように料理を作ることができない。また、歩行時に痛みが出ることから、自宅に閉じこもりがちである。歩行の際には杖を両手に持って体を支えている。夫が買い物に行ったり簡単な調理を行っていることを、Aさんは気にしている。夫は、進んで手助けをしているが、自分の趣味の集まりなどに出かけることをためらうようになっている。

　　　Aさんに対する介護福祉職の助言として、**最も適切なもの**を1つ選びなさい。

1　休み休みでも自分で買い物に行くように伝える。

2　自分で家事をすべてやるように伝える。

3　夫と相談して、それぞれの役割分担を決めるように伝える。

4　Aさんの外出の機会を増やすため、夫に買い物に行かないように伝える。

5　夫に自分の趣味を優先するように伝える。

問題2　人間の尊厳に関する次の記述のうち、**正しいもの**を1つ選びなさい。

1　「日本国憲法」では、第25条で尊厳という文言を用いて、個人として尊重されることを規定している。

2　尊厳という理念的価値は、障害者のみ当てはまる。

3　「障害者基本法」では、障害者の権利として「その人が望む生活」を保障している。

4　理念的価値とは、発展的に考えた価値という意味である。

5　尊厳とは、生活支援の基本的原理であり、理念的価値である。

人間関係とコミュニケーション

問題3 サービス担当者会議における議論での留意点に関する次の記述のうち、**適切なもの**を1つ選びなさい。

1 緊急度の高いものが議論で最も優先される。

2 反対意見は、会議中には発言しない。

3 ゴールイメージを描く。

4 会議で決定した事項の評価は、次の会議で行う。

5 会議中には、他者の発言を否定することも重要である。

問題4 Bさん（80歳、女性、要介護1）は、訪問介護（ホームヘルプサービス）を週に2回利用している。訪問介護員（ホームヘルパー）の支援を受けて、自宅での生活を継続しているが、耳が遠くなり、訪問介護員（ホームヘルパー）の話を聞き間違えることが多くなっている。

　訪問介護員（ホームヘルパー）のBさんへの対応として、**最も適切なもの**を1つ選びなさい。

1 できるだけ大きな声で耳のそばで話すようにする。

2 食事の用意を手伝う際には、使用する食材を示しながら話をする。

3 非言語メッセージのみで話を伝えるようにする。

4 筆談でコミュニケーションをとるようにする。

5 できるだけBさんに話しかけないようにする。

問題5　組織における情報の流れに関する次の記述のうち、**適切なもの**を1つ選びなさい。

1　業務報告や現場からの提案などは、下意上達で伝えられるメッセージである。

2　上意下達のメッセージは、通達や実行が遅れがちになる。

3　水平的なコミュニケーションは、公式の情報伝達が多くみられる。

4　水平的な横のつながりによるコミュニケーションでは、メンバーシップが養われない。

5　組織の活動を調整するのは、上意下達のコミュニケーションである。

問題6　チームマネジメントに関する次の記述のうち、**適切なもの**を1つ選びなさい。

1　チームマネジメントとは、チームが行動するために必要な目標を設定することをいう。

2　チームが目指すべき目標は、メンバーで共有する。

3　チームは、フォロワーのみで構成される。

4　質問によってフォロワーの自発性を促し、答えを引き出すことをティーチングという。

5　職務を通じた教育訓練をOff-JTという。

社会の理解

問題7 診断主義の立場から『社会診断』を公表した人物として、**適切なもの**を1つ選びなさい。

1　リッチモンド（Richmond, M.E.）

2　マルサス（Malthus, T.R.）

3　アダムス（Addams, J.）

4　バーネット夫妻（Barnett, S.　Barnett, H.）

5　ダーウィン（Darwin, C.R.）

問題8 「仕事と生活の調和（ワーク・ライフ・バランス）憲章」の定義に掲げられている社会に関する記述として、**適切なもの**を1つ選びなさい。

1　若者が必ず就労する社会

2　経済的自立のためには働き続ける社会

3　多様な働き方・生き方が選択できる社会

4　健康のための時間が確保できる社会

5　男性が仕事に集中できる社会

問題9 Cさん（55歳、男性）は、強度の弱視のため視覚障害者に認定されている。外出時には、これまでも障害物がわからずにぶつかり、骨折（fracture）をするなど外出に著しい困難が伴っていた。このため、障害福祉サービスの利用を申請し認められた。

　　次の介護給付サービスのうち、Cさんの外出時に利用するサービスとして**適切なもの**を1つ選びなさい。

1　行動援護

2　重度障害者等包括支援

3　生活介護

4　同行援護

5　居宅介護

問題10 「障害者虐待防止法」に関する次の記述のうち、**正しいもの**を1つ選びなさい。

1 「障害者虐待防止法」では、障害者を「障害者総合支援法」に規定する障害者としている。

2 「障害者虐待防止法」では、養護者に障害者福祉施設従事者等も含めている。

3 障害者虐待の種類は4種類である。

4 障害者の福祉に職務上関係のある者には、障害者虐待の早期発見が義務づけられている。

5 障害者の尊厳の保持や自立について触れている。

問題11 2023年度の社会保障関係費と社会保障給付費に関する次の記述のうち、**適切なもの**を1つ選びなさい。

1 社会保障給付費の約5割を医療が占めている。

2 一般歳出に占める社会保障関係費の割合は、2022年度と比較して減少している。

3 社会保障給付費は、保険料と公費のみで賄われている。

4 社会保障給付費は、150兆円を超えている。

5 社会保障給付費に、子ども・子育てに関係する給付は含まれていない。

問題12 介護保険の被保険者に関する次の記述のうち、**正しいもの**を1つ選びなさい。

1 介護保険では、40歳以上で要件に該当すると任意加入によって被保険者となる。

2 介護保険では、日本国内に住所を有していなくても日本国籍があれば被保険者である。

3 介護保険では、在日外国人は被保険者になることができない。

4 第2号被保険者は、65歳に到達することで第2号被保険者の資格を喪失する。

5 第1号被保険者の場合、資格を喪失したときに届出は必要ない。

問題13 「障害者差別解消法」に規定されている合理的配慮に関する次の記述のうち、**適切なもの**を1つ選びなさい。

1　書類の記入を頼まれたときに、どのような書類でも代わりに記入するのは合理的配慮である。

2　段差がある場合にスロープなどを使用して補助することは合理的配慮にならない。

3　意思を伝え合うためにタブレット端末を使用することは、合理的配慮である。

4　どのような場合でも、障害のある人の意思に沿うことが合理的配慮である。

5　会議で席順を決める場合、障害のある人は出入り口に近い場所にするのが合理的配慮である。

問題14　介護サービス情報の公表制度に関する次の記述のうち、**正しいもの**を1つ選びなさい。

1　介護サービス事業者は、任意で介護サービス情報を都道府県知事に報告しなければならない。

2　事業者から報告を受けた都道府県知事は、その内容を公表しなければならない。

3　事業者からの報告に関して調査の必要がある場合、都道府県が調査を行わなければならない。

4　利用者が介護サービス情報を利用する場合、都道府県に対して開示請求しなければならない。

5　都道府県知事が行う調査は、年1回の実施が義務づけられている。

問題15　Ｄさん（75歳、女性）は、3か月前に脳梗塞（cerebral infarction）を発症し左片麻痺の後遺症が残った。脳梗塞発症前は要支援2の認定を受けていたが、後遺症のため今までと同じ生活をすることが難しくなり、介護ニーズも増えた。そのため、変更認定を申請し、要介護1の結果通知を受けた。Ｄさんは「現状と比べて介護度が低く認定された」として不服の申し立てを希望している。

　　不服申し立てを受理し、審理・採決を行う機関として、**最も適切なもの**を1つ選びなさい。

1　介護認定審査会

2　市町村社会福祉協議会

3　介護保険審査会

4　国民健康保険団体連合会

5　地域包括支援センター

問題16　日常生活自立支援事業に関する次の記述のうち、**正しいもの**を1つ選びなさい。

1　利用する場合、家庭裁判所の決定が必要である。

2　日常生活における金銭管理は、サービスの対象には含まれていない。

3　実施主体は都道府県・指定都市社会福祉協議会である。

4　契約内容を理解できない程度の人も利用できる。

5　認知症（dementia）の人は、利用することができない。

問題17　「障害者総合支援法」の規定に関する記述のうち、**正しいもの**を1つ選びなさい。

1　障害児とは、「児童福祉法」第4条第2項に規定する障害児をいうと規定されている。

2　障害福祉サービスは、すべて障害児にも適用される。

3　審査判定業務を行わせるために審査会を都道府県に置く。

4　施設入所支援にかかる費用は、訓練等給付費として支給される。

5　都道府県審査会は、障害支援区分の認定を行う。

問題18　福祉サービス第三者評価に関する次の記述のうち、**適切なもの**を1つ選びなさい。

1　第三者評価機関は、都道府県推進組織が認証する。

2　福祉サービス第三者評価事業ガイドラインは、都道府県が策定する。

3　2021年度において福祉サービス第三者評価を受審した数が最も多いのは特別養護老人ホームである。

4　評価基準は、都道府県ごとに策定されている。

5　評価結果は、開示請求があれば公表される。

こころとからだのしくみ

問題19 自転車の乗り方のように身体で覚えている情報・記録として、**正しいもの**を1つ選びなさい。

1 意味記憶
2 手続き記憶
3 エピソード記憶
4 感覚記憶
5 プライミング

問題20 Ｅさん（80歳、女性）は、認知症のため施設に入所している。食堂でほかの入所者と一緒に食べることを楽しみにしているが、最近、食事の際に困ったような表情を浮かべ、途中で食べなくなることが多くなった。このため、食べ残すことが多く、食後に介護職に「おなかがすいた」と言うようになっている。

Ｅさんが食事の際に困ったような表情を浮かべたときの対応として、**最も適切なもの**を1つ選びなさい。

1 無理にでも食べてもらう。
2 途中で食べなくなることの原因を検討する。
3 食事を残していても、気づかなかったようにする。
4 居室で一人で食べてもらう。
5 介護職が全介助して食べてもらう。

問題21 皮膚疾患に関する次の記述のうち、**適切なもの**を1つ選びなさい。
1 加齢によって皮膚の角質層の水分が減少して乾燥した状態を老人性皮膚瘙痒症という。
2 ノルウェー疥癬は、感染力が弱い。
3 カンジダ症は、ウイルスの一種であるカンジダに感染して起こる。
4 帯状疱疹は、高齢者では重症化して痛みが残ったり、潰瘍になることがある。
5 白癬は、細菌である白癬菌によって起こる。

問題22 骨折（fracture）に関する次の記述のうち、**正しいもの**を1つ選びなさい。

1 高齢者の骨折（fracture）は、転落によるものが最も多い。

2 脊椎圧迫骨折もよくみられる。

3 骨折（fracture）の場合、できる限り安静にすることが重要である。

4 橈骨遠位端骨折とは、肩の骨の骨折（fracture）である。

5 骨粗鬆症（osteoporosis）が骨折（fracture）の原因になることはない。

問題23 足部にある骨として、**正しいもの**を1つ選びなさい。

1 踵骨

2 座骨

3 橈骨

4 鎖骨

5 腓骨

問題24 低たんぱく食の指示が出される疾患として、**適切なもの**を1つ選びなさい。

1 肝炎

2 低アルブミン血症

3 貧血

4 腎不全

5 高血圧

問題25 薬の副作用に関する次の記述のうち、**適切なもの**を１つ選びなさい。

1 血圧低下、呼吸困難などによってショック状態になることをアナフィラキシーという。

2 モルヒネには、依存性はない。

3 睡眠薬の副作用によって虚脱状態になることはない。

4 ジギタリスと利尿剤を併用すると、利尿剤の作用によって副作用が現れにくくなる。

5 軟膏などの塗り薬で副作用が現れることはない。

問題26 副交感神経が優位にはたらいた場合にみられる症状として、**正しいもの**を１つ選びなさい。

1 心拍数増加

2 血圧上昇

3 瞳孔散大

4 気管支拡張

5 唾液分泌増加

問題27 施設に入所しているＦさん（95歳、男性）は、老衰が進行して寝たきり状態である。特にこの１か月間は、経口摂取がわずかで、傾眠傾向が続いていた。家族は、以前より医師から人生の最終段階であることの説明は受けていたが、再度、予後は１週間程度であることの説明を受け、施設にて臨終を迎えたいという希望を医師や同席した介護福祉職に伝えた。

　　Ｆさんとご家族への対応として、**最も適切なもの**を１つ選びなさい。

1 利用者のケアに集中した人生の最終段階の介護を行う。

2 経口摂取の量を多くする。

3 最後まで、自立支援を行う。

4 家族の気持ちや意向を聞き、家族とともにケアを行う。

5 家族に毎日面会に来ることを促す。

問題28 マズロー（Maslow, A.H.）の欲求階層説における平穏な暮らしを求める欲求として、正しいものを1つ選びなさい。

1 愛情と所属の欲求

2 生理的欲求

3 自尊の欲求

4 安全と安定の欲求

5 自己実現の欲求

問題29 終末期における身体機能の低下に関する次の記述のうち、正しいものを1つ選びなさい。

1 呼吸は穏やかである。

2 体温は上昇する。

3 脈拍のリズムは良好である。

4 口渇感がある。

5 粘膜は青紫色になる。

問題30 Gさん（76歳、女性）は、健康だが、最近便秘が続いている。もともと運動が嫌いで、散歩もほとんど行かない。また、食事も野菜が嫌いで、偏った食事を摂ることが多く、食事の時間も不規則である。

Gさんの便秘を改善するための方法として、**最も適切なもの**を1つ選びなさい。

1 肉や魚を十分に摂取する。

2 毎食少しずつでも野菜を取り入れるようにする。

3 食事の時間は不規則なままでよい。

4 運動は嫌いなので行わなくてもよい。

5 便秘薬を常用する。

発達と老化の理解

問題31 子どもの感情発達に関する次の記述のうち、**適切なもの**を1つ選びなさい。

1 乳児は出生直後から、快・不快を区別している。

2 怒りに伴って泣くという行為は、5歳頃までみられる。

3 1歳頃までに、自分の養育にかかわる人に対して愛情をもつようになる。

4 恥ずかしいという感情は、6歳頃に見られるようになる。

5 自分より年少の子どもにも愛情を示すようになるのは、2歳頃である。

問題32 Hちゃん（生後2か月）は、最近、機嫌のよいときに喉の奥を鳴らすような「あー」「うー」というような音を出すようになった。母親が「ご機嫌なのね」と言葉を返すと、それに応答するように「あー」というように喉の奥を鳴らすことがある。

Hちゃんの喉を鳴らす行動として、**適切なもの**を1つ選びなさい。

1 クーイング

2 喃語（規準喃語）

3 擬声語

4 初語

5 独語

問題33 Ｉさん（58歳、男性）は、2か月前に脳梗塞（cerebral infarction）を発症して、左片麻痺症状があり、現在はリハビリテーション中である。数日前より「どうせ仕事復帰はできないのだから、もういいよ」と訓練を拒否するようになった。

Ｉさんの適応機制（防衛機制）として、**適切なものを1つ**選びなさい。

1 退行
2 反動形成
3 合理化
4 代償
5 攻撃

問題34 高齢者の消化器疾患に関する次の記述のうち、**正しいものを1つ**選びなさい。

1 胃潰瘍（gastric ulcer）は、中高年以降で多くみられ、男性より女性に多い。
2 胆石症は、高齢者の約4人に1人という高率でみられる。
3 Ａ型肝炎（hepatitis A）は、高齢者の発症が多い急性肝炎である。
4 高齢者の胆嚢炎では、必ず激しい痛みがみられる。
5 高齢者では、Ｃ型急性肝炎が多くみられる。

問題35 老化に伴う身体機能の変化に関する次の記述のうち、**適切なもの**を１つ選びなさい。

1 皮膚感覚が敏感になる。

2 低音域ほど聞こえが悪くなる。

3 感染症に罹患しやすくなる。

4 拡張期血圧（最低血圧）が上昇する。

5 明暗の変化への対応が早くなる。

問題36 老年期のQOL（Quality of Life：生活の質）に関する次の記述のうち、**正しいもの**を１つ選びなさい。

1 サクセスフル・エイジング（successful aging）には、高齢者自身が現在の生活や自分自身をどのようにとらえているかという主観的な判断も関係している。

2 老年期において、セクシュアリティの考え方は重要ではない。

3 主観的幸福感とは、老化の過程に上手く適応できていなくても、幸福な老後を迎えることができる状況をいう。

4 生きがいや人生の満足度を感じているかどうかを決めるのは、本人ではなく周囲の人である。

5 尊厳の保持は、一人の人間として総合的にとらえるもので、性別への配慮は必要ない。

問題37 歯周病（periodontal disease）に関する次の記述のうち、**適切なもの**を1つ選びなさい。

1 歯周病（periodontal disease）は、生活習慣病のひとつである。

2 歯周病（periodontal disease）は、女性より男性に多くみられる。

3 歯周病（periodontal disease）は、ウイルスに感染することで起こる。

4 飲酒によって歯周病（periodontal disease）発症のリスクが高まる。

5 歯周病（periodontal disease）は、初期の段階から症状がある。

問題38 衛生統計に関する次の記述のうち、**適切なもの**を1つ選びなさい。

1 健康寿命と平均寿命の意味は同じである。

2 平均寿命は、0歳の人の平均余命を指している。

3 わが国の自然増減率は、増加傾向にある。

4 わが国の死亡率は国際的にみて低い水準である。

5 わが国の死因別死亡率の第1位は、老衰である。

認知症の理解

問題39 若年性認知症（dementia with early onset）に関する次の記述のうち、**適切なもの**を1つ選びなさい。

1 40～64歳に発症した認知症をいう。

2 女性より男性に多くみられる。

3 初発症状は、記憶障害である。

4 公的支援の対象外である。

5 高齢者の認知症に比べて診断が簡単である。

問題40 アルツハイマー型認知症（dementia of the Alzheimer's type）の特徴的症状として、**適切なもの**を1つ選びなさい。

1 パーキンソニズム

2 レム睡眠行動障害

3 情動失禁

4 見当識障害（disorientation）

5 脱抑制

問題41 Ｊさん（80歳、女性、要介護３）は、レビー小体型認知症（dementia with Lewy bodies）と診断されている。自宅で夫（83歳）と暮らしているが、昼夜を問わず幻視がひどくなっている。夫には見えないため、対応に困っている。

　　　介護職の夫への声かけとして、**最も適切なもの**を１つ選びなさい。

1　「何かが見えると言ったときには、何も言わずに黙っているのがよいですよ」

2　「何かが見えると言ったときには、必ず否定したほうがよいですよ」

3　「何かが見えると言ったときには、○○が見えるんだねと言うとよいですよ」

4　「何かが見えると言ったときには、僕にも見えるよと言うとよいですよ」

5　「何かが見えると言ったときには、目が悪くなったのだと言うとよいですよ」

問題42 せん妄（delirium）に関する次の記述のうち、**正しいもの**を１つ選びなさい。

1　せん妄（delirium）は、夜間に現れることはない。

2　せん妄（delirium）は、機能性精神障害に分類される。

3　薬の副作用でせん妄（delirium）が起こることはない。

4　認知症によってせん妄（delirium）が現れることはない。

5　せん妄（delirium）は、意識障害の一種である。

問題43 レビー小体型認知症（dementia with Lewy bodies）に関する次の記述のうち、正しいものを1つ選びなさい。

1 レビー小体型認知症（dementia with Lewy bodies）は、80歳以上の高齢者に多くみられる。

2 初期には、パーキンソニズムや幻視のほか、自律神経症状がみられる。

3 レビー小体型認知症（dementia with Lewy bodies）の治療の中心は、精神療法である。

4 幻視、パーキンソニズムの2つが存在する場合には、レビー小体型認知症（dementia with Lewy bodies）と診断される。

5 レビー小体型認知症（dementia with Lewy bodies）では、記憶獲得障害を原因として記憶力が損なわれる。

問題44 バリデーションに関する次の記述のうち、**適切なもの**を1つ選びなさい。

1 バリデーションは、血管性認知症高齢者とのコミュニケーション方法である。

2 バリデーションでは、認知症高齢者の訴えをその人の現実として受け入れる。

3 バリデーションの4つの柱は、見る・話す・触れる・立つである。

4 バリデーションの基本テクニックは、認知症の進行度合いに関係なく同じ内容である。

5 バリデーションの基本テクニックのレミニシングは、感情を一致させることである。

問題45 認知症高齢者の心理的特性に関する次の記述のうち、**正しいもの**を1つ選びなさい。

1 認知症（dementia）に伴う記憶障害では、過去の記憶ほど不鮮明になる。

2 注意力、集中力が低下して、環境の変化に気分が左右されやすくなる。

3 まわりから物忘れや自分ができないことを指摘されても、気にしなくなる。

4 認知症（dementia）になっても、自分に自信がなくなることはない。

5 不安感が持続し、それが高じると躁状態になる。

問題46 認知症（dementia）の症状に関する次の記述のうち、**適切なもの**を1つ選びなさい。

1 健忘期には、まわりの反応に鈍感になっている。

2 混乱期には、行動症状が強く現れる。

3 ターミナル期になっても運動能力は失われないため、徘徊が頻繁にみられる。

4 健忘期には、記憶にない時間が増える。

5 混乱期には、周囲への関心が薄れる。

問題47 認知症高齢者の困った行動への対応に関する次の記述のうち、**適切なもの**を1つ選びなさい。

1 困った行動は、説得してやめてもらう。

2 困った行動は、制止してやめてもらう。

3 困った行動には必ず原因があるので、そのまま見守る。

4 困った行動がみられるときには、かかわらないようにする。

5 困った行動は、パターンを観察する。

問題48 Kさん（80歳、女性）は一人暮らしをしていたが、物忘れが多くなり、長女夫婦の勧めにより同居することになった。しかし、同居して2週間が経ったころから、認知機能はさらに低下し、トイレの場所がわからなくなったり、これまでできていた料理も手順がわからなくなったりしている。Kさんは、日中、長女がパートの仕事へ出る日は、訪問介護（ホームヘルプサービス）を利用している。

　料理をする際のKさんに対する介護職員の支援として、**最も適切なもの**を1つ選びなさい。

1 料理などの家事は危険なので、すべて介護職員が行う。

2 Kさんの横で料理のやり方を少しずつ見せて、Kさんにやってもらう。

3 料理に使用する道具は、新しく買った安全性の高いものを使用する。

4 Kさんの料理の動作がゆっくりなので、速くするよう急かした。

5 料理の手順を、最初に一通りわかりやすく説明する。

障害の理解

問題49 ベイトマン（Bateman, N.）のアドボカシー（advocacy）実践の原則に関する次の記述のうち、**適切なもの**を1つ選びなさい。

1 常にクライエントの最善の利益に向けて行動する。

2 クライエントの自己決定をできるだけ尊重する。

3 クライエントに対して、ある程度の配慮をしながら客観的な助言を行う。

4 できる範囲で、クライエントの指示を実行する。

5 クライエントに対する情報提供は、一部でよい。

問題50 障害者福祉の基本理念に関する次の記述のうち、**適切なもの**を1つ選びなさい。

1 「障害者権利条約」では、「完全参加と平等」というテーマが掲げられている。

2 ソーシャル・インクルージョン（social inclusion）では、教育において、障害があってもなくてもすべての子どもを包み込み、必要な援助を行いながらともに学んでいくことを目指す。

3 インテグレーションは、包括教育と訳されている。

4 「障害者権利条約」では、締約国における障害に基づくあらゆる差別を禁止している。

5 1993（平成5）年の「障害者基本法」の成立は、1975（昭和50）年に国連で採択された「障害者の権利宣言」がきっかけとなった。

問題51 注意欠陥多動性障害（ADHD）の症状に関する次の記述のうち、**適切なもの**を1つ選びなさい。

1　周囲の物ごとに無関心である。

2　相手の話を最後まで聞いているが、理解できない。

3　困っている人がそばにいても、まったく気づかず手助けすることはない。

4　周りの人のペースに合わせずに行動したり発言したりすることがある。

5　小学校入学前後から症状が目立つようになる。

問題52 統合失調症（schizophrenia）の陽性症状として、**適切なもの**を1つ選びなさい。

1　自殺念慮

2　させられ体験

3　無関心

4　意欲欠如

5　抑鬱

問題53 タックマンモデルに関する次の記述のうち、**適切なもの**を1つ選びなさい。

1 タックマンモデルでは、チームが実際に機能するまでの生成過程を4つの段階に分類している。

2 コンフリクトは形成期に起こる。

3 コンフリクトを避けるために、意見表明は控える。

4 同じ職種であれば、立場が異なっていても視点は同じである。

5 意見の違いがあっても、妥協してはならない。

問題54 Lさん（65歳、男性）は、精神障害がある。父親は早くに亡くなり、これまで母親がLさんの面倒をみてきた。きょうだいはいない。しかし、母親も先月亡くなり、Lさんの面倒をみる人がいなくなった。Lさんは、契約書類の内容を理解したり意思決定することができず、金銭や財産の管理等を行うことができない。

　Lさんの金銭や財産の管理等を助けてもらうために介護福祉職が提案する方法として、**最も適切なもの**を1つ選びなさい。

1 法定後見制度

2 日常生活自立支援事業

3 意思疎通支援事業

4 日中一時支援

5 生活介護

問題55 高次脳機能障害（higher brain dysfunction）に関する次の記述のうち、**適切なもの**を1つ選びなさい。

1 左半側空間無視では、右側にあるものを見落とすことが多い。

2 記憶障害では、比較的古い記憶が保たれなくなる。

3 注意障害では、対象への注意を持続させることが難しくなる。

4 地理や場所についての障害を、社会的行動障害という。

5 書くことの障害は、失語症（aphasia）に含まれない。

問題56 Mさん（50歳、男性）は、20歳のときに統合失調症（schizophrenia）と診断された。その後、症状が落ち着いているときにはアルバイトなどで働いていたが、最近になって、また症状が現れたため病院に行く以外は自宅に引きこもっている。親族が近くにいないため、定期的に訪問介護員（ホームヘルパー）が訪れている。ある日、訪問介護員（ホームヘルパー）に「家の中にいつも誰かがいて、自分に話しかけてくる」と訴えた。

訪問介護員（ホームヘルパー）の対応として、**適切なもの**を1つ選びなさい。

1　家の中に誰かがいるということはあり得ないと否定する。

2　ゆっくりと時間をかけて話を聞き、本人の同意を得ずに主治医に連絡する。

3　あり得ない話なので、そのまま放置する。

4　今日のようにいつでも相談するように伝える。

5　一緒に家の中を周り、誰かがいることが事実でないことを本人に納得してもらう。

問題57 Nさん（30歳、女性）は、23歳でバイク事故に遭い、胸椎損傷と診断された。現在、障害者支援施設に入所しているが、地域で自立して生活したいという思いがあり、相談支援事業所に来所した。

相談支援事業所の相談支援専門員がNさんに提案するサービスとして、**正しいもの**を1つ選びなさい。

1　地域移行支援

2　地域定着支援

3　基本相談支援

4　移動支援事業

5　共同生活援助

問題58 鬱病で現れる症状に関する次の記述のうち、**適切なもの**を1つ選びなさい。

1　幻視

2　観念奔逸

3　行為心拍

4　振戦せん妄

5　自殺念慮

医療的ケア

問題59 鼻腔内吸引に関する次の記述のうち、**最も適切なもの**を1つ選びなさい。

1 吸引は、喉頭手前まで行う。

2 鼻腔入口は、出血しやすい。

3 分泌物がとれるまで、吸引する。

4 吸引圧が低いと感じた場合には、圧を高くする。

5 滅菌された手袋を使用して、吸引する。

問題60 体位ドレナージに関する次の記述のうち、**適切なもの**を1つ選びなさい。

1 痰が溜まっているほうを下にした姿勢をとる。

2 前方や後方に傾けた側臥位をとる場合、角度は30°にする。

3 喀痰吸引が必要な人が仰臥位を長時間続けていると、痰が背中側の肺の奥に溜まる。

4 同一体位を続けていても、呼吸器に障害が生じることはない。

5 適切な体位は、介護職が判断する。

問題61 介護職員等が行う気管カニューレ内吸引に関する次の記述のうち、**適切なもの**を1つ選びなさい。

1 カテーテルを挿入する深さは、気管カニューレ内部まで（約10cm）とする。
2 20秒以上の吸引を行う。
3 気管カニューレの交換を行う。
4 吸引圧をかけずに、カテーテルを挿入する。
5 吸引後すぐに利用者の下を離れ、後始末を速やかに行う。

問題62 消毒に関する次の記述のうち、**適切なもの**を1つ選びなさい。

1 経管栄養セットは、消毒用エタノールで消毒する。
2 塩化ベンザルコニウムは、手指等の消毒には使用できない。
3 嘔吐物で汚染された場所は、最後に0.02％の次亜塩素酸ナトリウム液で消毒する。
4 次亜塩素酸ナトリウム液にアルカリ性タイプの消毒液を混ぜると塩素ガスが発生する。
5 消毒用エタノールは、70％液を使用する。

問題63 Ｏさん（92歳、女性）は、介護老人福祉施設に入所中である。自力で寝返りを打つことができず、喀痰吸引が必要である。風邪ぎみで咳があり、離床や口腔ケアを嫌がるようになってきた。若い頃から歯磨きは寝る前に1回だったと言う。
　　　介護福祉士が鼻腔内吸引と口腔内吸引を行っているが、痰の粘性が増し、吸引しにくい状態がみられるようになってきた。
　　　Ｏさんの生活支援として、**最も適切なもの**を1つ選びなさい。

1 痰を出しやすくするために、体位変換は、2時間おきに半座位と仰臥位（背臥位）を交互に行う。
2 咳による体力消耗を避けるため、市販の咳止めの内服を促す。
3 水分をこまめに摂るように促す。
4 吸引時に、吸引圧を少し高くして行う。
5 口腔ケアは、Ｏさんの生活習慣を尊重し、1日1回就寝前に丁寧に行う。

第1回模擬試験　問題
＜　午　後　＞

※午後試験／問題数62問（64〜125）、試験問題2時間

解答目標時間	分

　あらかじめ、模擬試験の問題を解くにあたっての目標時間を決めておきましょう。

　実際の本試験では、試験時間が決まっており、科目ごとあるいは問題ごとの時間配分は重要です。また、目標を立てて余裕をもって解くことで、解答を見直す時間を取れるようにもなります。適切な時間配分で解答できるように、模擬試験でトレーニングをしておきましょう。

■模擬試験出題形式について

　この模擬試験は、2024年3月末までに発表された厚生労働省資料を基に作成しているため、2025年1月に実施される第37回国家試験では出題順などが異なる可能性があります。ご了承ください。

介護の基本

問題64 Ａさん（85歳、女性）は、娘夫婦と同居しており、週２回、通所介護（デイサービス）を利用している。Ａさんは、体調を崩したことをきっかけに、無気力で部屋にこもって過ごす日々が続いていたため、家族が心配して通所介護（デイサービス）の利用を勧めた。現在、体調は回復して通所介護（デイサービス）で行われるレクリエーションを楽しみに通っている。Ｂ介護福祉職は、送迎時にＡさんの娘より、「最近は身だしなみに気を遣ったり、散歩や外出をしたいと話すことがあるので、自宅でも実現できるように支援したい」と伝えられた。

　　Ｂ介護福祉職の対応として**最も適切なもの**を１つ選びなさい。

1　通所介護（デイサービス）の利用日を増やすよう居宅サービス計画書を見直す。

2　Ａさんに、通所介護（デイサービス）で実施したレクリエーションを復習するように指導する。

3　娘に、Ａさんの利用中の様子を見てもらう機会を設け、情報の共有を提案する。

4　娘に、Ａさんが実行したいことは個人的なことなので、通所介護（デイサービス）ではできないと拒否する。

5　娘に、通所介護（デイサービス）で参加する活動を増やし、自宅では支援を行わないように助言する。

問題65 介護福祉士に関する記述のうち、**正しいもの**を１つ選びなさい。

1　介護福祉士の資格は、業務独占資格である。

2　誠実義務規定違反に対して、罰則が科される。

3　喀痰吸引は、介護福祉士が行う業務に含まれる。

4　秘密保持義務は、介護福祉士として働いている間、課される。

5　介護福祉士は、他職種と連携せずに同職種と連携しなければならない。

問題66 聴覚障害者に対し、次の旗が示す内容として、**正しいもの**を1つ選びなさい。

※赤と白の格子模様

1　津波を知らせる。
2　地震を知らせる。
3　豪雨を知らせる。
4　洪水を知らせる。
5　ダムの放水を知らせる。

問題67 利用者の個人情報の取り扱いにおける、介護福祉職の対応として、**最も適切なもの**を1つ選びなさい。

1　サービス担当者会議において、同意を得ずに利用者の情報を使用した。
2　利用者の意識がなく、呼びかけに応じない状態であったため、救急搬送される際に、その利用者の同意を得ていないまま救急隊員に個人情報を提供した。
3　離職し、介護施設の職員ではなくなったので、勤務していた当時の利用者について知り得た情報を知人に話した。
4　事例検討において、利用者の個人情報を使用する場合、個人が特定されないように配慮すればよい。
5　利用者に無断で、施設の広報誌に、利用者の顔写真や施設での様子を掲載した。

問題68 生活障害に関する次の記述のうち、**適切なもの**を1つ選びなさい。

1　起居に障害があっても寝たきりにつながることはない。
2　聴力に障害があっても家族とのコミュニケーションに困難は生じない。
3　アルツハイマー型認知症（dementia of the Alzheimer's type）になると、日常生活で行動症状がみられやすくなる。
4　手や腕の機能に障害があっても、食事や着替えは介護を必要としない。
5　歩行に障害があっても、家屋内での移動は困難にならない。

問題69 要支援者への対応に関する次の記述のうち、**適切なもの**を１つ選びなさい。

1 利用者から食事を作ってほしいと頼まれたので、作った。

2 利用者宅に来客があったので、お茶を出した。

3 利用者から買い物を頼まれたので、一緒に行きましょうと声をかけた。

4 利用者の居室が散らかっていたので、片づけた。

5 利用者が入浴していたので、洗濯を行った。

問題70 働き方改革に関する次の記述のうち、**適切なもの**を１つ選びなさい。

1 残業時間の上限規制が定められた。

2 年次有給休暇10日間の取得が義務づけられた。

3 正社員と非正規雇用労働者で職務内容が同じ場合の均等待遇は定められていない。

4 勤務間インターバル制度が義務づけられた。

5 正社員との待遇差の内容や理由について、事業主は非正規雇用労働者に説明することが義務づけられている。

問題71 利用者の個別性に関する次の記述のうち、**適切なもの**を１つ選びなさい。

1 高齢者の場合、戦争による影響にも考慮することが必要である。

2 生まれ育った地域には配慮しなくてよい。

3 高齢者の現在の姿を理解すればよい。

4 高齢者の経済状況は、個別性には含まれない。

5 高齢者の個別性は、介護者の価値観で判断する。

問題72 次のマークの対象となる障害として、**適切なもの**を1つ選びなさい。

1 知的障害

2 視覚障害

3 身体障害

4 言語障害

5 発達障害

問題73 Cさん（80歳、男性）は、妻と二人暮らしである。脳梗塞（cerebral infarction）を繰り返し発症し、その後遺症により左片麻痺がある。現在は歩行ができないため、車いすを使用して生活している。Cさんは、若い頃から全国の温泉巡りをするほど入浴が好きで、入浴に対してこだわりがあるため、妻が自宅で入浴の介助を行ってきた。最近は、Cさんの下肢筋力が低下し、立位が不安定になったことと、妻の介護疲れによって自宅で入浴することが困難になってきたので、通所介護（デイサービス）を利用することになった。

通所介護（デイサービス）の初回利用時における介護福祉職のCさんに対する入浴のかかわり方として、**最も適切なもの**を1つ選びなさい。

1 Cさんは、下肢筋力が低下していて立位が不安定なので機械浴（ストレッチャータイプ）での入浴を行った。

2 介護福祉職が入浴の様子を観察するために、浴室の扉を開けたまま入浴介助を行った。

3 入浴についての希望をCさんから聞いた。

4 自宅の浴室と設備が違うため、介護福祉職が介助しやすい方法で入浴介助を行った。

5 左片麻痺のため、全介助でCさんの身体を洗った。

コミュニケーション技術

問題74 リフレーミングに関する次の記述のうち、**適切なもの**を1つ選びなさい。

1 今困っていることがどのようなときに役立つかを考える手法を内容のリフレーミングという。

2 相手の言った言葉をほかに表現方法がないか考える手法を状況のリフレーミングという。

3 偏った考え方を変化させていくことがリフレーミングである。

4 リフレーミングは、文字に書いて物の見方を変化させていく。

5 リフレーミングは、ケースワークの面接場面で用いられる。

問題75 利用者と家族の意向調整に関する次の記述のうち、**適切なもの**を1つ選びなさい。

1 介護福祉職は、必要に応じて利用者の意向を代弁する。

2 利用者と家族がそれぞれの意向を同じ場で表明しないようにする。

3 話し合いの結果が出た場合には、再確認しない。

4 両者の共通点は探るが、妥協点を探ることはしない。

5 利用者と家族の両方が自分自身の意向を言葉で伝えられるように支援する。

問題76 Dさん（80歳、女性、要介護3）は、自宅で一人暮らしをしていたが、認知症（dementia）のために自宅で一人で暮らすことが難しくなり、介護老人福祉施設に入所した。環境が変化したためか、介護職の問いかけにもあまり答えない。介護職は、Dさんの希望を介護に取り入れたいと思っているが、思うようにコミュニケーションが取れない状態である。Dさんへの共感的な声かけとして、**最も適切なもの**を1つ選びなさい。

1 「どうして黙っているのですか。黙っていてはわかりません」

2 「おうちと違うので迷ってしまいますね」

3 「何を食べたいのかはっきりと言ってください」

4 「私の言っていることを聞いているのですか」

5 「他の人と同じように生活してください」

問題77 Eさん（85歳、女性）は、介護老人福祉施設に入所して3か月になる。施設での生活にも慣れて、入所者や職員と穏やかに接している。最近、職員間で、少し記憶力が低下しているのではという話が出るようになっている。ある日、Eさんが食堂に来て、「この頃、毎日同じ食事が出てきますね」と介護職員に話しかけた。

このときの介護職員のEさんへの対応として、**最も適切なもの**を1つ選びなさい。

1 「献立は、毎日違っていますよ」と否定する。

2 「昨日の昼食と今日の昼食が何だったか思い出してください」と問いかける。

3 「Eさんは食事の内容を覚えていられなくなったのですか」と質問する。

4 「そうですか。調理の人に伝えておきますね」とEさんの話をそのまま受け容れる。

5 「一緒に毎日の献立をノートに書いてみましょう」と提案する。

問題**78** Fさん（75歳、男性）は、自宅で一人暮らしをしている。趣味は散歩とカラオケで、人前で歌うことが大好きである。1か月前に肺炎で入院し、治療が終わったため自宅に戻ったが、息切れが続き、身の回りのことができなくなり、訪問介護（ホームヘルプサービス）を利用することになった。Fさんは、以前のようにカラオケを楽しみたいと言っている。

　介護福祉職の声かけとして、**最も適切なもの**を1つ選びなさい。

1　「焦らずに、少しずつ練習していきましょう」
2　「元のようには歌えないかもしれませんが、今の歌い方でよいのではないですか」
3　「カラオケをやめてもいいのではないですか」
4　「お医者さんに相談しましょう」
5　「カラオケ以外に楽しめることはないですか」

問題**79** Gさん（89歳、女性）は、徐々に体が弱り、医師からは余命1か月程度といわれている。家族は同居しているが、仕事があるため昼間は一人である。ベッドで寝ていることも多く、介護福祉職が訪問してもGさんから話しかけることはない。ある日、介護福祉職が訪問すると、朝食を食べずにそのまま残していた。

　訪問直後の介護福祉職の声かけとして、**適切なもの**を1つ選びなさい。

1　「食事を食べないと死んでしまいますよ」
2　「食べられなかったのですね。何か食べたいものはありますか」
3　「どうして食べなかったのですか」
4　「ご家族がせっかく作られたのですから、食べましょう」
5　「お食事を処分してもよいですか」

生活支援技術

問題80　関節リウマチ（rheumatoid arthritis）で手指・手首で杖を支持することが困難な人が使用する杖として、**最も適切なもの**を1つ選びなさい。

1　T字杖
2　松葉杖
3　オフセット型杖
4　カナディアン・クラッチ
5　プラットホームクラッチ

問題81　安楽な体位保持に関する次の記述のうち、**適切なもの**を1つ選びなさい。

1　30°側臥位の場合、患側を上にする。
2　尖足予防のために足底に使用する枕は、足の指先が枕から出る高さのものを選ぶ。
3　端座位では、ベッドに浅く腰掛け、床に指先がつくようにする。
4　仰臥位（背臥位）の場合、膝枕はできるだけ小さいものを使用する。
5　半座位の場合、背中は60°以上上げるようにする。

問題82　介護保険の住宅改修に関する次の記述のうち、**適切なもの**を1つ選びなさい。

1　取り外しができる手すりの設置は住宅改修の対象である。
2　開き戸への取り換えは住宅改修の対象である。
3　手すりを設置する際の壁の補強は、住宅改修の対象ではない。
4　段差の解消は、住宅改修の対象である。
5　洋式便器を温水洗浄便座に変更することは、住宅改修の対象である。

問題83 仰臥位（背臥位）の場合に、褥瘡が最も多く発症する部位として、**適切なもの**を1つ選びなさい。

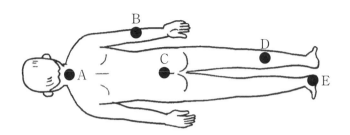

1 A
2 B
3 C
4 D
5 E

問題84 Hさん（男性、75歳）は、糖尿病（diabetes mellitus）のため、医師から食事制限をするように言われている。妻は食事制限についての知識がなく、どうすればよいのかがわからず困っている。

Hさんの食事制限へのアドバイスとして、**適切なもの**を1つ選びなさい。

1 朝食と昼食は少なくして、夕食をしっかりと摂取するようにする。
2 栄養バランスが崩れるため、海藻は摂取しないようにする。
3 炭水化物のみ控えるようにする。
4 動物性食品を多めに摂取する。
5 無機質やビタミンを十分に摂取する。

問題85 施設における快適な居住空間に関する次の記述のうち、**適切なもの**を1つ選びなさい。

1 感染症予防の観点から、施設内に地域住民との交流の場は設置しない。
2 施設は集団生活の場のため、利用者の自宅で生活していたときの環境に配慮しない。
3 安全確保の観点から、大勢が一度に入れる広い浴室が最も適している。
4 食堂のいすは、利用者の両足の足底部が床についている高さにする。
5 利用者が自宅で使用していた生活備品は、施設に持ち込まないようにする。

問題86 居室から居間までの廊下に設置する手すりとして、**適切なもの**を1つ選びなさい。

1　横手すり
2　縦手すり
3　L型手すり
4　波型手すり
5　置き型手すり

問題87　右片麻痺のある利用者の前開きパジャマの着替えに関する次の記述のうち、**適切な**
ものを1つ選びなさい。

1　上着のボタンは利用者にかけてもらう。
2　上着のボタンを外した後、左身頃を肩まで下げてもらう。
3　ズボンを脱がせるときは、利用者が立つと危険なので座ってもらう。
4　ズボンは、左の足からはかせる。
5　上着を着せるときは、左の袖から着せる。

問題88　Iさん（70歳、女性）は、腰椎の椎間板ヘルニア（herniated intervertebral）のた
め神経が圧迫されて、歩行の際に痛みがあるものの、不安定ではあるが歩行は可能である。
また、上肢に問題はないが、寝ている状態から起き上がろうとすると痛みがひどく、起き
上がることができない。
　　最初に導入を検討すべき福祉用具として、**最も適切なもの**を1つ選びなさい。

1　車いす
2　特殊寝台（ギャッチベッド）
3　プラットホームクラッチ
4　手すり
5　スロープ

問題89 爪の手入れに関する次の記述のうち、**適切なもの**を1つ選びなさい。

1 爪を切る場合には、斜め方向から切るスクエアオフが適している。

2 糖尿病の利用者の場合、介護職が爪を切ることができる。

3 入浴後に切ると切りやすい。

4 いすに座って切る場合は、肘なしのいすを用意する。

5 爪切りは、介護職が使用しているもので行う。

問題90 入浴に関する次の記述のうち、**適切なもの**を1つ選びなさい。

1 湯をかける際には心臓に近い部分からかける。

2 入浴は空腹時にする。

3 心疾患のある人の湯温は、適温より少し低めにする。

4 麻痺がある場合、患側で湯温を確認する。

5 入浴はゆっくりと時間をかける。

問題91 便秘や下痢の利用者に対する援助として、**適切なもの**を1つ選びなさい。

1 乳酸菌は下痢につながるため、便秘の利用者には避けるように伝える。

2 下痢の際には脱水になりやすいため、水分を少量ずつ数回に分けて摂取するように伝える。

3 下痢の際には、できるだけ身体を動かすように伝える。

4 便秘の際には、消化器に負担のかからない食品を摂取するように伝える。

5 下痢の際の水分摂取には、冷たいものが適していることを伝える。

問題92 食事の際の姿勢に関する次の記述のうち、**適切なもの**を1つ選びなさい。

1 身体とテーブルの間は隙間がないように座ってもらう。

2 テーブルの高さは、利用者が肘を楽にのせられる高さにする。

3 いすには浅く腰掛けてもらう。

4 つま先が床につくようにいすの高さを調節する。

5 背筋をのばさずに座れるようにする。

問題93 利用者の歯磨きの際の助言に関する次の記述のうち、**適切なもの**を1つ選びなさい。

1 「総義歯は、上顎から外しましょう」

2 「歯ブラシを洗った後は、コップの水に浸けておきましょう」

3 「歯磨きは、1日1回朝食の後に行いましょう」

4 「含嗽剤でうがいをすれば、歯磨きより効果があります」

5 「総義歯は、義歯用歯ブラシで磨いてください」

問題94 誤嚥予防の食事に関する次の記述のうち、**適切なもの**を1つ選びなさい。

1 誤嚥することが多い人の場合、ミキサー食に切り替える。

2 顔の右側に麻痺がある場合、右側から食べ物を入れる。

3 お茶を飲んでむせやすい人は、誤嚥しやすい状態である。

4 カステラやケーキは誤嚥しにくい食べ物のため、間食に利用するとよい。

5 誤嚥を予防するためには、自分で食べられる人であっても介護職が食べさせることが必要である。

問題95 Jさん（76歳、男性）は、脳梗塞（cerebral infarction）の後遺症のため、左片麻痺があり、要介護認定を受けている。入浴の際、Jさんは浴槽の縁をまたぐことができない。また、浴室には手すりもなく、入浴のたびに家族が浴室や浴槽への出入りに付き添っている。

　Jさんへの浴室の環境整備について、**最も適切なものを1つ**選びなさい。

1　浴室の床にゴムマットを敷き、バスボードを浴槽に渡して入浴しやすくする。

2　入浴する際の家族の負担を軽減するため、Jさんに杖をつきながら一人で入浴するように勧める。

3　介護保険の住宅改修で浴槽を低くする改修を行うよう勧める。

4　家族の負担軽減のため、訪問入浴介護の利用を勧める。

5　手すりの取りつけは、全額自己負担であることを伝える。

問題96 経管栄養を行っている利用者の口腔ケアに関する次の記述のうち、**適切なものを1つ**選びなさい。

1　口から食物を摂取しないので口腔ケアは必要ない。

2　意識障害がある場合には、1日3～4回程度口腔内の清拭を行う。

3　口腔内の常在菌は感染症の原因にはならない。

4　舌面や歯肉を清潔にする際には、普通の歯ブラシを用いる。

5　スポンジブラシを使用する場合には、水分を含ませない。

問題97 誤嚥予防に関する次の記述のうち、**適切なものを1つ**選びなさい。

1　寝たきりの場合でも、無理のない範囲で上体を起こして食べてもらう。

2　片麻痺のある場合は、患側に食べ物を入れる。

3　利用者が居眠りをしていても、決まった時間に食事をしてもらう。

4　水分でむせる場合には、少しずつ飲んでもらう。

5　嚥下体操は、食後に行う。

問題98 食中毒（foodborne disease）に関する次の記述のうち、**適切なもの**を１つ選びなさい。

1 ノロウイルス（Norovirus）による食中毒（foodborne disease）は、鶏肉を食べることで起こる。

2 施設で提供した食事は、一定期間冷凍保存しておかなければならない。

3 細菌性食中毒予防は、細菌をつけない・増やさない・活動しないようにする、である。

4 黄色ブドウ球菌はエンテロトキシンを産生するが、熱に弱いため加熱によって死滅する。

5 ボツリヌス菌食中毒は、スープ類などを室温で放置したときに多く発生する。

問題99 洗濯の支援に関する次の記述のうち、**最も適切なもの**を１つ選びなさい。

1 蛍光増白剤を含む漂白剤は、淡い色や生成りの衣類に適している。

2 塩素系漂白剤は、白物、色物のどちらの衣類にも使用できる。

3 還元型漂白剤は、すべての白物衣類に使用できる。

4 水溶性の染みは、乾燥させた後、中性洗剤などを使用してもみ出すように落とす。

5 泥はねは、ベンジンをもみこんだ後、洗濯機で洗う。

問題100 安眠のための介助に関する次の記述のうち、**適切なもの**を１つ選びなさい。

1 就寝後に眠れないと訴える利用者に、手元にあった睡眠薬を選んで服用してもらった。

2 医師に処方された睡眠薬を服用してもらうときに、紅茶で飲んでもらった。

3 利用者が眠れないと訴えるので、横に座り、利用者の話を傾聴した。

4 就寝直前にお腹がすいたと利用者が訴えたので、おにぎりと緑茶を出した。

5 就寝前には、必ず利用者に多めの水分を摂ってもらう。

問題101 次の図のうち、手指が麻痺している人が使用する自助具として**適切なもの**を1つ選びなさい。

1　握りを太くしたフォークとスプーン

2　ばねで固定してある箸

3　カフベルト付きスプーンホルダー

4　ボタンエイド

5　長い柄のついたヘアブラシ

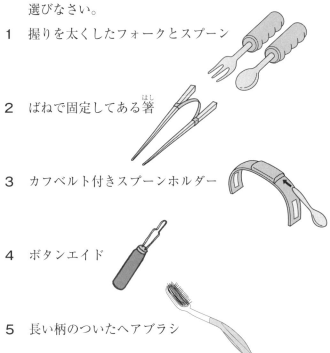

問題102 在宅でのターミナルケア（terminal care）に関する次の記述のうち、**適切なもの**を1つ選びなさい。

1　利用者が複雑な医療処置を受けながら最期を迎えることが目標である。

2　利用者に苦痛を与えないことが第一である。

3　利用者や家族の不安を除去することはターミナルケア（terminal care）の原則ではない。

4　在宅でのターミナルケア（terminal care）は、家族に任せることが重要である。

5　利用者の生活を尊重し、家族はそれに合わせていくようにする。

問題103 人生の最終段階におけるケアに関する次の記述のうち、**適切なもの**を１つ選びなさい。

1 エンドオブライフ・ケアでは、対象となる時期が医学的判断によってのみ決定される。

2 事前指示は、蘇生を試みないでほしいという意思表示である。

3 医療職と患者本人が人生の最終段階について前もって繰り返し話し合い共有することをアドバンス・ケア・プランニングという。

4 ターミナルケアの余命は、おおむね３か月である。

5 ターミナルケアの対象者は、終末期にあるすべての人である。

問題104 整容に関する次の記述のうち、**適切なもの**を１つ選びなさい。

1 高齢者の爪は柔らかいため、爪やすりで削るだけでよい。

2 爪を切る際には、一度に大きく切る。

3 目の周りを清拭（せいしき）する場合には、目頭から目尻に向かって一方向に拭（ふ）く。

4 点眼薬は、上眼瞼（じょうがんけん）を引いて点眼する。

5 点鼻薬を点鼻したあとは、静かに鼻をかんでもらう。

問題105 Ｋさん（80歳、男性）は、施設に入所して３か月が過ぎた。食事や排泄（はいせつ）は自分で行えている。施設での生活にも慣れて毎日を楽しく過ごしていたが、ある日、急に介護職員の問いかけにも答えなくなり、食事もほとんど残すようになった。体温や血圧の測定でも異常がみられなかったが医師の診察を受けたところ誤嚥性肺炎（ごえん）と診断され、その後治療によって治癒した。

今後の介護職の誤嚥に対する対応として、**適切なもの**を１つ選びなさい。

1 誤嚥性肺炎が治癒した後のため、食事は全介助する。

2 食事中は、楽しく食べられるようにできる限り声かけをする。

3 食前に水分を摂らないようアドバイスする。

4 座位姿勢は、Ｋさんの希望するようにする。

5 食事中の見守りは、嚥下（えんげ）状態を観察しやすい位置に座って行う。

介護過程

次の事例を読んで**問題106**、**問題107**について答えなさい。

〔事　例〕

　5年前に介護老人福祉施設に入所したＬさん（85歳、女性）は、入所当初は移動には車いすの介助が必要であった。現在は車いすを自分で操作して移動し、何かにつかまれば2～3歩は歩行可能である。移乗とトイレでの排泄は何かにつかまりながら自分で行うことができる。Ｌさんは、社交的な利用者Ｍさんと気が合い、一緒にいる時間が多かった。

　ある日、親しくしていたＭさんが突然亡くなった。Ｌさんは大変落ち込み、その日の夜から不眠を訴え睡眠薬を飲むようになった。また、日中も部屋から出たがらず下肢の筋力の低下が目立ち始めた。今日の明け方、入所後初めて失禁した。Ｌさんは「こんなことになってしまって…」と部屋で泣いていた。

問題106　泣いているＬさんへの介護福祉職の言葉かけとして、**最も適切なもの**を1つ選びなさい。

1　「泣きたいほどつらいのですね」
2　「初めての失禁のときは、皆さんも同じですよ」
3　「スタッフ全員でＬさんを応援していますから頑張りましょう」
4　「泣かれると私もつらいです」
5　「泣くほど大変なことではないですよ」

問題107　Ｌさんの失禁への支援として、**最も適切なもの**を1つ選びなさい。

1　居室にポータブルトイレを置く。
2　1日の水分摂取量を控えるように勧める。
3　Ｌさんと一緒に今後の対応を考える。
4　夜間のみ失禁予防のためおむつの使用を勧める。
5　トイレに行きたいときは、必ず職員を呼んでもらう。

問題108 介護過程の目的に関する次の記述のうち、**適切なもの**を1つ選びなさい。

1 利用者の意思ではなく介護職の判断を重視して支援する。

2 利用者にこころからの関心を寄せる。

3 介護実践は、専門職でなくてもできる行為である。

4 利用者の抱えている問題をすべて解決しなければならない。

5 介護過程のプロセスは、直線的に進められる。

問題109 介護計画の目標設定に関する次の記述のうち、**適切なもの**を1つ選びなさい。

1 正しい予後を予測する。

2 専門用語で記載する。

3 優先順位の低いものから記載する。

4 目標達成の時期は明記しない。

5 指示的な内容にする。

問題110 援助の実施とモニタリング（monitoring）に関する次の記述のうち、**最も適切な**ものを1つ選びなさい。

1 援助の実施において、個別性や自己決定はいかなる場合にも優先する。

2 疾患や障害により意思表示が困難な利用者には、モニタリング（monitoring）は行わなくてよい。

3 モニタリング（monitoring）のための聞き取りは、家族に行う必要はない。

4 援助の終了までに1回行えばよい。

5 新しい生活課題の発生の有無についても確認を行う。

次の事例を読んで**問題111**、**問題112**について答えなさい。

〔事　例〕

　Nさん（79歳、男性）は、在宅で妻と二人暮らしである。3か月前に大腸がんの手術を受け、人工肛門を造設した。Nさんは、人工肛門のセルフケアに不安があり、妻（72歳）に排便処理とパウチ交換を行ってもらっている。人工肛門のトラブルや、便秘、排ガスの処理が気がかりで、ほとんど外出せず、家の中で過ごしている。食欲はあり、果物や炭酸飲料が好きである。

　介護保険を申請し要介護1と認定された。閉じこもり防止のため、妻の強い勧めがあり、通所介護（デイサービス）を週に2回、2時間のみ利用することになった。通所介護（デイサービス）を利用した初日に、「人工肛門であることを他人に知られたくない、腹部が臭わないか不安である」、「便秘を予防して元気に過ごしたい」と介護職員に話していた。

問題111　通所介護（デイサービス）の利用時にNさんから、「2日ほど便の量が少なめで、排ガスが多くなり腹部が少し張っていて気になっている」という訴えがあった。

　　　　　Nさんの生活ニーズに対する個別援助の内容として、**最も適切なものを1つ**選びなさい。

1　腹部を蒸しタオルで温めることを促す。

2　ウエストをベルトで締めるように勧める。

3　腸内発酵を促す食品を多く食べるように勧める。

4　水分補給は持参している炭酸飲料を飲むように勧める。

5　お茶やコーヒーを多めに飲むように勧める。

問題112　遠方に住む娘が結婚式を挙げることになったが、Nさんは長距離の移動に不安があり、妻だけが出席することになった。妻が留守をする2日間は、近くの介護老人福祉施設のショートステイを利用することになった。

　　　　　ショートステイ担当の介護福祉職が行うNさんへの援助内容として、**最も適切なものを1つ**選びなさい。

1　不安や寂しさを軽減するために、頻回に居室を訪ね、話し相手になる。

2　活動の機会を増やすため、日中はできるだけホールで過ごすように促す。

3　パウチの交換時にストーマ周辺を洗浄後、皮膚に残った粘着材はきれいに取り除く。

4　人工肛門のセルフケアができるように援助する。

5　パウチの交換を、担当の介護福祉職が行う。

問題113 介護過程における評価に関する次の記述のうち、**適切なもの**を1つ選びなさい。

1 プロセスの評価では、援助の内容・方法が利用者のニーズ、状態に適しているかを評価する。

2 内容の評価では、実施されている援助が計画通りに進んでいるかを評価する。

3 効果の評価では、援助の成果が設定した目標に対して効果を上げたかを検証するが、目標の見直しは行われない。

4 援助を実施する過程で、新たな生活課題が生じていないかの評価は行われる。

5 評価は、個別援助計画作成時に定めた評価期間ごとに行い、評価の時期を早めることはない。

総合問題

次の事例を読んで、**問題114**から**問題116**までについて答えなさい。

〔事　例〕

　Oさん（70歳、女性）は、マンションに一人で暮らしている。マンションにはエレベーターがあるが、Oさんの部屋に行くには、エレベーターを降りた後、階段を上らなければならない。Oさんは椎間板ヘルニア（herniated intervertebral）のために坐骨神経痛を発症していて、階段の上り下りに不自由なほど歩行が困難である。

　また、自宅には手すりもなく、滑りやすい床のため、自宅内でも杖をついて歩行している。入浴や調理などは自分で行うことができる。民生委員が介護認定の申請を勧めても、家に他人を入れたくないと拒否している。

問題114 民生委員がとる対応として、**最も適切なもの**を1つ選びなさい。

1 地域包括支援センターにOさんのことを知らせる。
2 近所の人に、Oさんのことを頼む。
3 知り合いの社会保険労務士に、Oさんの介護認定の申請を依頼する。
4 民生委員自身が、Oさんの介護認定の申請を行う。
5 Oさんの自由にしてもらう。

問題115 Oさんが、自宅で転倒して右足を骨折（fracture）し入院した。幸いなことに順調に回復し、骨折（fracture）する前と同じような状態に戻れそうである。しかし、退院後の生活に不安を感じ、入院中に介護認定を申請した。その結果、要介護2と認定された。Oさんは退院後も自宅での生活を望んでいる。
　　Oさんが自宅での生活を継続するうえで、**最も適切なサービス**を1つ選びなさい。

1 住宅改修
2 訪問入浴介護
3 短期入所生活介護
4 居宅療養管理指導
5 訪問看護

問題116 退院したOさんに対する訪問介護員（ホームヘルパー）の今後の対応として、**適切なもの**を1つ選びなさい。

1 また骨折（fracture）しないように、できるだけ動かないでいてもらう。
2 Oさんが暮らしていくには問題が多いマンションなので、転居を勧める。
3 施設への入所を勧める。
4 Oさんが自宅で安全に暮らしやすくするため、相談しながら棚の中の物を移動させる。
5 Oさんのために、相談せずにシルバーカーを購入する。

次の事例を読んで、**問題117**から**問題119**までについて答えなさい。

〔事　例〕

　Ｐさん（88歳、女性）は、夫と二人で暮らしている。長男、長女共に離れたところで暮らしているが、月に1度は交代で1週間程度様子を見に来ていた。1年くらい前からＰさんと夫に認知症（dementia）の症状がみられるようになり、二人だけで暮らすことが難しくなってきた。

　このため、長男が自分の家族と離れて両親と一緒に暮らすようになったが、認知症（dementia）の症状が進行するとともに、夫に心臓などの疾患がみられるようになり、転倒も頻繁にするようになった。長男にも疲れが出始めている。長女は、子どもがいるため長期間、長男と交代することはできない。

問題117 Ｐさんと夫の今後について介護福祉職が長男に助言する内容として、**最も適切な**ものを１つ選びなさい。

1 ショートステイを利用して、しばらく長男に休むように勧める。

2 長女にも交代で介護してもらうように勧める。

3 Ｐさん夫婦の状態から考えて、施設への入所を考えてみるように勧める。

4 これからも頑張って介護するように伝える。

5 長男か長女の家に引き取って一緒に暮らすことを勧める。

問題118 Ｐさんと夫は、要介護２に認定されている。二人が一緒に入所できる施設として**最も適切な**ものを１つ選びなさい。

1 介護老人福祉施設

2 介護老人保健施設

3 認知症対応型共同生活介護

4 養護老人ホーム

5 住宅型有料老人ホーム

問題119 Ｐさんの夫の転倒回数を減らすための対応として、**適切な**ものを１つ選びなさい。

1 廊下や居室に手すりを設置し、床材を滑りにくい材質に変更する。

2 ベッドに柵を取りつけて自分では降りられないようにする。

3 スリッパを履いてもらう。

4 布団で寝てもらう。

5 居室に小さめの絨毯を敷く。

次の事例を読んで、**問題120から問題122まで**について答えなさい。

〔事　例〕

　Ｑさん（80歳、男性）は、末期がんのため医師から余命３か月と言われ、自宅で過ごしている。Ｑさん自身は、訪問診療を担当している医師に延命処置はしないでほしいと希望を伝えている。しかし、妻と長男は、延命処置を行って少しでも長く生きていてほしいと希望している。

　がんによる痛みが徐々に強くなり、Ｑさんが苦しむ時間が増えてきているが、まだ意識ははっきりとしていて、自分の意思を明確に伝えることができる状態である。

問題120　痛みが強いときに訪問介護員（ホームヘルパー）がQさんにかける声かけとして、**適切なもの**を1つ選びなさい。

1　「これ以上お薬が使えないのでがまんしてください」
2　「痛いところはどこですか。さすりましょうか」
3　「痛いと言っても痛みは消えませんよ」
4　「Qさんより痛みの強い人はたくさんいますよ」
5　「痛みについては、お医者様に話してください」

問題121　Qさんの延命処置に関する次の記述のうち、**適切なもの**を1つ選びなさい。

1　延命処置については、家族の希望に沿って行う。
2　医師とQさんが再度話し合い、Qさんの最終的な意思を確認する。
3　医師から延命処置を行うようにQさんを説得してもらう。
4　訪問介護員（ホームヘルパー）が医師の代わりにQさんの意思を確認する。
5　医師の判断で、延命処置を行うかどうかを決定する。

問題122　死の受容過程に関する次の記述のうち、**適切なもの**を1つ選びなさい。

1　死を受容するこころの動きを5段階で説明したのは、フロイト（Freud, S.）である。
2　受容の段階であっても、周囲への関心が薄れることはない。
3　5つの段階は、必ず否認・怒り・取引・抑鬱・受容の順に進む。
4　取引の段階で期限を設定した場合、期限以降の延命を望むことはない。
5　怒りの段階では、怒りの矛先を周囲に向けることがある。

次の事例を読んで、**問題123**から**問題125**までについて答えなさい。

〔事 例〕

　Rさん（41歳、女性）は父親（77歳）との二人暮らしである。Rさんは、脳性麻痺（cerebral palsy）の障害で両下肢が硬直し、電動車いすを使用している。支えがあれば、つま先立ちでの立位と数歩の歩行は可能である。父親や訪問介護員（ホームヘルパー）等が両上肢を把持し、ベッドや便座への移乗の介護を行っている。両上肢は筋力低下があるものの日常生活に支障はない。

　Rさんは大学卒業後、就職したが、35歳頃から二次的障害による関節の痛みやこわばり、筋力低下がみられるようになり退職した。1年前から嚥下機能も低下し、低栄養状態になったため、胃瘻造設術を受け胃瘻からの栄養剤投与を開始した。現在、自己管理をしながら経口摂取と併用している。Rさんは、このまま自宅での生活が継続できるよう、訪問看護と重度訪問介護をそれぞれ週に3回、午前と午後に利用している。

問題123　Rさん宅を午前中に訪問した訪問介護員（ホームヘルパー）は、Rさんから栄養剤の匂いが不快なので、ほぼ全量を捨てるよう依頼された。また午後に来る訪問看護師には栄養剤を捨てることは内緒にしてほしいと言われた。

　　　訪問介護員（ホームヘルパー）がとるべき対応として、**最も適切なもの**を1つ選びなさい。

1　Rさんの意向を尊重し、栄養剤を捨て訪問看護師にも伝えない。
2　Rさんの指示どおりに栄養剤を捨てるが、訪問看護師には報告する。
3　Rさんに栄養剤の匂いが不快になり始めたきっかけや理由を聴く。
4　Rさんと同居している父親に家族の立場で判断するよう伝える。
5　Rさんの判断は間違っていると伝える。

問題124 Rさんの経口摂取時は、献立を自分で考え調理方法も訪問介護員（ホームヘルパー）に伝えている。最近、咳込んだり、飲みにくそうな様子がみられるようになった。Rさん本人も嚥下の能力が低下していると自覚している。

　　Rさんへの訪問介護員（ホームヘルパー）の対応として、**最も適切なもの**を1つ選びなさい。

1　Rさんに咳込みや飲み込みにくさについて詳しく聞く。

2　嚥下する能力が低下しているので、経口摂取はやめて全面的に胃瘻からの栄養摂取にするよう伝える。

3　栄養食事指導が必要と判断し、管理栄養士に連絡した。

4　献立や調理を全面的に訪問介護員（ホームヘルパー）が行うことを提案した。

5　Rさんの低栄養が心配なので市販の栄養ドリンクを飲むよう伝える。

問題125 Rさんの医療的なケアが増してきたことにより、父親がストレスを抱えている様子がみられるようになった。Rさんと父親が口論する様子もたびたびみられる。父親から、毎日介護サービス従事者が出入りして落ち着かないこと、Rさんの移乗等の介護が負担になり今後の生活が不安との訴えがあった。また、Rさんからは、最近買い物や受診の付き添い等を父親に頼んでも忘れることが多くて困っているとの相談があった。

　　Rさんおよび父親の訴えへの訪問介護員（ホームヘルパー）の対応として、**最も適切なもの**を1つ選びなさい。

1　介護の負担軽減のために福祉用具を勧める。

2　父親に認知症（dementia）の検査を受けるよう助言する。

3　Rさんの施設入所を提案する。

4　重度訪問介護の利用回数を増やすことを約束する。

5　Rさんと父親、それぞれから抱えている不安や不満を聴く機会を設ける。

第 2 回　模擬試験

問　題

第2回模擬試験　問題
＜　午　前　＞

※午前試験／問題数63問（1～63）、試験問題1時間40分

解答目標時間	分

　あらかじめ、模擬試験の問題を解くにあたっての目標時間を決めておきましょう。

　実際の本試験では、試験時間が決まっており、科目ごとあるいは問題ごとの時間配分は重要です。また、目標を立てて余裕をもって解くことで、解答を見直す時間を取れるようにもなります。適切な時間配分で解答できるように、模擬試験でトレーニングをしておきましょう。

■模擬試験出題形式について

　この模擬試験は、2024年3月末までに発表された厚生労働省資料を基に作成しているため、2025年1月に実施される第37回国家試験では出題順などが異なる可能性があります。ご了承ください。

この問題冊子は本体から
取り外して使用できます

人間の尊厳と自立

問題1　Aさん（81歳、男性、要介護3）は、脳梗塞（cerebral infarction）を原因とした血管性認知症（vascular dementia）と診断されている。妻と二人で暮らしているが、時々妻のことがわからなくなったり、急に泣き出したりするため、妻が対応に困っている。

　　　急に泣き出したときにどのように対応したらよいか妻から相談された訪問介護員（ホームヘルパー）の助言として、**最も適切なもの**を1つ選びなさい。

1　「急に泣き出したときは、そのままにしておいたほうがよいですよ」

2　「一緒に泣くとよいですよ」

3　「そばに座って、Aさんの気持ちが落ち着くのを待ってあげてください」

4　「別の部屋に行って、泣き止むのを待つとよいですよ」

5　「私の気分が減入るから泣かないで、と厳しく言ったほうがよいですよ」

問題2　尊厳の保持に関する次の記述のうち、**適切なもの**を1つ選びなさい。

1　生活者としての権利とは、具体的なサービス利用によって自立生活を実現する権利をいう。

2　周囲の差別や偏見によって権利侵害が行われることはない。

3　利用者の権利擁護は、担当した介護福祉職が一人で対応しなければならない。

4　介護福祉職は、利用者を介護してあげる対象とみなければならない。

5　利用者と介護福祉職は、「自分のことは自分ですることが望ましい」という価値観を強くもたなければならない。

人間関係とコミュニケーション

問題3 利用者との準言語コミュニケーションに関する次の記述のうち、**適切なもの**を1つ選びなさい。

1 声の大きさは、すべての利用者に対して同じ大きさにする。

2 高齢者は低音域が聞こえづらくなる傾向にあるので、声の高さに注意する。

3 語頭や語尾は強めないようにする。

4 話す速さは、話の間をとり、同じテンポにする。

5 介護福祉職が話しやすい速さで話す。

問題4 Bさん（80歳、女性、要介護2）は、認知症対応型共同生活介護を利用している。自分から職員の台所仕事を他の利用者とともに手伝ったり、洗濯物をたたむなどして楽しそうに日々を過ごしていた。最近になって手伝うことが少なくなり、自室にこもることが多くなった。朝夕の健康観察では異常がない。

介護職のBさんへの声かけとして、**最も適切なもの**を1つ選びなさい。

1 「体調が悪いのですか」

2 「何か気になることがありますか」

3 「部屋にこもっていないで、みんなと料理を作りましょう」

4 「昼間は部屋で過ごさないでください」

5 「手伝いができないとここで生活できませんよ」

問題5　対人関係における自己開示に関する次の記述のうち、**適切なもの**を１つ選びなさい。

1　自己開示とは、自分自身に関する情報を他者から促されて伝達することをいう。

2　ジョハリの窓は、他者から見た自己の領域を表す概念である。

3　ジョハリの窓の未知部分は、自分では気づいていない部分である。

4　自己開示することで情報が共有される。

5　ジョハリの窓の隠蔽部分は、他人には見えているが、自分では気づいていない部分である。

問題6　チームマネジメントに関する次の記述のうち、**適切なもの**を１つ選びなさい。

1　OJTは、新人介護職や実習生を専門職として育成する方法である。

2　外部講師を職場に招いて研鑽を積むのは、OJTである。

3　実際の介護現場で実務を通して行われるのはOff-JTである。

4　リーダーには、自発的・自律的な判断・行動が求められる。

5　コーチングとは、リーダーが必要な知識や技術などを教えることである。

社会の理解

問題7 Cさん（65歳、女性）は、50代になってから視野が狭まり、現在はごくわずかの範囲でしか見ることができない。このため、障害支援区分の認定を受けて障害福祉サービスを利用している。Cさんが外出する際に利用するサービスとして、**適切なもの**を1つ選びなさい。

1 自立生活援助
2 サービス利用支援
3 同行援護
4 行動援護
5 重度障害者等包括支援

問題8 Dさん（45歳、男性）は、会社員である。通勤時に駅のホームで転倒して骨折（fracture）し、全治2か月と診断され入院した。このため、出勤できるようになるまでの休業給付の申請を行うことにした。

　この際、申請する社会保険制度として、**正しいもの**を1つ選びなさい。

1 健康保険
2 雇用保険
3 失業保険
4 共済組合保険
5 労災保険

問題9 消費者保護制度に関する次の記述のうち、**適切なもの**を1つ選びなさい。
1 クーリング・オフ制度は、「消費者基本法」に規定されている。
2 消費生活センターは、国の機関である。
3 消費生活センターは「消費者基本法」に基づいて設置されている。
4 被害に遭った場合、契約した後、1年以内であれば「消費者契約法」に基づいて取消の通知を行うことができる。
5 国民生活センターは、都道府県に設置される。

問題10 日本の社会保障制度に関する次の記述のうち**適切なもの**を1つ選びなさい。

1 日本の社会保障制度は、必要に応じて個人で選択して加入できる制度である。

2 日本の社会保険の種類は、医療保険、労災保険（労働者災害補償保険）、年金保険、雇用保険の4つである。

3 日本の社会保険制度における給付の形態は、現物給付のみである。

4 日本の社会保険制度は、公費（税金）と保険料で運営されている。

5 日本の国民は、医療保険を選んで加入することが義務づけられている。

問題11 地域包括ケアシステムに関する次の記述のうち、**正しいもの**を1つ選びなさい。

1 都道府県は、介護保険事業計画に基づいて地域の特性に応じた地域包括ケアシステムを構築する。

2 地域包括支援センターは、介護予防に必要な援助に特化された機関である。

3 地域包括ケアシステムでは、自助が中心になる。

4 地域包括ケアシステムを構築するためには、高齢者個人に対する支援を充実することが重要である。

5 地域包括ケアシステムでは、元気な高齢者も担い手となる。

問題12 障害福祉サービスの介護給付に関する次の記述のうち、**適切なもの**を1つ選びなさい。

1 2次判定は都道府県審査会が実施する。

2 障害支援区分は、区分1が最も必要度が低い。

3 勘案事項調査の後、暫定支給決定が行われる。

4 暫定支給決定の後、一定期間サービスを利用し、個別支援計画が作成される。

5 障害支援区分認定は、都道府県が実施する。

問題13 生活保護に関する次の記述のうち、**正しいもの**を1つ選びなさい。

1 生活保護が保障する最低限度の生活は、健康で文化的な生活水準を維持できるものでなければならないとされている。

2 生活保護は、扶養義務者による扶養が受けられる人であっても受給することができる。

3 生活保護は、原則として世帯の一人ひとりを単位として行われる。

4 保護の基準は、総理大臣が定める。

5 生活保護を受給する場合、生活の困窮の原因が問われる。

問題14 Eさん（64歳、女性）は、子どものころに交通事故で両足麻痺になり、車いすを使用して生活している。これまではF事業所（共生型サービス事業所）で障害福祉サービスの居宅介護、自立訓練を利用していた。同事業所からサービスの提供を受け、スタッフとの関係も良好である。ある日、「65歳になったら、もうお願いできないのね」と寂しそうに話しかけてきたと、事業所に報告があった。

担当スタッフの対応として、**適切なもの**を1つ選びなさい。

1 Eさんに合うと思われる事業所を紹介することにした。

2 F事業所は共生型サービス事業所なので、このまま利用できると伝えた。

3 居宅介護は利用できるが、自立訓練は利用できないと伝えた。

4 65歳になったら施設に入所しなければならないと伝えた。

5 65歳からは、すべて介護サービスを利用しなければならないと伝えた。

問題15 苦情解決と第三者評価に関する次の記述のうち、**適切なもの**を1つ選びなさい。

1 国民健康保険団体連合会は、介護保険サービスに関する苦情の受付のみを行う。

2 都道府県社会福祉協議会には、苦情解決のための組織として運営適正化委員会が設置されている。

3 運営適正化委員会は、「介護保険法」に規定されている

4 地域密着型サービスは、福祉サービス第三者評価を受けなければならない。

5 福祉サービス第三者評価は、国が設置した評価機関が実施する。

問題16 共生型サービスに関する次の記述のうち、**正しいもの**を1つ選びなさい。

1 共生型サービスを提供するには、介護保険、障害福祉両方の事業所指定を受けていなければならない。

2 小規模多機能型居宅介護事業所は、障害者に対して障害福祉サービスを提供できる。

3 共生型サービス事業所として運営することができるのは、訪問介護（ホームヘルプサービス）、通所介護（デイサービス）である。

4 障害児は、共生型サービスを利用することができない。

5 共生型サービスは、提供されるサービスの内容が地域によって異なる。

問題17 介護保険の状況に関する次の記述のうち、**正しいもの**を1つ選びなさい。

1 サービスの中では、施設サービス利用者の増加割合が最も高い。

2 第1号被保険者数は、減少し始めている。

3 要介護5の認定者数は減少している。

4 訪問介護事業所の開設主体は、営利法人（会社）が最も多い。

5 介護老人福祉施設の開設主体は、医療法人が最も多い。

問題18 令和4年度における養介護施設従事者等による高齢者虐待に関する次の記述のうち、**適切なもの**を1つ選びなさい。

1 相談・通報者の割合が最も多かったのは、当該施設元職員である。

2 全国の市町村で受け付けた相談・通報件数は、5,000件を超えた。

3 虐待の事実が認められた施設・事業所で最も多かったのは特別養護老人ホーム（介護老人福祉施設）である。

4 虐待の種別で最も多かったのは、心理的虐待である。

5 被虐待高齢者のうち、約8割の人に身体拘束が行われていた。

こころとからだのしくみ

問題19 眼の部位のうちカメラのレンズの役割を果たすものとして、**正しいもの**を１つ選びなさい。

1　水晶体
〈すいしょうたい〉
2　網膜
〈もうまく〉
3　硝子体
〈しょうしたい〉
4　瞳孔
〈どうこう〉
5　虹彩
〈こうさい〉

問題20 睡眠障害が身体に及ぼす影響に関する次の記述のうち、**適切なもの**を１つ選びなさい。

1　睡眠不足になると、食欲を抑制するホルモンの分泌が増加する。

2　睡眠不足になると、インスリンの働きが強まる。

3　睡眠不足になると、血圧が低下する。

4　睡眠障害を放置すると、免疫機能が低下する。

5　睡眠不足によって、ホルモンバランスが崩れることはない。

問題21 鬱病でみられる妄想として、**最も適切なもの**を１つ選びなさい。

1　被害妄想
2　物盗られ妄想
3　嫉妬妄想
〈しっと〉
4　罪業妄想
〈ざいごう〉
5　誇大妄想
〈こだい〉

問題22 Gさん（80歳、女性）は、「自分はまだ若い」と活動的な毎日を送っていたが、転倒して骨折（fracture）、入院したことをきっかけに退院後も家に閉じこもり、心身機能が低下して廃用症候群と診断された。

廃用症候群の症状とその原因についての組み合わせで、**最も適切なものを1つ選びなさい**。

1 褥瘡……………………体位変換による摩擦
2 関節拘縮……………骨密度の低下
3 意欲低下……………脳の機能低下
4 筋萎縮………………筋肉の痙攣
5 深部静脈血栓症……筋萎縮

問題23 交感神経のはたらきとして、**適切なものを1つ選びなさい**。

1 血管は収縮する。
2 血糖値は下降する。
3 利尿作用は促進される。
4 心拍数は減少する。
5 瞳孔は収縮する。

問題24 膝関節の運動にかかわる筋肉として、**適切なものを1つ選びなさい**。

1 三角筋
2 大殿筋
3 下腿三頭筋
4 前脛骨筋
5 大腿二頭筋

問題25 加齢による睡眠の変化に関する次の記述のうち、**適切なもの**を1つ選びなさい。

1 睡眠比率が低下する。

2 早朝に覚醒することが少なくなる。

3 メラトニンの分泌が増加するため、深いノンレム睡眠が減少する。

4 必要な睡眠量が増加する。

5 概日リズムは変化しない。

問題26 Hさん（70歳、女性）は、夕方から深夜にかけて下肢にむずむずとした虫の這うような不快感があり、じっとしていられなくなる。脚を動かすと不快感が和らぐため、脚を動かし続けていてよく眠れないと訴えている。

　　Hさんの症状の原因として、**最も可能性があるもの**を1つ選びなさい。

1 不眠症（insomnia）

2 睡眠時ミオクローヌス症候群（sleep myoclonus syndrome）

3 レストレスレッグス症候群（restless legs syndrome）

4 レム睡眠行動障害（REM sleep behavior disorder）

5 皮膚疾患

問題27 Iさん（75歳、女性）は、最近、突然強い尿意を感じ、トイレまで我慢ができずに漏らしてしまうようになっている。このため、漏らさないようにと思ってしょっちゅうトイレに行くようになっている。

　　Iさんの状態として、**最も適切なもの**を1つ選びなさい。

1 腹圧性尿失禁

2 頻尿

3 反射性尿失禁

4 溢流性尿失禁

5 切迫性尿失禁

問題28 摂食・嚥下プロセスに関する次の記述のうち、**適切なもの**を1つ選びなさい。

1 食道期には、食塊が食道のぜん動運動と重力によって胃に送られる。

2 食物は、視覚によって認知される。

3 準備期は、食物を口腔内に取り込むことをいう。

4 咽頭期には、舌根部が上に上がる。

5 口腔期には、舌の中央と後方が下に下がる。

問題29 栄養素に関する次の記述のうち、**適切なもの**を1つ選びなさい。

1 炭水化物の主なはたらきはエネルギー源である。

2 肉や卵に含まれる主な栄養素は、脂質である。

3 三大栄養素には、ビタミンが含まれる。

4 水は、五大栄養素に含まれる。

5 筋肉量を維持するためには、炭水化物の摂取が重要である。

問題30 次の部位のうち、下気道として**適切なもの**を1つ選びなさい。

1 喉頭

2 咽頭

3 気管

4 鼻腔

5 副鼻腔

発達と老化の理解

問題31 発達段階に関する次の記述のうち、**適切なもの**を1つ選びなさい。

1 ピアジェ（Piaget, J.）は、発達段階を心理・社会的側面から8つに分類した。

2 ハヴィガースト（Havighurst, J.）は、発達の最終段階を成熟期とした。

3 老年期における心理的課題を3つ提示したのはエリクソン（Erikson, E. H.）である。

4 ユング（Jung, C. G.）は、50歳前後を人生の正午と表現した。

5 エリクソン（Erikson, E. H.）は、認知の枠組みとしてシェマの獲得を唱えた。

問題32 Jさん（80歳、女性）は、3週間ほど前に夜間トイレに行こうとして尻もちをついた際に、腰椎圧迫骨折（lumbar compression fracture）と診断され、入院した。痛みも軽減しコルセットを装着して歩行が可能となったため、退院して自宅へ戻り、通所リハビリテーションを利用する予定である。夜間のトイレに不安をもっている様子で、「また、転ばないかな…」という発言が聞かれる。

　　Jさんの退院後の生活に対し介護福祉職が行う助言として、**適切なもの**を1つ選びなさい。

1 歩行が可能なため、通所リハビリテーションはやめてもよい。

2 トイレに行く回数が増えると大変なので、一日の水分摂取量を少なくする。

3 鎮痛剤の服用を多めにするとよい。

4 夜間のポータブルトイレの使用を勧める。

5 日中あまり動き回ることをせず、安静にしていることを勧める。

問題33 高齢者の記憶に関する次の記述のうち、**適切なもの**を１つ選びなさい。

1 意味記憶は、加齢によってあいまいになる。

2 エピソード記憶は、加齢による影響を受けにくい。

3 プライミングは、記憶障害があると保つことができない。

4 手続き記憶は、加齢による影響を受けにくい。

5 短期記憶と感覚記憶は、加齢による影響を受けにくい。

問題34 老化に関する次の記述のうち、**適切なもの**を１つ選びなさい。

1 平均寿命は、世界的に短くなる傾向にある。

2 限界寿命は、伸長傾向にある。

3 健康寿命は、介護の有無に関係なく、自立して暮らすことができる期間をいう。

4 老化という言葉は、高齢者に限って使われる。

5 老化は、遺伝因子と環境因子が相互に影響して進む。

問題35 加齢に伴う身体的変化に関する次の記述のうち、**適切なもの**を１つ選びなさい。

1 高齢者でも、インスリンの分泌量に変化はない。

2 加齢に伴い、低音域が聞き取りにくくなる。

3 肺実質の機能は変わらないため、ガス交換に影響はない。

4 加齢に伴い、運動神経の情報伝達速度は低下する。

5 加齢に伴い、味覚に対する感受性が低下し薄味を好むようになる。

問題36 子どもの社会性の発達に関する次の記述のうち、**適切なもの**を1つ選びなさい。

1 2〜4歳頃に、人からの指示を嫌と否定し、自己主張が強くなる。

2 10〜13歳頃に、仲間意識が強くなることをアイデンティティの確立という。

3 自分の視点で物事を判断する能力を役割取得という。

4 生後8か月頃からみられる人見知りは、母親など特定の人との間に愛着（アタッチメント）が築かれないことによって起こる。

5 自己と他者との関係に確信をもつことを外的ワーキングモデルという。

問題37 ストレンジシチュエーション法で、養育者がいなくても関係なく遊び、分離後に養育者が近づくと避けるタイプとして、**適切なもの**を1つ選びなさい。

1 Aタイプ（回避型）

2 Bタイプ（安定型）

3 Cタイプ（抵抗型）

4 Dタイプ（無秩序型）

5 Eタイプ（混合型）

問題38 Ｋさん（83歳、女性）は、夫と二人暮らしである。最近、夜になると急に、部屋の隅に大きな犬がいると騒ぐようになった。夫が否定しても「あなたには見えないの！そこに大きな犬がいる」と言って、夫の言うことを聞こうとしない。

　　　Ｋさんの状態の原因と考えられるものとして、**最も適切なもの**を1つ選びなさい。

1 鬱病（depression）

2 躁病（mania）

3 夜間せん妄

4 認知症（dementia）

5 脳血管障害（cerebrovascular disorder）

認知症の理解

問題39 血管性認知症（vascular dementia）に関する次の記述のうち、**適切なもの**を１つ選びなさい。

1 50歳前後での発症が多く、加齢とともに増加する。

2 男性より女性に多くみられる。

3 多発性脳梗塞（のうこうそく）によるものが多数を占めている。

4 ビンスワンダー型では、症状の進行が緩慢（かんまん）である。

5 多発性脳梗塞による認知症は、まだら認知症とよばれる。

問題40 認知症（dementia）のある人の環境づくりに関する次の記述のうち、**正しいもの**を１つ選びなさい。

1 残存機能を活用する工夫をすると、「わからない」ことへの支援につながる。

2 安全・安心への工夫をすると、「できる」ことへの支援につながる。

3 自己決定を促す工夫をすると、「自分で決める」ことへの支援につながる。

4 記憶・見当識障害（けんとうしき）（disorientation）に対する工夫をすると、「交流」「参加」への支援につながる。

5 コミュニケーションの工夫をすると、「覚えていない」「わからない」ことへの支援につながる。

問題41 認知症（dementia）の行動・心理症状（BPSD）に関する次の記述のうち、**適切な**ものを1つ選びなさい。

1 徘徊のうち、夕暮れに帰宅行動をとることを夕暮れ症候群という。

2 暴力的行為は、中核症状の初期から、頻繁に現れる。

3 いろいろなものを収集する場合、本人にとってはまったく意味がない。

4 異食は、空腹感から起きる症状である。

5 記憶障害のために相手の質問に答えることができない場合、話をほかの内容にすり替えてしまうことを作話という。

問題42 Lさん（83歳、女性）は2年前に夫を亡くしてからは一人暮らしである。軽度認知障害（mild cognitive impairment）と診断され、週3回の訪問介護（ホームヘルプサービス）を利用している。ある日、訪問介護員（ホームヘルパー）がベッドの下に濡れた下着が隠してあるのを発見した。

　訪問介護員（ホームヘルパー）の対応として、**最も適切なもの**を1つ選びなさい。

1 Lさんのプライドを傷つけないように、そっと他の洗濯物と同じように洗濯する。

2 いつから失禁するようになったのかをLさんに問いただす。

3 濡れたものをそのままにしないように伝える。

4 早めにトイレに行くよう指導する。

5 おむつを使用するよう説得する。

問題43 認知症ライフサポートの6つの考え方に関する次の記述のうち、**適切なもの**を1つ選びなさい。

1 住み慣れた地域と施設での生活で継続性のある暮らしを支える。
2 家族支援にはかかわらない。
3 継続的なかかわりに、終末期は含まない。
4 本人主体のケアを原則とする。
5 介護サービスを最大限に使って暮らすことを支える。

問題44 Mさん（70歳、女性）は、記憶や思考の混乱から生活上に支障をきたすようになったことから、心理療法である現実見当識訓練（RO）を受けている。
　　Mさんが受けている現実見当識訓練（RO）として、**正しいもの**を1つ選びなさい。

1 「昨日の夕飯は焼き魚でした。今日の昼食のおかずは何でしたか」
2 「Mさんが通っていた小学校の頃の楽しい思い出を教えてください」
3 「歯磨きをするので洗面台から歯ブラシを持って来てください」
4 「昨日は木曜日でしたので、今日は金曜日ですね。明日は土曜日です」
5 「Mさんの家から最寄りの駅までの道順を地図で教えてください」

問題45 認知症（dementia）のある人に対する介護に関する次の記述のうち、**適切なもの**を1つ選びなさい。

1 健忘期には、自分でできることは積極的に自分でやってもらう。
2 混乱期には、言語のみでコミュニケーションを図る。
3 健忘期には、失敗行動に対して厳しく注意して失敗を認識してもらう。
4 ターミナル期は、死の準備期間としてとらえてもらう。
5 混乱期には、動作の失敗に理解を示すが、認知症（dementia）のある人の世界は受け止めないようにする。

問題46 前頭側頭型認知症（frontotemporal dementia）の症状として、**適切なもの**を1つ選びなさい。

1 幻覚

2 パーキンソニズム

3 脱抑制

4 物盗られ妄想

5 情動失禁

問題47 レビー小体型認知症（dementia with Lewy bodies）でみられる特徴的症状について、**適切なもの**を1つ選びなさい。

1 滞続言語
_{たいぞくげん　ご}

2 頭痛

3 パーキンソン症状

4 常同行動

5 自発性欠如

問題48 レスパイトサービスに関する次の組み合わせのうち、**適切なもの**を1つ選びなさい。

1 通所介護（デイサービス）―――― アウト・オブ・ホーム・サービス

2 家族会への参加 ―――― アウト・オブ・ホーム・サービス

3 施設入所 ―――― イン・ホーム・サービス

4 ショートステイ ―――― イン・ホーム・サービス

5 家事代行サービス ―――― イン・ホーム・サービス

障害の理解

問題49 ノーマライゼーションとインクルージョンの相違点に関する次の記述のうち、**適切なもの**を１つ選びなさい。

1 インクルージョンの対象は、障害児である。

2 障害者（児）と健常者（児）が同じ場で活動するのがノーマライゼーションである。

3 インクルージョンでは、障害児のほうから健常児の基準に合わせて支援していく。

4 ノーマライゼーションは、誰もが同じ社会の一員であると考える。

5 インクルージョンは、障害があっても健常者（児）と同じ条件に置かれるべきと考える。

問題50 脊髄損傷の部位と可能な動作に関する次の組み合わせのうち、**適切なもの**を１つ選びなさい。

1 Ｃ４ ───── 自発呼吸がまったくできない

2 Ｃ７ ───── 肘を伸ばす力がないため移動動作が行えない

3 Ｔ２ ───── 座位バランスがほぼ安定する

4 Ｌ１ ───── 杖と装具の装着で実用的な歩行が可能

5 Ｌ５ ───── おおむね介助を必要としない

問題51 先天性視覚障害者の特徴として、**正しいもの**を1つ選びなさい。

1 強い日差しの下ではまぶしくてみえにくくなる。

2 2〜3歳以前で失明した場合は、先天性視覚障害には含まれない。

3 眼圧亢進によって視野の欠損など視機能が障害を受けることで失明する。

4 先天性視覚障害であっても、身体の運動機能に制限はない。

5 先天性視覚障害児は、ブラインディズムという自己刺激的行動をとることがある。

問題52 ノーマライゼーション（normalization）に関する次の記述のうち、**正しいもの**を1つ選びなさい。

1 利用者の尊厳を支える介護を行ううえで、ノーマライゼーション（normalization）はかかわっていない。

2 障害に対する偏見を取り除くことも、ノーマライゼーション（normalization）の考え方に沿ったものである。

3 ノーマライゼーション（normalization）の考え方では、住み慣れた地域での生活の継続は重要視されていない。

4 ノーマライゼーション（normalization）の考え方を実践していく中で、地域住民がかかわることはない。

5 ノーマライゼーション（normalization）のためには、居宅をバリアフリー化するだけでよい。

問題53 Nさん（54歳、女性）は、先天性の心疾患のため不整脈（arrhythmia）がある。仕事をしているため、ほぼ毎日電車で通勤している。

　　Nさんの日常生活上の注意として、**適切なもの**を1つ選びなさい。

1　感染症が流行っている時期には、マスクを着用し、うがい、手洗いを徹底して予防することが大切である。

2　入浴する際には、熱めの湯に短時間浸かるようにする。

3　飲酒は心疾患を悪化させるリスクがあるため、禁酒しなければならない。

4　昼食をとった後、午後の仕事までの間に休息時間をとらなくてもよい。

5　心疾患がある場合、携帯電話を使うことはできない。

問題54　発達障害に関する次の記述のうち、**適切なもの**を1つ選びなさい。

1　自閉症スペクトラム障害（autism spectrum disorder）では、知的能力障害が起こることはない。

2　学習障害（LD）では、学習困難が幼児期から始まる。

3　注意欠陥多動性障害（ADHD）は、不注意が7歳になる前から存在している。

4　アスペルガー症候群は、自閉症スペクトラム障害（autism spectrum disorder）に含まれる。

5　自閉症スペクトラム障害（autism spectrum disorder）では、人間関係を発展させ、維持し、それを理解することが可能である。

問題55 脳性麻痺（cerebral palsy）による麻痺の種類と症状の組み合わせとして、**正しい**ものを1つ選びなさい。

1 アテトーゼ型 ── 自分の意志では運動がうまくコントロールできず、勝手な動き（不随意運動）が生じる。

2 痙直型 ──── 関節の動きが硬くなる。

3 硬直型 ──── 動作のバランスが悪く、不安定な運動になり、歩行などのふらつきがみられる。

4 低緊張型 ─── 筋肉の緊張が強く、四肢の突っ張りが強く現れる。

5 運動失調型 ── 体がぐにゃぐにゃしていて、姿勢保持が難しい。

問題56 腎臓機能障害者に関する次の記述のうち、**適切な**ものを1つ選びなさい。

1 急性腎不全の場合、慢性腎不全に進行することがある。

2 慢性腎不全の症状は乏尿で、多尿はみられない。

3 腎不全は、自覚症状が早期から現れる。

4 慢性腎不全と診断されると、すべての場合、直ちに透析療法が開始される。

5 慢性腎不全の場合、ハードな運動も行うことができる。

問題57 Ｏさん（56歳、男性）は慢性閉塞性肺疾患（chronic obstructive pulmonary disease）によって在宅酸素療法（HOT）を継続している。呼吸器機能障害が出現してから退職し治療に専念していたが、周囲からの勧めもあり、元の勤務先で短時間での就労を検討している。

留意点として、**最も適切なもの**を１つ選びなさい。

1 息切れの起きやすい、前かがみや息を止めて行う動作、腕を上げて行う動作には注意する。

2 在宅酸素療法（HOT）を継続しているため、多少の息切れであれば問題ない。

3 人ごみや、車の交通量の多いところなども、特に差し支えない。

4 感染予防でのマスクの使用は、息苦しくなるため禁止したほうがよい。

5 息苦しさの恐怖から活動量が減少してしまうので、体力はどんどん低下しても仕方がない。

問題58 基幹相談支援センターに関する次の記述のうち、**適切なもの**を１つ選びなさい。

1 都道府県に設置される。

2 「障害者基本法」に規定されている。

3 権利擁護、虐待防止についての相談支援も行う。

4 入所施設、精神科病院へ入所・入院の働きかけを行う。

5 中立な立場を維持するため、相談支援事業者との連携は図らない。

医療的ケア

問題59 経管栄養に関する基礎知識として、正しいものを1つ選びなさい。

1　経管栄養を実施している利用者は、入浴はできない。

2　経鼻経管栄養では、胃食道逆流が起きにくい。

3　液体栄養剤は、便秘を生じやすい。

4　口腔ケアは、行わなくてよい。

5　注入開始後、しゃっくりがあった場合は、直ちに中止する。

問題60 喀痰吸引の基礎知識に関する次の記述のうち、正しいものを1つ選びなさい。

1　呼吸器の末端は、気管支である。

2　空気を吸い込むときには、横隔膜が上がる。

3　呼吸は、寝ている状態のほうが楽にできる。

4　下気道の線毛運動の動きは、喉から気管へと動く。

5　喉頭は、空気の温度・湿度調整の役割がある。

問題61 入所施設での感染対策に関する次の記述のうち、**適切なもの**を1つ選びなさい。

1 施設には、感染対策委員会を設置する。

2 感染対策マニュアルは、施設職員全員で作成する。

3 施設内で感染症が疑われる場合、施設長は都道府県に報告する。

4 入所者の感染拡大を防ぐためには、排泄後の手洗いを徹底すればよい。

5 入所者の感染については、施設内で対応しなければならない。

問題62 経管栄養に関する次の記述のうち、**適切なもの**を1つ選びなさい。

1 利用者が嘔吐したときには、まず看護職に連絡してから応急処置を行う。

2 利用者が下痢をしているときには、注入の速度を少し速くする。

3 注入開始後にしゃっくりがあったときには、直ちに注入を中止する。

4 チューブ挿入部から出血している場合、直ちに注入を中止する。

5 顔色が悪い場合には、まず看護職に連絡してから注入を中止する。

問題63 施設に入所しているPさん（85歳、男性）は、寝たきりで日中は眠っていることが多い。最近、痰が多く、介護福祉士による吸引が頻繁に必要になっている。家族は、1週間に1回ほど面会に来て、痰が多くなったのを心配している。

Pさんや家族への対応として、**最も適切なもの**を1つ選びなさい。

1 吸引を嫌がって抵抗を示したが、指示通り行った。

2 眠っている最中に、痰でむせていたので、何も言わずに吸引を行った。

3 「吸引をしないことにより予測される状態」の説明は、家族のみに行った。

4 医療職の判断により吸引の必要な場合、Pさんの同意を得て吸引を行った。

5 家族より「痰を取りきるためにカテーテルを奥に入れてほしい」と希望されたので咽頭まで入れて吸引した。

第2回模擬試験　問題
＜　午　後　＞

※午後試験／問題数62問（64〜125）、試験問題2時間

解答目標時間	分

　あらかじめ、模擬試験の問題を解くにあたっての目標時間を決めておきましょう。

　実際の本試験では、試験時間が決まっており、科目ごとあるいは問題ごとの時間配分は重要です。また、目標を立てて余裕をもって解くことで、解答を見直す時間を取れるようにもなります。適切な時間配分で解答できるように、模擬試験でトレーニングをしておきましょう。

■模擬試験出題形式について

　この模擬試験は、2024年3月末までに発表された厚生労働省資料を基に作成しているため、2025年1月に実施される第37回国家試験では出題順などが異なる可能性があります。ご了承ください。

介護の基本

問題64 多職種連携に関する次の記述のうち、**最も適切なもの**を1つ選びなさい。

1 利用者の体調の変化を把握した介護職が、看護職に相談する。

2 利用者の経済状況の悪化を把握した介護職が、民生委員に相談する。

3 利用者のリハビリテーションについて、義肢装具士に相談する。

4 薬の副作用について、助産師に相談する。

5 利用者の食事の内容について、介護支援専門員（ケアマネジャー）に相談する。

問題65 介護福祉士に関する次の記述のうち、**適切なもの**を1つ選びなさい。

1 「社会福祉士及び介護福祉士法」では、介護福祉士の定義の中で業務内容に触れていない。

2 介護福祉士試験に合格すると、介護福祉士資格を取得したことになる。

3 介護福祉士でない者でも、介護福祉士を称することができる。

4 介護福祉士は、診療の補助として喀痰吸引等を行うことができる。

5 介護福祉士の名称使用が停止されていても、喀痰吸引等を行うことができる。

問題66 高齢者虐待と介護の倫理に関する次の記述のうち、**適切なもの**を1つ選びなさい。

1 介護を一生懸命しようとした人が虐待の加害者になることはない。

2 高齢者虐待の可能性がある場合、虐待を行っている家族の立場も受容する。

3 介護職は、常に高齢者の最良の結果のみを求める。

4 介護職は、虐待によって生じている影響のみに着目する。

5 虐待に気づいた場合、それを虐待している家族に伝える。

問題67 Aさん（75歳、女性、要介護3）は、認知症（dementia）のため施設に入所している。いろいろな場面で自己決定することが難しい状態であるが、やれることは自分でやりたいという希望をもっている。担当している介護職は、Aさんの希望をできる限り尊重したいと思っている。

Aさんを主体とした対応に関する次の記述のうち、**最も適切なもの**を1つ選びなさい。

1 Aさんが食べたいものを決定しやすいように、献立を絵に描いてイメージできるようにする。

2 Aさんの着替えの際には、介護職が選んだ服の中から選んでもらう。

3 Aさんが外出したいと言ったときには、やめるように説得する。

4 Aさんが起こさないでほしいと言った場合、いつまでも寝かしておくようにする。

5 Aさんが何日も着替えなくてもそのままにしておく。

問題68 介護職の利用者やその家族への接し方に関する次の記述のうち、**適切なもの**を1つ選びなさい。

1 利用者が話す内容は、すべて家族に伝えるようにする。

2 利用者が決定したことは、すべてそのまま従う。

3 利用者ができることであっても時間がかかるようであれば介護職が介助する。

4 利用者と接するときには、対等の関係でなく介護の専門職として接する。

5 家族が利用者を介護している場合、尊重しつつ、適切な方法を助言する。

問題69 感染症ごとの対策に関する次の記述のうち、**適切なもの**を1つ選びなさい。

1 インフルエンザの場合、感染者は外出禁止とするが、面会制限は行わない。

2 感染性胃腸炎の場合、消毒液は次亜塩素酸ナトリウムを使用する。

3 レジオネラ症の場合、月に1度、浴槽を酸素系消毒液で消毒する。

4 腸管出血性大腸菌感染症の場合、トイレの便座は次亜塩素酸ナトリウムで拭く。

5 MRSA感染症の場合、うがいを徹底する。

問題70 専門職に関する次の記述のうち、**適切なもの**を1つ選びなさい。

1 歯科衛生士は、義歯を製作する。

2 公認心理師と臨床心理士は同じ資格である。

3 栄養士は、厚生労働大臣の免許を受け栄養指導を行う。

4 作業療法士は、マッサージや電気療法を行う。

5 保健師資格を取得するためには、看護師資格が必要である。

問題71 介護支援専門員（ケアマネジャー）の役割に関する次の記述のうち、**正しいもの**を1つ選びなさい。

1 アセスメント（assessment）を行う際には、利用者の居宅を訪問して行うように努めなければならない。

2 指定居宅介護支援事業所の介護支援専門員（ケアマネジャー）は、居宅サービス計画の作成を担当する。

3 居宅サービス計画に、地域住民による自発的な活動によるサービスを含めなければならない。

4 いかなる場合にも、利用者にかかわる情報を主治医に提供してはならない。

5 モニタリング（monitoring）は、電話で行うこともできる。

問題72 次の図は、世界盲人連合が1984年に制定した盲人のためのマークである。
このマークに関する次の記述のうち、**適切なもの**を1つ選びなさい。

1 このマークは、信号機にも用いられている。

2 バリアフリー化されていない建物にもつけることができる。

3 世界盲人連合が制定したが、各国が独自のマークを選ぶことも可能であり、世界共通のマークではない。

4 視覚障害者用の機器には、表示が義務づけられている。

5 このマークを見たときには、視覚障害者に配慮することが義務づけられている。

問題73 施設での服薬介助に関する次の記述のうち、**適切なもの**を1つ選びなさい。

1 薬を入所者に自己管理してもらう。

2 服用する時間に合わせて、その都度、薬を配る。

3 入所者全員同じ時間に服用してもらう。

4 複数の点眼薬は、間隔を空けずにさす。

5 服用は利用者に任せ、服用したかどうかは確認しない。

コミュニケーション技術

問題74 Bさん（75歳、女性）は一人暮らしだが、重度の難聴のため相手の話を聞き取れないことがある。関節リウマチ（rheumatoid arthritis）で手指の拘縮があり、訪問介護（ホームヘルプサービス）を利用している。ある日、訪問介護員（ホームヘルパー）がBさんの自宅を訪れると、ドアに宅配便の不在連絡票がはさまれていた。訪問介護員（ホームヘルパー）が確認すると、2日前の日付だった。Bさんに確認すると、体調が悪くて外に出なかったため、配達の人が来たことに気づかなかったと言っている。

　　配達への対応方法について訪問介護員（ホームヘルパー）がBさんに声をかけるとき、**最も適切なもの**を1つ選びなさい。

1　「いつもインターホンや不在連絡票に気づかないのですか」

2　「配達を頼むのはやめましょう」

3　「私が来る日に配達してもらうようにしてはどうですか」

4　「聴覚障害者用のインターホンに交換しませんか」

5　「体調が悪くても、毎日必ず外を確認しましょう」

問題75 Cさん（85歳、男性、要介護3）は、介護施設に半月前に入所した。脳梗塞（cerebral infarction）の後遺症で右片麻痺になり、歩行が不自由である。しかし、歩行訓練が嫌で部屋から出ないときもある。

　　Cさんに歩行訓練を促す際の声かけとして、**適切なもの**を1つ選びなさい。

1　「歩行訓練の時間ですよ。部屋から出てください」

2　「今日も歩かないのですか」

3　「今日は暖かいですよ。少しだけ外に出てみませんか」

4　「スケジュールは守ってください」

5　「他の人はみんな訓練を受けていますよ」

問題76 記録の文体に関する次の記述のうち、**適切なもの**を1つ選びなさい。

1 要約体は要点を整理してまとめるため、全体像を把握することができない。

2 説明体は、出来事を介護職が解釈して説明するときに使うが、専門職としての力量が問われる。

3 出来事や事実の記述する際に用いられるのは要約体である。

4 叙述体といった場合、過程叙述体を指す。

5 全体の流れをそのままに記述するのが過程叙述体である。

問題77 知的障害者とのコミュニケーションに関する次の記述のうち、**最も適切なもの**を1つ選びなさい。

1 知的障害では、コミュニケーションに問題を伴うことはない。

2 知的障害者にAAC（拡大・代替コミュニケーション）は適していない。

3 身振りや手振りによるコミュニケーションは用いないようにする。

4 カードや絵による視覚的なコミュニケーションは適していない。

5 利用者が自分に適したコミュニケーションの方法を身につけられるように援助する。

問題78 Ｄさん（70歳、女性）は、糖尿病（diabetes mellitus）のため神経障害がある。このため足に壊疽を起こしたが、発見が早かったため切断せずに済んだ。しかし、足を引きずって歩く状態で、転倒しては骨折（fracture）し、入院を繰り返している。

　　現在、退院して自宅で生活しており、リハビリテーションのため週に１回通所介護（デイサービス）に通っている。Ｄさんは頑固な性格で、自分の意見を押し通そうとするため、通所介護（デイサービス）の他の利用者と仲良く接することができない。

　　問題を解決するための通所介護（デイサービス）職員のＤさんへの声かけとして、**最も適切なもの**を１つ選びなさい。

1 「他の人ともう少し仲良くしてください」
2 「Ｄさんの意見ばかり通すことはできません」
3 「Ｄさんのお話をゆっくり聞かせてください」
4 「デイサービスの利用をお断りしなければなりません」
5 「皆さんとの間をご自分で解決してください」

問題79 Ｅさん（男性、96歳）は、軽度の片麻痺と視覚障害のため、介護老人福祉施設に入所して３年になる。３年の間、１か月に１回社会福祉協議会の担当者が訪ねてくるが、親族が訪ねてきたことは１度もない。社会福祉協議会の担当者に事情を聞いても、本人があいまいな返事をするので、よくわからないという回答である。最近になって、Ｅさんが体調を崩すことが多くなり、施設の担当者の中で、今後の親族への対応をどうすればよいかが検討されることになった。

　　介護福祉職のＥさんへの声かけとして、**最も適切なもの**を１つ選びなさい。

1 「Ｅさんには親族はいないのでしょうか」
2 「一度Ｅさんの昔の話をゆっくり聞かせてくださいますか」
3 「Ｅさんの詳しいことが分からないと施設が困ります」
4 「Ｅさんにはお子さんはいないのですか」
5 「親族がいない人は、ここにはいられませんよ」

生活支援技術

問題80 嚥下^{えんげ}しやすい食べ物として、**適切なもの**を１つ選びなさい。

1　海苔

2　餅

3　ヨーグルト

4　水

5　カステラ

問題81　ADL（Activities of Daily Living：日常生活動作）に支障がある人の自助具に関する次の記述のうち、**適切なもの**を１つ選びなさい。

1　フォークやスプーンは握りやすくするために握る部分を細くする。

2　ばねで固定してある箸^{はし}は、関節リウマチ（rheumatoid arthritis）がある人には適していない。

3　長い柄のついたヘアブラシを使うことで、関節を曲げずに後頭部の髪の毛をとかすことができる。

4　ボタンエイドは、スナップボタンを留めるための自助具である。

5　角度をつけた皿の縁は、手前が高くなるように作られている。

問題82　室内環境の整備に関する次の記述のうち、**適切なもの**を１つ選びなさい。

1　障子やふすまなどの引き戸は、開閉がしやすい。

2　開き戸を設置する場合には、原則、内開きにする。

3　縦手すりの直径は、32 ～ 36mm 程度が握りやすい。

4　横手すりを壁面に設置する場合、高さは700mm 程度とする。

5　階段の蹴上げは、「建築基準法」で20cm 以下と定められている。

問題83 Fさん（70歳、女性）は、アルツハイマー型認知症（dementia of the Alzheimer's type）と診断されて6年が経過し、1か月前に特別養護老人ホームに入所した。食事の動作はできるが、食事を食べ始めるまでに時間がかかり、食べるときと食べないときの摂取量に差が出るようになった。

　　Fさんの食事の介護の方法として、**最も適切なもの**を1つ選びなさい。

1　食事を全部食べることを目的に、介護福祉職が全介助をした。

2　食事の量が多いと考えて、介護福祉職の判断で食事提供量を減らした。

3　食事の食べ始めに、介護福祉職が手を添えて動作を促した。

4　食事の全量摂取が難しいときに、主食を中心に食べるように促した。

5　食事だけで、1日に必要な水分を摂取するように介助した。

問題84　左片麻痺のある人の入浴の介助に関する次の記述のうち、**適切なもの**を1つ選びなさい。

1　左側から湯をかける。

2　脱衣の際には左側から脱ぐ。

3　入浴中に左側の手足の伸縮運動を行う。

4　介助は、差恥心に配慮して利用者の身体から離れて行う。

5　左足から浴槽に入る。

問題85　計算能力が低下している利用者の買い物に付き添った際の介助に関する次の記述のうち、**最も適切なもの**を1つ選びなさい。

1　出かける前に、所持金を確認する。

2　レジを通る際には、利用者に支払いをしてもらい、介護福祉職は帰宅してから残額を確認する。

3　購入するつど、価格を伝え合計を計算してもらう。

4　出かける前に予算を立て、その範囲で買い物ができるように見守る。

5　財布を預かり、すべて介護福祉職が支払う。

問題86 特別養護老人ホームで生活しているGさん（87歳、女性）は左片麻痺があり、起き上がりが困難な状態である。最近は下痢が続いており便意が我慢できない状態となっているため、下痢が治まるまでおむつを着用することにした。現在もGさんから排便の訴えがあった際は、ベッド上で排泄介助を行っている。

　　Gさんの排泄の介護に関する次の記述のうち、**最も適切なもの**を1つ選びなさい。

1　介護者は皮膚の観察を行うために、身体には何もかけずに介護を行う。
2　陰部清拭を行う際は、蒸しタオルで中心部を後ろから前に向かって拭く。
3　陰部清拭の際は、拭き残しのないように蒸しタオルで強く拭き取るようにする。
4　陰部洗浄の際は38～40℃のぬるま湯で行う。
5　下痢の際は脱水予防のため、経口摂取が可能なら、冷水を100mLずつ補給する。

問題87　安眠の介助に関する次の記述のうち、**最も適切なもの**を1つ選びなさい。

1　安眠のためには、規則正しい生活リズムを整える。
2　就寝前にコーヒーを摂取することは安眠のために必要である。
3　空腹時には、安眠しやすい。
4　就寝直前に、43℃くらいの湯で入浴する。
5　枕は小さめのものを使用する。

問題88　清潔保持に関する次の記述のうち、**適切なもの**を1つ選びなさい。

1　清拭を行う際には、上肢は肩から手先に向かって拭く。
2　足浴を行う場合には、両足を持ち上げて洗う。
3　座位が可能であっても、手浴は仰臥位で行う。
4　清拭を行う場合、全身の清拭が終わってから乾いたタオルで水分を拭き取る。
5　シャワー浴は、通常の入浴より体力の消耗が少ない。

問題89 誤嚥に関する次の記述のうち、正しいものを1つ選びなさい。

1　唾液の分泌量の減少によっても、誤嚥を起こしやすくなる。

2　誤嚥を予防するため、右片麻痺の人の場合、口腔の右側へ食べ物を入れる。

3　食事前に眠そうにしていても、食事を始めれば目覚めるため誤嚥を起こすことはない。

4　寝たきりの人の場合、寝た状態で食事をしても誤嚥を起こすことはない。

5　水分で誤嚥を起こすことはない。

問題90 片麻痺のある利用者の前開きの上着の着脱の介助に関する次の記述のうち、適切なものを1つ選びなさい。

1　上着を脱ぐ際には、健側の手で患側の襟元をつかんでもらう。

2　介助者は、利用者の健側から介助する。

3　上着を着る際には、前身頃を上にして、裾が膝の上にくるように置く。

4　健側の袖からしっかりと通す。

5　ボタンは、介助者がすべてかける。

問題91 ベッド上での食事介助に関する次の記述のうち、**適切なもの**を1つ選びなさい。

1 ベッド上の姿勢は、頸部後屈姿勢にする。

2 スプーンを利用者の口に入れるときは、上から口元に向けて近づける。

3 食後は、口の中に食べ物が残っていないかを確認する。

4 食事が終わったら疲れないようにすぐに寝てもらう。

5 介助者は、利用者を見上げる高さで座る。

問題92 災害時の支援に関する次の記述のうち、**適切なもの**を1つ選びなさい。

1 公民館は、指定の有無にかかわらず福祉避難所として機能する。

2 災害時にはDWATによって医療従事者が派遣される。

3 介護職は、特殊な環境下であっても、インフォームド・コンセントは必ず行う。

4 福祉避難所には非常食が備蓄されていないため、支援物資を活用しなければならない。

5 災害直後には、生理的欲求への支援のみが優先される。

問題93 口腔ケアに関する次の記述のうち、**適切なもの**を1つ選びなさい。

1 義歯は、朝装着した後、夕食後まで取り外さない。

2 口腔ケアは、毎食後に行う。

3 片麻痺がある場合、健側の頬部の口腔清掃を特に丁寧に行う。

4 経管栄養を行っている場合には、口腔内をよく乾燥させてから口腔清掃を行う。

5 外した義歯は、ブラッシングした後、十分に乾燥させる。

問題94 ベッドと布団に関する次の記述のうち、**適切なもの**を1つ選びなさい。

1 布団は、床との間に隙間がないため湿気がこもりやすい。

2 ベッドは、ほこりなどが直接顔にかかりやすい。

3 布団は、体位変換を行いやすい。

4 ベッドは、音や振動が直接伝わる。

5 ベッドは、介助者が腰痛などを起こしやすい。

問題95 QOL（Quality of Life：生活の質）とADL（Activities of Daily Living：日常生活動作）に関する次の記述のうち、**正しいもの**を1つ選びなさい。

1 QOLには、生きがいや人生の満足度も関係している。

2 介護福祉士には、利用者のQOLよりADLを高める役割が求められている。

3 利用者への生活支援においては、利用者の自立度の向上に限定して支援していかなければならない。

4 介護とは、QOLの向上のみを目指した支援である。

5 生活全体が不快でなく、利用者が望む生き方を実現できるような援助が、利用者のADLの維持・向上につながる。

問題96 Hさん（80歳、男性）は、1年半前に発症した脳梗塞（cerebral infarction）の後遺症として右片麻痺と失語症（aphasia）があり、週3回、訪問介護（ホームヘルプサービス）を利用している。Hさんは右利きだが、食事は左手でスプーンを使って自分で食べている。介護職員はスプーンの操作の介助と嚥下できているかの見守りを行っている。

Hさんの食事の介護として、**最も適切なもの**を1つ選びなさい。

1 介護職員はHさんの左側に座り、同じ目線の高さで介助する。

2 Hさんがご飯から食べ始めたので、急いで止めた。

3 箸で食事をするように指示した。

4 食後の口腔ケアでは、患側は介護職員が歯磨きを行う。

5 食事の際、右手は膝の上に置くように促した。

問題97 クーリング・オフに関する次の記述のうち、**適切なもの**を1つ選びなさい。

1 モニター商法のクーリング・オフ期間は、8日間である。

2 通信販売は、クーリング・オフの対象外であり、どのような場合でも返品することはできない。

3 クーリング・オフ期間は、申込書面か契約書面のいずれか早いほうを受け取った日から起算する。

4 電磁的記録でクーリング・オフを行うことはできない。

5 訪問購入のクーリング・オフ期間は20日間である。

問題98 右片麻痺の利用者の杖歩行の際の、介護福祉職の声かけとして**適切なもの**を1つ選びなさい。

1 「階段を上がるときは、最初に左足を一段上に乗せましょう」

2 「溝を越えるときは、左足からまたぎましょう」

3 「階段を下りるときは、最初に杖を一段下につきましょう」

4 「私が左側の後ろで支えますから安心してください」

5 「階段を下りるときは、体重が右足にかかるようにしましょう」

問題99 洗濯に関するマークのうち、次のマークが表しているのは何か、正しいものを1つ選びなさい。

1 水温40℃を限度に、手洗いができる。

2 水温30℃を限度に、手洗いができる。

3 水温40℃以上で、手洗いができる。

4 水温50℃を限度に、手洗いができる。

5 水温50℃以上で、手洗いができる。

問題100 ベッド上での洗髪の介護に関する次の記述のうち、**最も適切なもの**を1つ選びなさい。

1 利用者の頭部をそらせるようにしてケリーパッドに入れる。

2 洗髪の前にブラシで少しずつとかし、汚れを浮かす。

3 毛先にしっかり湯をかけて、毛先を中心にシャンプーをなじませながら洗う。

4 シャンプーが終わったら、すぐに湯を流して泡を落とす。

5 髪を乾かすときは、毛先を中心にドライヤーを当てる。

問題101 食生活に関する次の記述のうち、**適切なもの**を1つ選びなさい。

1 消化管ストーマを造設している人の場合、食材を細かく刻む、一度にたくさん摂取しないなどの注意が必要である。

2 呼吸器機能障害がある人の場合、1日3回食とし、それぞれしっかりと食べるようにする。

3 血液透析を受けている人の場合、塩分・水分制限はない。

4 食物繊維が多く含まれている根菜には糖質が多く含まれているものがあるので、糖尿病（diabetes mellitus）の人は避けなければならない。

5 心臓病の人の場合、消化しやすい高カロリーの食事をとるようにする。

問題102 入浴時の急変に関する次の記述のうち、**適切なもの**を1つ選びなさい。

1 浴槽内でぐったりしている場合、浴槽の湯をそのままにして助けを呼ぶ。

2 脳貧血を起こした場合には、脱衣所まで移動してしゃがんでもらう。

3 のぼせた場合には、浴槽に浸かったままで冷たいタオルを顔にあてて冷やす。

4 立ちくらみを起こさないためには、浴槽からゆっくりと立ち上がる。

5 熱湯によるやけどが浅く、範囲が限られている場合にも救急車を要請する。

問題103 視覚に障害のある人の誘導に関する次の記述のうち、**適切なもの**を1つ選びなさい。

1 介護福祉職の身長が利用者より低い場合、利用者に介護福祉職の肩をつかんでもらう。

2 階段の前では、階段に平行に立っていったん止まる。

3 介護福祉職が歩きやすい速さで歩く。

4 利用者に不安感を与えないように、声かけは最低限にする。

5 トイレへの誘導は、プライバシーに配慮してドアのところまでにする。

問題104 部分浴の介助に関する次の記述のうち、**適切なもの**を1つ選びなさい。

1 足浴は、足を清潔にするだけで、身体は温まらない。

2 部分浴であっても、利用者のプライバシーに配慮することが必要である。

3 足浴は、起床直後に行うとリラックス効果が高くなる。

4 洗髪は、どの利用者に対しても毎日実施する。

5 関節リウマチ（rheumatoid arthritis）で手指などに関節拘縮がある場合、手浴は行わないほうがよい。

問題105 Ｉさん（75歳、男性）は一人暮らしで、パーキンソン病（Parkinson disease）のため訪問介護（ホームヘルプサービス）を利用している。手の震えがひどいため、自分で調理をすることができない。また、最近は嚥下がうまくできなくなっている。スプーンなどの自助具は使用している。訪問介護員（ホームヘルパー）が調理を行っているが、食べ残していることが多い。

Ｉさんの食事を作る際に注意する点として、**適切なもの**を1つ選びなさい。

1 めん類は細かく切って、自助具のスプーンですくえるようにする。

2 カステラを一口大に切り、一つひとつにつまようじを刺しておく。

3 主食は餅にしてもらう。

4 野菜の煮物は、具材を大きめに切って作る。

5 スープには、とろみをつけないようにする。

介護過程

問題106 介護過程に関する次の記述のうち、**適切なもの**を1つ選びなさい。

1 利用者の自己決定を尊重し、利用者の要求を無制限に聞き入れる。

2 利用者の自己決定を尊重するが、個別性には配慮しない。

3 介護職のみによるチームケアを実践する。

4 介護職の経験に基づいて利用者の状態を把握する。

5 根拠ある介護を実践する。

問題107 ケースカンファレンスに関する次の記述のうち、**適切なもの**を1つ選びなさい。

1 ケースカンファレンスは、必ずすべての職種が参加して行われる。

2 情報を共有することは、ケアの質の向上につながる。

3 参加者の意見交換の場のため、司会者は事前準備する必要はない。

4 事例提供者の発表に問題点があれば、批判することもある。

5 終了時間はあらかじめ決めずに開催する。

問題108 介護過程の評価に関する次の記述のうち、**適切なもの**を1つ選びなさい。

1 プロセスの評価では、当初の計画通りに進んでいるかどうかを評価し、手順が変更されている場合には、もとに戻す。

2 内容を評価する場合には、現在の状況だけで判断する。

3 効果を評価する場合、効果があったかどうかについて判断する。

4 評価の目的として、計画の妥当性を測ることが含まれている。

5 評価においては、新たな生活課題についての検討は行われない。

問題109 介護過程でのアセスメントに関する次の記述のうち、**適切なもの**を1つ選びなさい。

1 面接は、必ず面接室で行う。

2 情報は、利用者の主観的視点のみを収集する。

3 記録からの情報収集は、関係職種が作成したもののみ活用する。

4 生活課題を明確化する。

5 情報分析や解釈では、他者と比較することも必要である。

次の事例を読んで、**問題110**、**問題111**について答えなさい。

〔事　例〕

　Ｊさん（80歳、女性、要支援１）は、夫はすでに他界し息子夫婦と同居し３人で暮らしている。２か月前に玄関で転倒し右上腕骨近位部を骨折（fracture）した。息子の車で月に１回通院している。室内の移動は杖を使って自力で行うことができる。昔から手先が器用で編み物を楽しんでいたが、骨折（fracture）後は行っていない。

　通所リハビリテーションを週１回利用している。自宅では、入浴、排泄、更衣、整容などを息子の妻が介助している。食事は、何とか自力で食べている。最近、天井に虫が這っている、人影が見えるなど幻視が発症した。また、歩行にも支障がでてきた。

問題110　Ｊさんに対する「サービスの標準化とサービスの個別化」の視点から、通所リハビリテーションに勤務している介護福祉職の対応として**最も適切なものを１つ選びなさい**。

1　幻視の訴えに対しては、現実ではないと何度も説明する。

2　通所リハビリテーションでは、利用者に平等に同じサービス内容を提供する。

3　骨折（fracture）する前に行っていた編み物を、現在の状態でも行えるように工夫して促す。

4　手先が器用であるので、おしぼりたたみやエプロンたたみをリハビリとして促す。

5　Ｊさんの上腕のリハビリ目的で、ラジオ体操を必ず実施してもらう。

問題111　Ｊさんの状況について、ICF（International Classification of Functioning, Disability and Health：国際生活機能分類）の個人因子に当てはまるものとして、**最も適切なものを１つ選びなさい**。

1　息子夫婦と同居

2　脳梗塞（cerebral infarction）

3　室内は杖を使って移動

4　編み物

5　通所リハビリテーション（週１回）

次の事例を読んで、**問題112**、**問題113**について答えなさい。

〔事　例〕

　Kさん（82歳、男性）は妻のLさん（78歳）と二人暮らしである。Kさんは糖尿病性網膜症（diabetic retinopathy）による視力低下のため、60歳頃から生活全般においてLさんの介護を受けている。2年程前からLさんの持病の狭心症（angina pectoris）が次第に悪化していて介護が困難になってきていることと、最近、Kさんの足腰が弱ってきていることにより、ときどき排泄の失敗をするようになった。Lさんは「排泄の失敗による着替えと清掃がなければこのままでも大丈夫」と話している。Kさんは「今の生活を維持したい。そのためにも体調不良の妻に負担をかけないように、なるべくトイレに行かないように水分をあまり摂らないようにしている。妻に介助されずに自分でトイレに行けるようになりたい」と話している。

問題112　Lさんの最も大きな負担として、**最も適切なもの**を1つ選びなさい。

1　排泄時の移動介助

2　排泄の失敗

3　Kさんの排便

4　Kさんの持病

5　Kさんの足腰の弱り

問題113　Kさんの短期目標として、**最も適切なもの**を1つ選びなさい。

1　パッドを使用して自分で処理する。

2　水分を我慢してトイレの回数を少なくする。

3　足腰が丈夫になればすべての問題が解決するため、機能訓練を行う。

4　夫婦で入居できる有料老人ホームを探す。

5　ポータブルトイレを活用して、介助がなくても排泄できるようにする。

総合問題

総合問題 1

次の事例を読んで、**問題114**から**問題116**までについて答えなさい。

〔事　例〕

　Mさん（87歳、女性）は、10年前に夫が亡くなってから一人暮らしである。自分で料理を作ることが好きなため、毎日、献立を変えるなど工夫しながら過ごしてきた。

　最近になって、膝（ひざ）の具合が悪くなり、痛みのために歩けないほどになった。病院で変形性膝関節症（かんせつしょう）（knee osteoarthritis）と診断され、週1回通院して注射と投薬治療を受けているが、なかなか痛みがとれない。このため、食事のための買い物に行くのも難しくなり、自宅でじっとしていることが多い。食事は配食サービスを利用している。

問題114 変形性膝関節症（knee osteoarthritis）に関する次の記述について、**適切なもの**を１つ選びなさい。

1 男性に多くみられる。

2 やせている人に多くみられる。

3 膝関節に突起ができるために膝関節が変形する。

4 ○脚の人に多くみられる。

5 先天性要因によることが多い。

問題115 Mさんは、民生委員の勧めで要介護認定を受けてみたところ、要介護２に認定された。訪問介護(ホームヘルプサービス)を週１回利用することになり、N訪問介護員(ホームヘルパー)が初めて訪問した。

初回訪問におけるN訪問介護員（ホームヘルパー）のMさんへの声かけとして、**最も適切なもの**を１つ選びなさい。

1 「どのようなことをお手伝いすればよいですか」

2 「すべて私がやりますので見ていてください」

3 「じっとしていると歩けなくなりますよ」

4 「亡くなったご主人のことを教えてください」

5 「家の中が散らかっていますね」

問題116 Mさんが自分で料理をしたいと言ったときのN訪問介護員（ホームヘルパー）の対応として、**適切なもの**を１つ選びなさい。

1 台所にいすを用意して、Mさんの膝の保護を考える。

2 N訪問介護員（ホームヘルパー）が献立を考える。

3 N訪問介護員（ホームヘルパー）が勝手に食材を購入してくる。

4 Mさんの了解を得ずに配食サービスを断る。

5 Mさんに指示してもらってN訪問介護員（ホームヘルパー）が調理する。

次の事例を読んで、**問題117**から**問題119**までについて答えなさい。

〔事　例〕

　Ｏさん（25歳、男性）は、大学を卒業後、就職して一人暮らしをしている。子どもの頃から部屋の片づけができず、母親からよく注意されていた。大学時代にも下宿生活を送っていたが、片づけられず、台所には使った食器が山積みになっていたり、部屋の中が足の踏み場がないほどに散らかっていた。片づけようと思っても、途中でほかのことが気になってしまい、片づけはやりかけのままになってしまっていた。

　就職してからも、仕事に集中できず、言われたことを覚えられない。上司からは度々注意され、ミスも重なるようになっている。

問題117 Oさんに疑われる疾患として、**適切なもの**を1つ選びなさい。

1 自閉症スペクトラム障害（autism spectrum disorder）

2 学習障害（learning disorder：LD）

3 反応性愛着障害

4 注意欠陥多動性障害（attention deficit hyperactivity disorder：ADHD）
  ちゅう い けっかん た どうせいしょうがい

5 強迫性障害

問題118 症状が重くなった場合にOさんが受けられる「障害者総合支援法」に基づいたサービスについて、**正しいもの**を1つ選びなさい。

1 訪問介護（ホームヘルプサービス）

2 居宅療養管理指導

3 同行援護

4 看護小規模多機能型居宅介護

5 行動援護

問題119 自分に何か障害があるのではないかと疑ったOさんは、近所の総合病院を受診し、治療を受けることになった。

治療に参加することになったソーシャルワーカーがOさんに助言する内容として、**適切なもの**を1つ選びなさい。

1 上司や同僚には疾患のことを伝えない。

2 会社の仕事や、約束事については必ずメモをとる。

3 部屋の片づけをする際には、一気に全部行う。

4 実家に戻って片づけなどは全部母親にやってもらう。

5 会社を退職する。

次の事例を読んで、**問題120**から**問題122**までについて答えなさい。

〔事　例〕

　Pさん（86歳、男性）は要介護1で、1年前に狭心症となり、現在は定期的な通院と内服治療を継続している。Pさんは入浴を日々の生活の楽しみとしていたが、入浴に対する不安があり「お風呂が楽しみでなくなってきた」と話している。入浴の回数を減らすために、汗をかかないようにと家の中でじっとしていることが多くなり、そのため身体機能面の低下も進んだ。以前はひとりで入浴していたが、現在は家族の支援が必要となり「こんな苦労を家族にさせてしまい申し訳ない」と発言することが多くなっている。

　自宅はPさんが30代前半に建てたもので、浴室は北側の日の当たらない場所に位置し、脱衣場と浴室には段差があり、浴室床は滑りやすく浴槽の縁の高さも高いといった環境である。

問題120 狭心症の症状に関する次の記述のうち、**正しいもの**を１つ選びなさい。

1 心筋が壊死する状態。

2 心臓の機能が低下し、血液を送り出せなくなった状態。

3 心臓内の弁膜の開閉に異常がある状態。

4 冠動脈の血流が低下し、心臓が一時的に酸欠となる状態。

5 不整脈がある状態。

問題121 Ｐさんの入浴における環境を整える支援について、**最も適切なもの**を１つ選びなさい。

1 浴槽の縁の高さは20cmほどに低くしたほうがよい。

2 ヒートショック予防のために脱衣場と浴室の温度差をなくすようエアコンなどで調整する。

3 浴室内の手すりの設置は移動するための横型の手すりのみとするのが望ましい。

4 シャワーチェアは浴槽で温まった後に心拍を安定させるための自助具である。

5 浴槽内いすは半身浴が必要な人のための自助具である。

問題122 Ｐさんが安心して入浴できる方法の検討について、**最も適切なもの**を１つ選びなさい。

1 浴室の改修を行うことで、Ｐさんの入浴に対する不安は解消される。

2 身体的な不安が最も大きいので、シャワーやドライシャンプー、清拭を中心とした支援方法に切り替える。

3 入浴は熱めの湯で短時間とするのが望ましい。

4 入浴全般に対する不安が大きいため、Ｐさんからの不安要素を確認する必要がある。

5 入浴中に体調の変化がなければ、入浴後は観察の必要はない。

次の事例を読んで、**問題123**から**問題125**までについて答えなさい。

〔事 例〕

　Qさん（75歳、女性）は、53歳から関節リウマチ（rheumatoid arthritis）を発症し、自宅で一人暮らしをしていた。半年前に買い物の途中で転倒した際に、利き手の右手首を骨折（fracture）し手術を受け、現在はリハビリ目的で介護老人保健施設に入所をしている。手指や右手首の痛みが強く、食事や入浴にも不便をきたしている状態である。また、膝や足の関節に変形があり、移動時の転倒を心配している。

　Qさんは、リハビリも休みがちである。「痛みがちっとも消えないし、このままリウマチもひどくなって、一人暮らしなんか無理にきまっている…」と在宅復帰に自信を失い、消極的である。

問題123 Qさんへの介護福祉職の対応として、**最も適切なもの**を1つ選びなさい。

1 利き手に骨折（fracture）があり食事に不便をきたしているので、食事は全介助とする。

2 入浴の一連の動作は移動も含み疲れるので、疲労や転倒予防のため全介助とする。

3 もっとリハビリに参加できるよう痛み止めを処方してもらえないか、看護師や主治医に相談する。

4 動作や自助具の活用法について、理学療法士や作業療法士と相談する。

5 在宅復帰を目標に、以前できていたことは自分でできるよう、リハビリに励むことを促す。

問題124 Qさんの日常の生活支援で注意することとして、**最も適切なもの**を1つ選びなさい。

1 関節に負担がかからないように、体重増加に注意する。

2 関節の保護、変形防止などを重視した靴を選ぶようにする。

3 リウマチの症状は日内変動があるので、状態が悪い時を基準にして介助する。

4 膝や足の関節に変形があり、転倒の不安があるのでできるだけ外出は控える。

5 トイレへの移動、排泄行為は負担になるので、水分を控えるように促す。

問題125 Qさんの生活支援に有効な福祉用具として、**最も適切なもの**を1つ選びなさい。

1 円座

2 エアーマットレス

3 ソックスエイド

4 コミュニケーションエイド

5 スライディングボード

介護福祉士国家試験

第1回　模擬試験

解答・解説

第1回模擬試験　解答一覧

科目名	問題番号	解答番号
人間の尊厳と自立	問題1	3
	問題2	5
人間関係とコミュニケーション	問題3	3
	問題4	2
	問題5	1
	問題6	2
社会の理解	問題7	1
	問題8	3
	問題9	4
	問題10	5
	問題11	2
	問題12	4
	問題13	3
	問題14	2
	問題15	3
	問題16	3
	問題17	1
	問題18	1
こころとからだのしくみ	問題19	2
	問題20	2
	問題21	4
	問題22	2
	問題23	1
	問題24	4
	問題25	1
	問題26	5
	問題27	4
	問題28	4
	問題29	5
	問題30	2
発達と老化の理解	問題31	3
	問題32	1

科目名	問題番号	解答番号
発達と老化の理解	問題33	3
	問題34	2
	問題35	3
	問題36	1
	問題37	1
	問題38	2
認知症の理解	問題39	2
	問題40	4
	問題41	3
	問題42	5
	問題43	2
	問題44	2
	問題45	2
	問題46	2
	問題47	5
	問題48	2
障害の理解	問題49	1
	問題50	4
	問題51	4
	問題52	2
	問題53	1
	問題54	1
	問題55	3
	問題56	4
	問題57	1
	問題58	5
医療的ケア	問題59	2
	問題60	3
	問題61	1
	問題62	3
	問題63	3

科目名	問題番号	解答番号
介護の基本	問題64	3
	問題65	3
	問題66	1
	問題67	2
	問題68	3
	問題69	3
	問題70	1
	問題71	1
	問題72	3
	問題73	3
コミュニケーション技術	問題74	3
	問題75	5
	問題76	2
	問題77	5
	問題78	1
	問題79	2
生活支援技術	問題80	5
	問題81	1
	問題82	4
	問題83	3
	問題84	5
	問題85	4
	問題86	1
	問題87	1
	問題88	2
	問題89	3
	問題90	3
	問題91	2
	問題92	2
	問題93	5
	問題94	3
	問題95	1

科目名	問題番号	解答番号
生活支援技術	問題96	2
	問題97	1
	問題98	2
	問題99	3
	問題100	3
	問題101	3
	問題102	2
	問題103	3
	問題104	3
	問題105	5
介護過程	問題106	1
	問題107	3
	問題108	2
	問題109	1
	問題110	5
	問題111	1
	問題112	5
	問題113	4
総合問題	問題114	1
	問題115	1
	問題116	4
	問題117	3
	問題118	3
	問題119	1
	問題120	2
	問題121	2
	問題122	5
	問題123	3
	問題124	1
	問題125	5

人間の尊厳と自立　解答・解説

☑☑ | **問題1** | 自立支援 | 正答 3 | 重要度 ★★

1　✕　脊柱管狭窄症（せきちゅうかんきょうさくしょう）は、歩行している途中で痛みがひどくなり歩くのが困難になるが、**休むことでまた歩行できる**ようになるのが特徴的症状である。杖を両手に持って体を支えながら歩行している場合、荷物を持つことが難しく、適切な助言ではない。●POINT●

2　✕　Aさんが家事をすべて行った場合、**症状が悪化**することも考えられる。適切な助言ではない。

3　○　Aさんに無理なことは夫が手助けし、AさんにもできることはAさんがやるというように**役割分担**し、夫が自分の時間をもてるようにすることは大切である。適切な助言である。●POINT●

4　✕　Aさんの外出の機会を増やすことは大切である。しかし、Aさんの状態から**買い物は困難**と考えられる。別の方法でAさんの外出の機会を増やすことを検討すべきである。

5　✕　夫が自分の趣味の集まりなどに出かけて**気分転換**をすることも大切であるが、趣味を優先するよう助言するのは最も適切ではない。

☑☑ | **問題2** | 人間の尊厳 | 正答 5 | 重要度 ★★

1　✕　「日本国憲法」第25条では、「**健康で文化的な最低限度の生活を営む権利**」について規定している。尊厳という文言は使用されていない。

2　✕　「日本国憲法」第13条では、「すべて国民は、個人として尊重される」ことを保障している。したがって尊厳という**理念的価値**は、障害者だけでなく、すべての人にあてはまる。●POINT●

3　✕　「障害者基本法」第3条では、「全ての障害者が、障害者でない者と等しく、基本的人権を享有する個人としてその尊厳が重んぜられ、その**尊厳にふさわしい生活を保障される**」としている。●POINT●

4　✕　理念とは、物事の根本となる考え方をいい、理念的価値とは、**根本をなす価値**ということができる。

5　○　人間の尊厳とは、すべての人が、一人ひとりの**個人として尊重**されることである。

人間関係とコミュニケーション　解答・解説

☑
☑ **問題3** | 会議のプロセス | 正答 3 | 重要度 ★★

1　✕　会議においては、優先順位の高いものから議論する。最も優先度が高いのは、**重要度も緊急度も高いもの**である。 ●POINT●

2　✕　**反対意見**は、会議中に発言する。**その場でする**のが原則である。

3　○　会議中に問題点が明らかになった場合、その問題点が解決されたときのあるべき姿について議論し、**ゴールイメージをメンバー全員で共有**する。

4　✕　会議で決定した事項の評価は、**次の会議開催までに行う**。評価では、成功例、失敗例それぞれに要因を検討し、書面などにまとめる。

5　✕　会議中には、反対意見を発言することはあるが、他者の意見を**否定**したり、途中で遮ったりすることはしない。 ●POINT●

☑
☑ **問題4** | 難聴のある利用者とのコミュニケーション | 正答 2 | 重要度 ★★

1　✕　老人性難聴のある人に対して大きな声で耳のそばで話すことは、かえって聞きづらくなることがある。Bさんのそばで**普通の声でゆっくりと話す**ようにする。

2　○　食事の用意を手伝う際には、会話だけで伝えるのではなく、使用する食材を示しながら伝えるとBさんの視覚を利用することになりわかりやすくなる。**会話と視覚を活用する**ことは適切である。 ●POINT●

3　✕　Bさんはまったく聞こえないのではなく、聞き取りにくい状態である。**言語メッセージと非言語メッセージを併用**していくことが必要である。 ●POINT●

4　✕　Bさんはまったく聞こえていないのではない。筆談を活用することは、Bさんの残された聴力を否定することにもなる。Bさんの**残存能力を活かす支援**が必要である。

5　✕　できるだけ話しかけないようにすることは、Bさんを否定することにもつながる。Bさんとコミュニケーションをとるための方法を考え、できるだけ会話することが必要である。

ステップＵＰ　コミュニケーションの分類

言語的 コミュニケーション	非言語的 コミュニケーション
言葉を通じて伝達すること ・手紙やメール、点字・手話も含む 　この方法を用いるのが言語メッセージ	言葉以外の方法で伝達すること ・表情やしぐさ、身振り、目線、姿勢など 　この方法を用いるのが非言語メッセージ

問題5	組織における情報の流れ	正答	重要度
		1	★★

1　○　**下意上達**は現場の意見を上層部へ伝えて、意思疎通を図るコミュニケーション方法で、**ボトムアップ**ともよばれる。業務報告や相談、現場からの情報、提案などが挙げられる。

2　×　上意下達のメッセージは**トップダウン**ともよばれ、上層部の決定事項が組織全体に伝わることによって迅速な通達や実行につながる。

3　×　**水平的なコミュニケーション**は、メンバーとしてはたらく同じ階層でのコミュニケーションをいい、横のつながりである。**非公式な情報伝達**が多く行われる。

4　×　水平的な横のつながりによるコミュニケーションでは、目標に向かってメンバーが協働するための**メンバーシップ**が養われる。メンバーシップは、グループに所属しているメンバーがそれぞれの役割を果たし、**グループに貢献する**ことをいう。　●POINT●

5　×　組織の活動を調整するのは、水平的なコミュニケーションである。グループで活動する場合、**メンバー間で業務を調整**しながら協働、連携するために横のつながりが欠かせない。

1　✕　チームマネジメントは、チームが行動するために必要な**目標を設定**し、その目標達成のためにチームメンバーを適切に管理・調整したり、さまざまな**社会資源を効率的に活**用したりする**仕組みを整える**はたらきをいう。●POINT●

2　○　チームでは、目指すべき目標やケアの方針をさまざまな職種で構成されるメンバーで共有し、個々の役割を果たすとともに、**メンバー同士の連携や協働によって課題を達成**する。

3　✕　チームは、**リーダー**と**フォロワー**で構成される。

4　✕　質問によってフォロワーの自発性を促し、答えを引き出すことを**コーチング**という。**ティーチング**は、リーダーが必要な知識や技術などを教えることをいい、職務を通じた訓練である**OJT**で行われる。

5　✕　**Off-JT**は、職場外で行われる研修会に介護職が参加したり、外部講師を職場に招いたりして研鑽を積む方法である。

ステップ⬆️P　リーダーシップとフォロワーシップ

リーダーシップ	リーダーが発揮すべき意識や行動。チームをまとめ、統率していく資質や能力が求められる
フォロワーシップ	チームの目標達成のためにリーダーを補佐・支援する機能。自発的・自律的な判断・行動が求められる

社会の理解　解答・解説

問題7	ケースワークの発展	正答	重要度
		1	★

1　○　リッチモンドはアメリカの慈善組織協会の活動に関わった人物で、個人だけでなく、個人をめぐる環境にも目を向けることが必要とした。救済計画を立てるためには徹底した調査・分析・診断が不可欠とし、その方法を『社会診断』にまとめた。 ●POINT●

2　✕　マルサスはイギリスの経済学者で、人口論を唱えた人物である。

3　✕　アダムスは、アメリカのシカゴに世界最大規模のセツルメント・ハウスであるハル・ハウスを設立した人物である。

4　✕　バーネット夫妻は、イギリスのスラムでセツルメント活動を始めた人物である。

5　✕　ダーウィンは、優生思想が広まるきっかけとなった『種の起源』を発表した人物である。

問題8	ワーク・ライフ・バランス	正答	重要度
		3	★★

1　✕　「仕事と生活の調和（ワーク・ライフ・バランス）憲章」では、仕事と生活の調和が実現した社会を「国民一人ひとりがやりがいや充実感を感じながら働き、仕事上の責任を果たすとともに、家庭や地域生活などにおいても、子育て期、中高年期といった人生の各段階に応じて多様な生き方が選択・実現できる社会」と定義している。そして、具体的に①就労による経済的自立が可能な社会、②健康で豊かな生活のための時間が確保できる社会、③多様な働き方・生き方が選択できる社会、の3つを挙げている。若者が必ず就労する社会は掲げられていない。 ●POINT●

2　✕　経済的自立のために働き続ける社会は掲げられていない。

3　○　上記の、具体的な社会の③として掲げられている。

4　✕　健康のための時間が確保できる社会は掲げられていない。

5　✕　男性が仕事に集中できる社会は掲げられていない。

| 問題9 | 介護給付サービス | 正答 4 | 重要度 ★★★ |

1　✕　行動援護は、知的障害または精神障害により行動上著しい困難を有する者が行動する際に生じる危険を回避するために必要な援護や、外出時の移動の介護などを行うサービスである。視覚障害者であるＣさんには不適切である。

2　✕　重度障害者等包括支援は、介護の必要性が著しく高い者に、居宅介護その他の障害福祉サービスを包括的に行うものである。外出時の介護ではない。

3　✕　生活介護は、常に介護を必要とする者に、主に昼間、障害者支援施設などで入浴、排泄、食事の介護等を行うとともに、創作的活動または生産活動の機会を提供するサービスである。外出時の行動を援護するものではない。

4　〇　同行援護は、視覚障害により、移動に著しい困難を有する者に対し、外出時に同行し、移動に必要な情報を提供するとともに、移動の援護等の便宜を供与するサービスである。Ｃさんに適したサービスである。●POINT●

5　✕　居宅介護（ホームヘルプ）は、居宅において入浴、排泄、食事の介護等を行うサービスである。外出時の行動を援護するサービスではない。

| 問題10 | 障害者虐待防止法 | 正答 5 | 重要度 ★★★ |

1　✕　「障害者虐待防止法」第2条では、障害者を「障害者基本法」に規定する障害者としている。

2　✕　同法第2条では、養護者を「障害者を現に養護する者であって障害者福祉施設従事者等及び使用者以外のもの」としている。障害者福祉施設従事者等は含まれていない。

3　✕　障害者虐待の種類は、身体的虐待、ネグレクト、心理的虐待、性的虐待、経済的虐待の5種類である。

4　✕　障害者の福祉に職務上関係のある者および使用者は、障害者虐待の早期発見に努めることとされている。努力義務である。

5　〇　同法第1条では、障害者虐待は「障害者の尊厳を害するものであり、障害者の自立及び社会参加にとって障害者に対する虐待を防止することが極めて重要である」としている。●POINT●

問題11　社会保障関係費と社会保障給付費

正答	重要度
2	★★

1　×　社会保障給付費のうち、**年金が約5割**、**医療が約3割**、福祉その他が約2割である。

2　○　一般歳出に占める社会保障関係費の**割合**は、2022年度の約54％に対して2023年度は約51％に**減少**している。

3　×　社会保障給付費は、**保険料と公費、資産収入等**で賄われている。

4　×　2023年度の社会保障給付費は約134.3兆円で、150兆円を**超えていない**。　●POINT●

5　×　社会保障給付費の**福祉その他**に、介護や子ども・子育ての給付が含まれている。

問題12　介護保険の被保険者

正答	重要度
4	★★★

1　×　介護保険では、40歳以上で要件に該当すると本人の意思に関係なく被保険者となる。**強制加入**である。　●POINT●

2　×　介護保険では、日本国籍を有していても日本国内に住所を有していなければ**被保険者**にはなれない。

3　×　介護保険では、在日外国人も**一定の要件**を満たしていれば被保険者になることができる。

4　○　第2号被保険者は、転出、死亡、**65歳到達**、医療保険脱退によって資格を喪失する。

5　×　第1号被保険者の場合、転出、死亡によって資格を喪失するが、原則として本人または世帯主による**届出が必要**である。

問題13　合理的配慮

正答	重要度
3	★★★

1　×　行政機関の職員が障害のある人から書類の記入を頼まれた場合、**代わりに書くことに問題がない書類**について、本人の意思を十分に確認しながら記入するのは、合理的配慮である。

2　×　電車に車いすで乗車する際などに、駅員が**スロープ**を使用してホームと電車の間の**段差を解消**することは合理的配慮である。

3　○　サービス提供事業者が、障害のある人と意思を伝え合うために、**タブレット端末や写真、カード、絵など**を使用することは合理的配慮である。

4　×　**合理的配慮**は、障害のある人が、社会の中にある**バリアを取り除く**ために何らかの対応を必要としていると伝えたときに、行政機関等や事業者が、**負担が重すぎない範囲**で対応することである。負担が重すぎる場合には、その理由を説明し、別の方法を提案したり、話し合って理解を得ることが大切である。どのような場合でも、障害のある人の意思に沿うのは合理的配慮ではない。　●POINT●

5 ✕ 会議で席順を決める場合、障害のある人の**障害特性や意向**に応じて決めるのが合理的配慮である。

| ☑ ☑ | **問題14** | **介護サービス情報の公表制度** | 正答 2 | 重要度 ★★ |

1 ✕ 介護サービス事業者は、定期的（年1回程度）に**介護サービス情報**（介護サービスの内容や運営状況に関する情報等）を**都道府県知事**に報告しなければならない。任意ではなく義務である。

2 ◯ 介護サービス事業者から介護サービス情報の報告を受けた場合、都道府県知事はその報告内容を**公表しなければならない**。 **●POINT●**

3 ✕ 介護サービス事業者から受けた報告に関して調査の必要がある場合、都道府県知事は調査を行うが、この事務を**指定調査機関**に委託することができる。

4 ✕ 利用者が**介護サービス情報**を利用する場合、ホームページなどで閲覧することができる。都道府県に対して開示請求する必要はない。

5 ✕ 都道府県知事が行う調査は、2011（平成23）年の「介護保険法」改正により、**都道府県が定める指針に基づいて、都道府県知事が必要と認める場合**にのみ実施することとされた。

| ☑ ☑ | **問題15** | **要介護認定の審査機関** | 正答 3 | 重要度 ★★ |

1 ✕ **介護認定審査会**は要介護認定等において、1次判定の結果と主治医意見書や特記事項などを踏まえて最終的に介護認定を行う役割をもつ。審査会委員は、保健、医療、福祉に関する学識経験者から構成され市町村長が任命する。 **●POINT●**

2 ✕ **市町村社会福祉協議会**は、地域の福祉の推進を図るために、ボランティア活動の推進や認知症に関する啓発活動、福祉に関する相談などさまざまな活動を行っている機関である。

3 ◯ **介護保険審査会**は都道府県に設置され、要介護認定の不服審査を行っている。審査請求ができる期間は、原則、処分があったことを知った翌日から3か月以内とされ、審査請求が認められた場合は、一部、またはすべてが取り消しとなり、やり直すことができる。

4 ✕ **国民健康保険団体連合会**は、保険請求に対する審査、支払い業務等のほかに介護保険制度における苦情を受け付けている機関である。 **●POINT●**

5 ✕ **地域包括支援センター**は、権利擁護や介護予防に関する業務のほか、介護に関する相談などを行う機関である。同センターは、おおむね人口2万～3万人に1か所を目安に設置され、保健師、社会福祉士、主任介護支援専門員が配置されている。

ステップUP　要介護認定・要支援認定の流れ

①**本人等による申請** → 申請先は市町村

②**市町村による認定調査** ＝ 概況調査 ＋ **基本調査**（74項目）
＋ **特記事項**（2次判定の資料）

③基本調査等に基づく **1次判定**（コンピュータによる分析）
＋
市町村の**介護認定審査会**による審査・判定（**2次判定**）

市町村が**要介護認定・要支援認定**（または非該当）を行う

問題16	日常生活自立支援事業	正答 3	重要度 ★★

1　✕　**家庭裁判所の決定が必要なのは、成年後見制度**である。日常生活自立支援事業の場合、社会福祉協議会と契約を結べば利用することができる。

2　✕　日常生活自立支援事業で提供されるサービスは、福祉サービスの利用援助、日常的金銭管理サービス、書類等の預かりサービスで、**日常生活における金銭管理**も含まれている。 ●POINT●

3　○　**実施主体は都道府県・指定都市社会福祉協議会**で、委託を受けた市町村社会福祉協議会が事業主体となって**窓口業務**を行っている。

4　✕　契約を結ぶためには、最低限、**契約内容**を理解できなければならない。

5　✕　日常生活自立支援事業の対象者は、**認知症、知的障害、精神障害**などによって判断能力が不十分な人である。認知症の人であっても、契約内容が理解できれば利用することができる。

<table>
<tr><td>☑ ☑</td><td>問題17</td><td>障害者総合支援法</td><td>正答
1</td><td>重要度
★★</td></tr>
</table>

1 ○ 「児童福祉法」第4条第2項では、障害児について「**身体に障害のある児童、知的障害のある児童、精神に障害のある児童（発達障害児を含む）**又は治療方法が確立していない疾病その他の特殊な疾病であつて障害者の日常生活及び社会生活を総合的に支援するための法律第4条第1項の政令で定めるものによる障害の程度が同項の主務大臣が定める程度の児童をいう」と規定している。

2 × 療養介護のように**障害児には適用されないサービス**もあり、すべてが適用されるとするのは適切ではない。

3 × 審査判定業務を行う審査会は市町村に置かれ、**市町村審査会**とよばれる。

4 × 施設入所支援にかかる費用は、**介護給付費、特例介護給付費**として支給される。訓練等給付費の対象になるのは、自立訓練、就労移行支援、就労継続支援、就労定着支援、自立生活援助、共同生活援助である。

5 × 障害支援区分の認定を行うのは、市町村である。 **●POINT●**

<table>
<tr><td>☑ ☑</td><td>問題18</td><td>福祉サービス第三者評価基準</td><td>正答
1</td><td>重要度
★★★</td></tr>
</table>

1 ○ 都道府県推進組織は、**都道府県ごとに1か所設置**され、第三者評価機関を認証する。

2 × 福祉サービス第三者評価事業ガイドラインは、**全国社会福祉協議会**が策定する。

3 × 2021年度において福祉サービス第三者評価を受審した数が最も多いのは**保育所**で1,804件であった。次いで、認知症対応型共同生活介護の482件、特別養護老人ホームの467件である。

4 × 第三者評価の評価基準は、全国社会福祉協議会が策定するガイドラインに基づいて、**全国的に統一されたものが策定**されている。

5 × 評価結果は、**第三者評価機関と都道府県推進組織**において公表される。開示請求とは関係なく公表される。 **●POINT●**

こころとからだのしくみ　解答・解説

☑ ☑	**問題19**	記憶の分類	正答 2	重要度 ★★

1　✕　意味記憶とは、氏名や住所など、**言葉のもつ意味や概念を知識として記憶しておく**ものである。

2　○　**手続き記憶**とは、意識的に再生（想起）することのできない情報で、**身体で覚えているような情報・記憶**のこと。自転車の乗り方やスケートの滑り方などが該当する。
　　●POINT●

3　✕　エピソード記憶とは、「昨日の夕食に何を食べたか」といったような毎日の生活上での記憶で、**個人的な出来事や経験を時間と結びつけた記憶**のことである。

4　✕　感覚記憶とは、目や耳など感覚器を介した外部からの刺激情報で、記憶の保持時間が**最大1～2秒程度とごく短く意識されない記憶**のことである。

5　✕　プライミングとは、先に受けた刺激が後に受ける刺激に影響をおよぼすことをいう。

☑ ☑	**問題20**	食事の介助	正答 2	重要度 ★★

1　✕　介護職に「おなかがすいた」と言う状況から食欲はあると考えられるが、食事の途中で食べなくなっているEさんに**無理に食べてもらうことは適切な対応とはいえない**。

2　○　困ったような表情を浮かべていることから**食べ方がわからなくなっていることも考え**られる。失行かどうかを検討し、対応方法を考えることは適切である。　●POINT●

3　✕　気づかなかったようにすることは適切な対応とはいえない。**声かけをするなど何らか**のかかわりをもつことが大切である。

4　✕　食堂でほかの入所者と**一緒に食べることを楽しみ**にしているEさんに対して、居室で一人で食べてもらうのは適切な対応とはいえない。

5　✕　Eさんは自分で食べることができる。このような場合に**介護職が全介助して食べても**らうのは適切な対応ではない。

	問題21	皮膚疾患	正答	重要度
			4	★★

1　✕　加齢によって皮膚の角質層の水分が減少して乾燥した状態は、**老人性乾皮症**である。老人性乾皮症によって、通常では何とも感じない刺激に反応し、かゆくなる状態が**老人性皮膚瘙痒症**である。　●POINT●

2　✕　**ノルウェー疥癬**は感染力が非常に強く、一定期間、**個室で管理**することが必要である。

3　✕　**カンジダ症**は、カビの一種であるカンジダに感染して起こる。湿った環境を好む。

4　○　帯状疱疹は、**水痘・帯状疱疹ウイルス**によって起こる。

5　✕　白癬は、カビの一種である**白癬菌**によって起こる。水虫、たむし、しらくもなどがある。

	問題22	骨折	正答	重要度
			2	★★★

1　✕　高齢者の骨折で多いのは、**転倒**によるものである。　●POINT●

2　○　脊椎圧迫骨折は、脊椎の椎体（円筒状の部分）が骨折してつぶれた状態をいう。骨粗鬆症で**骨密度が減少して骨がもろくなる**ことで起こる。

3　✕　骨折で長期に安静にすることは、寝たきりの要因となる。**できる限り早期に離床する**ことが必要である。

4　✕　**橈骨遠位端骨折**とは、手首の骨折である。転倒した際などに手首をついて、骨折することが多い。

5　✕　**骨粗鬆症**は、遺伝や性ホルモン低下、運動不足、カルシウム不足、日光不足、更年期などが原因となって骨の形成が阻害され、**骨密度が減少**して起きる。骨がもろくなるため、骨折の原因になる。

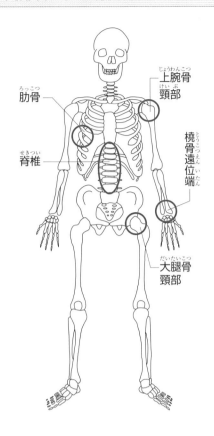

上腕骨頸部（じょうわんこつけいぶ）

肋骨（ろっこつ）

橈骨遠位端（とうこつえんいたん）

脊椎（せきつい）

大腿骨頸部（だいたいこつけいぶ）

問題23	骨の名称	正答	重要度
		1	★★

1　○　踵骨（しょうこつ）は、踵（かかと）にある。足部の骨である。●POINT●

2　×　座骨（ざこつ）は、臀部（でんぶ）にある。

3　×　橈骨（とうこつ）は、前腕部（ぜんわんぶ）の親指側にある。

4　×　鎖骨（さこつ）は、肩にある。

5　×　腓骨（ひこつ）は、下腿部（かたいぶ）の小指側にある。

問題24 治療食

正答 4　重要度 ★★★

1　✕　肝炎の場合、脂質の量を制限する。食事は規則正しく、バランスよく摂取する。

2　✕　低アルブミン血症は、血液中のたんぱく質量が低下している状態である。**良質なたんぱく質**を十分に摂取する。

3　✕　**貧血**は、赤血球内の、たんぱく質と鉄が結合したヘモグロビンの量が減少することで起こる。たんぱく質を十分に摂取する。

4　○　たんぱく質の摂り過ぎは、体内で分解されて老廃物となったときに、それをろ過する腎臓に負担がかかる。このため、腎臓の機能が低下している**腎不全**では、たんぱく質の量を制限した低たんぱく食とする。●POINT●

5　✕　高血圧の場合、塩分の摂り過ぎが血圧を上昇させる。塩分量を制限する。

問題25 薬の副作用

正答 1　重要度 ★★

1　○　アナフィラキシーは、重篤な状態で、死に至ることもある。血圧低下、呼吸困難などの症状が現れる。

2　✕　モルヒネには**依存性**がある。ただし、適切に使用されている場合には依存性は起こらない。

3　✕　睡眠薬の副作用として、ふらつきなどの**歩行障害**、ぼんやりする、うたた寝のような**虚脱状態**などがある。

4　✕　ジギタリスと利尿剤を併用すると、利尿剤の副作用として血液中の**カリウム濃度が低下**し、ジギタリスの中毒症状が起こりやすくなる。

5　✕　軟膏（なんこう）などの塗り薬であっても、蕁麻疹（じんましん）がでる、かゆくなる、皮下出血するなどの副作用が現れることがある。

問題26 副交感神経のはたらき

正答 5　重要度 ★

1　✕　心拍数は、副交感神経が優位にはたらくと、心機能を抑制して、心拍数は**減少**する。

2　✕　血圧は、副交感神経が優位にはたらくと、血管が**弛緩**して、血圧は低下する。

3　✕　瞳孔（どうこう）は、副交感神経が優位にはたらくと、**縮小**し、光が入る量が減る。

4　✕　気管支は、副交感神経が優位にはたらくと、**収縮**して、気管内径が狭くなる。

5　○　唾液分泌（だえきぶんぴつ）は、副交感神経が優位にはたらくと、**増加**する。●POINT●

問題27	人生の最終段階における家族への対応	正答 4	重要度 ★

1　✕　利用者のケアはもちろんのこと、家族にとってＦさんはかけがえのない人なので、家族の思いも聞きながら**心おきなく最期のかかわりができるよう配慮**する。

2　✕　この段階では、経口摂取を増やすことよりも**何を食べたいかを優先**する。

3　✕　介護の基本は、自立支援である。しかし、この段階では、安楽や快適さを提供するケアをし、**家族等との穏やかなかかわりの中で過ごせるように支援**することが大切である。

4　○　家族の心情を受け止めながら、**家族が利用者に「できることは行った」と思えるようなかかわりができるように支援**する。●POINT●

5　✕　家族には、それぞれの思いや事情がある。介護福祉職が**自分の考えを押しつける**ようなことを言うのは適切ではない。

問題28	人間の欲求の基本的理解	正答 4	重要度 ★★

1　✕　愛情と所属の欲求とは、他者に受け入れられ、**家族や地域、社会に帰属することを求める欲求**のことである。

2　✕　生理的欲求とは、食欲、性欲、睡眠欲など**生命維持そのものにかかわる欲求**のことである。

3　✕　自尊の欲求とは、帰属する集団の中で**存在が認められ、尊敬されること**を求める欲求のことである。●POINT●

4　○　安全と安定の欲求とは、危険にさらされることのない**平穏な暮らしを求める**、生命維持のために必要な欲求のことである。

5　✕　自己実現の欲求とは、自分の能力を最大限に発揮し、**自分らしさを追求したい**という欲求のことである。●POINT●

1 ✕ 終末期になると、呼吸の間隔が**不規則**で深さも乱れてくる。酸素不足となり呼吸運動が維持できなくなる。危篤時には、鼻翼呼吸・下顎呼吸などがみられる。 ●POINT●

2 ✕ 心臓機能の低下により血液循環が悪くなり、**体温は低下**することが多く、四肢は冷たく感じるようになる。

3 ✕ 心臓機能の低下により、頻脈がみられ、徐々に微弱となり、**脈拍のリズムは不規則**になる。脈拍数の低下は血圧低下と関連し、どちらも徐々に測定できなくなる。

4 ✕ 終末期になると、食事摂取量は徐々に減り、空腹や**口渇感も感じにくく**なり、水分摂取量も減る。

5 〇 終末期になり呼吸運動が維持できなくなると、**酸素欠乏**の状態から皮膚や粘膜が青紫色になる（チアノーゼ）。特に口唇や爪で目立つ。

1 ✕ 肉や魚は消化するのに時間がかかるので、肉や魚に偏った食事は便秘の原因になる。野菜など食物繊維が豊富な食品を組み合わせて**バランスよく摂取**することが大切である。 ●POINT●

2 〇 野菜が嫌いなGさんの場合、いきなりたくさんの野菜を摂取することは難しい。毎食**少しずつ**でも野菜を摂取するようにすることで、**便秘の改善**には役立つ。

3 ✕ **食事の時間を規則正しく**することで、腸の動きを改善することができる。また、起床時に水を飲むことも腸の蠕動運動を促し、便秘の改善につながる。

4 ✕ 運動は、便秘の改善に役立つ。近所を散歩するなど、**軽い運動を習慣づける**ことが便秘の改善につながる。

5 ✕ どうしても改善されない場合には、医師に相談して便秘薬を使うのもひとつの方法である。ただし、便秘薬を常用すると習慣になり、薬を飲まないと排便できなくなることもある。薬に頼る前に、**食事や運動で改善**することが大切である。

発達と老化の理解　解答・解説

| 問題31 | 子どもの感情の発達 | 正答 3 | 重要度 ★★ |

1　×　ブリッジスによると、出生後間もない子どもは興奮状態を示すだけだが、**生後3か月頃には快・不快の区別を示す**ようになるとしている。

2　×　怒りにともなって泣くという行為は、3歳頃までしばしばみられるが、3歳を過ぎると**言葉や態度で怒りを示す**ようになる。

3　○　1歳頃までに、母親など自分の養育にかかわる人に対して愛情をもつようになる。
●POINT●

4　×　**3歳頃**になると、誇り、恥、罪悪感などがみられるようになる。

5　×　自分より年少の子どもにも愛情を示すようになるのは**4歳頃**である。

| 問題32 | 乳児の言語発達 | 正答 1 | 重要度 ★★ |

1　○　生後2か月頃に、機嫌のよいときに喉の奥を鳴らすように「あー」「うー」というような音を出すことを**クーイング**といい、コミュニケーションの始まりとされている。

2　×　生後6か月頃からは**喃語**（規準喃語）といわれる「ダダ」「ババ」など同一音声の繰り返しもみられるようになる。

3　×　**擬声語**は、1歳半頃までにみられる一語文のなかで使われる「ブーブー」「ニャンニャン」というような鳴き声や音をまねた言葉をいう。単にまねているだけでなく、「ニャンニャン」は自分の知っている特定の猫を意味しているような例が多い。

4　×　**初語**は、1歳前後でみられ、意味のある言葉の始まりである。●POINT●

5　×　**独語**は「ひとりごと」ともよばれ、他者への伝達を目的としない発話をいう。幼児期になってからみられる。

☑	問題33	適応機制	正答	重要度
☑			3	★★

1　✕　退行とは、過去への逃避である。**年齢より未熟な行動をとり周囲の気を引くことで欲**求の充足を図ろうとする逃避機制であり、赤ちゃん返りなどがある。Ｉさんの状況には当てはまらない。

2　✕　反動形成とは、欲求を満足させることが困難な場合に、自分がもっている否認すべき感情と**正反対の態度や行動をとり**、本当の感情を隠そうとする自我防衛機制である。Ｉさんの状況には当てはまらない。

3　〇　合理化は、自分の失敗や欠点をそのまま認めず、もっともらしい理由をつけて**正当化**する自我防衛機制であり、Ｉさんの状況に当てはまる。　●POINT●

4　✕　代償とは、本当の目標がかなわない場合に、簡単に満たすことのできるものに変更し、**代理のもので満足しようとする自我防衛機制**である。Ｉさんの状況には当てはまらない。

5　✕　攻撃とは、物や他者に対して感情をぶつけたり、**攻撃や反抗をする攻撃機制**で、やつあたりや弱い者いじめなどがある。Ｉさんの状況には当てはまらない。

☑	問題34	高齢者の消化器疾患	正答	重要度
☑			2	★

1　✕　**胃潰瘍**は、中高年以降で多くみられる疾患である。男性の罹患は**女性の約２倍**とされている。

2　〇　胆石症は胆汁の通り道を結石が塞ぐ疾患で、高齢者の約４人に１人という高い割合でみられる。総胆管結石や胆嚢結石があり、高齢者に多いのは総胆管結石である。

3　✕　急性肝炎ではＡ型肝炎が最も多くみられる。しかし、**高齢者の発症は比較的まれ**である。

4　✕　高齢者の胆嚢炎では**無症状のものが多い**。ただし、急性または慢性胆嚢炎に伴う症状には、上腹部痛、発熱、黄疸などの症状がみられる。　●POINT●

5　✕　高齢者で多くみられるのは、**Ｃ型慢性肝炎**である。Ｃ型肝炎は、すべての年齢でみられる肝炎で、慢性化することがある。

☑	問題35	老化に伴う身体機能の変化	正答	重要度
☑			3	★★★

1　✕　皮膚感覚が低下し、熱い、冷たいなどを感じにくくなる。

2　✕　高音域ほど聞こえが悪くなる感音性難聴が起こる。　●POINT●

3　〇　免疫機能が低下するため、**感染症に罹患しやすくなる**。

4　✕　高齢者の場合、血管壁が厚くなり動脈硬化を起こしやすくなるため高血圧症などを発症しやすくなる。収縮期血圧（最高血圧）が上昇するのが特徴である。　●POINT●

5　✕　明暗の変化への対応（明暗順応）は、**時間がかかるようになる**。

| 問題36 | 老年期のQOL | 正答 1 | 重要度 ★ |

1　○　**サクセスフル・エイジング**には、心身の健康や高齢者を取り巻く家族や社会の支援といった要因に加えて、高齢者自身が現在の生活や自分自身をどのようにとらえているかという**主観的な判断が関係している**。●POINT●

2　✕　高齢者の生活歴を把握するうえで、その人の**セクシュアリティの理解は欠かせない**とされている。高齢者であっても、女性、男性という意識をもつことは重要である。

3　✕　**主観的幸福感**とは、老化の過程に上手く適応することができ、幸福な老後を迎えることができる状況をいう。

4　✕　生きがいや人生の満足度を感じているかどうかを決めるのは**その人自身**であり、個人の主観的な評価、主観的な意識ということができる。

5　✕　尊厳の保持には、一人の人間として総合的にとらえるだけでなく、男性・女性という**性別への配慮**という側面も含まれている。

| 問題37 | 歯周病 | 正答 1 | 重要度 ★★ |

1　○　歯周病は**生活習慣病**のひとつで、歯肉の炎症をおさえるために口腔内で産出される物質が**インスリンの分泌を妨げる**ため、糖尿病悪化の原因にもなる。自分の歯を失う原因の第1位である。●POINT●

2　✕　歯周病は、男性より**女性**に多くみられる。

3　✕　歯周病は、歯周ポケットに存在する**細菌が原因**となって歯肉が炎症を起こして発症する。

4　✕　歯周病発症のリスクを高めるのは**喫煙**である。たばこに含まれているニコチンには血管を収縮させる作用があり、歯肉から出血したときに血が止まりにくくなり歯周病を悪化させる。

5　✕　歯周病は初期の段階にはほとんど**症状がなく**、症状を感じるようになったときには進行していることが多い。●POINT●

1　✕　**健康寿命**は、健康上の問題で日常生活が制限されることなく送れる期間をいう。一方、**平均寿命**は、0歳の人がその後、何年生きられるかを指している。健康寿命と平均寿命の意味は同じではない。●POINT●

2　○　なお、わが国の平均寿命は、2022（令和4）年では男性が**81.05**歳、女性が**87.09**歳である。

3　✕　自然増減率は、人口1,000人あたりどれだけの自然増減があるかを表したもので、2022年では**−6.5**である。人口は**減少傾向**になっている。

4　✕　わが国の死亡率は、2022年では**12.9**で、低い水準とはいえない。

5　✕　わが国の死因別死亡率の第1位は、**悪性新生物**（がん）である。2022年の死亡総数に占める割合は、第1位が悪性新生物24.6％、第2位が心疾患14.8%、第3位が老衰11.4%、第4位が脳血管疾患6.9%である。

認知症の理解　解答・解説

☑
☑ | **問題39** | 若年性認知症 | 正答 2 | 重要度 ★★★

1　✕　若年性認知症は、40〜64歳に発症した**初老期認知症**と18〜39歳までに発症した**若年期認知症**の総称である。

2　○　アルツハイマー型認知症が原因となって発症することが多いが、男女の比率では**男性のほうが多い**。●POINT●

3　✕　初発症状は、**性格変化**、**言葉が出にくい**、作業効率の低下など、遂行機能障害が引き起こす諸症状や抑鬱、意欲低下などが目立つことが少なくない、などである。精神症状から始まった場合、診断のために経過観察が必要な場合がある。

4　✕　医療継続のために傷病手当金や「障害者総合支援法」による**医療費の公費負担**などの支援や、精神保健福祉手帳、40歳以上の介護保険適用などの公的支援がある。

5　✕　鬱、精神的ストレス、更年期障害などとの鑑別診断が難しい場合があり、高齢者の認知症より**高度な診断技術が必要**となる。

☑
☑ | **問題40** | アルツハイマー型認知症の特徴的症状 | 正答 4 | 重要度 ★★★

1　✕　パーキンソニズムは、安静時振戦、筋固縮、無動・寡動、姿勢反射障害がみられることをいい、**レビー小体型認知症**の特徴的症状である。

2　✕　レム睡眠行動障害は、夢の中での言動が異常行動として現れるものをいい、**レビー小体型認知症**の特徴的症状である。

3　✕　情動失禁は感情失禁ともいわれ、感情のコントロールができないため、ささいなことでも泣いたり、激しく怒ったり、笑ったりする状態をいう。**血管性認知症**の特徴的症状である。

4　○　見当識障害は、時間、場所、人物の順に見当識が障害されることをいい、**アルツハイマー型認知症**の特徴的症状である。アルツハイマー型認知症では、ほかに記憶障害、思考・判断力の障害、空間認知障害、病巣症状、神経症状などがみられる。●POINT●

5　✕　脱抑制は、自分の欲望を抑えられなくなって、反社会的な行動やなげやりな態度、人をばかにした態度などをとることをいう。**前頭側頭型認知症**の特徴的症状である。

記憶障害	物盗られ妄想、不安、鬱状態など
思考・判断力の障害	遂行機能（実行機能）の障害
見当識障害	時間→場所（空間・地理）→人物の順に見当識が障害
空間認知障害	車が上手く操作できない、衣服の着脱が上手くできないなど
病巣症状（局所症状）	失語・失行・失認など
神経症状	運動麻痺、パーキンソニズム、てんかん、発語不能、嚥下困難、尿失禁、嗅覚低下、寝たきりなど

問題41　幻視への対応　　　正答 3　重要度 ★★★

1　✕　何も言わずに黙っているのは適切ではない。Jさんが何かが見えると言ったときには、**肯定も否定もせずにそのまま受け入れる**対応が必要である。●POINT●

2　✕　否定してもJさんには見えているので、見えているものがそこにはないということを理解できない。適切な対応ではない。

3　◯　Jさんに見えているものを**否定せず**、しかし、**肯定もしない**声かけが大切である。

4　✕　「僕にも見える」という幻視を肯定する声かけは適切ではない。

5　✕　ごまかしの対応をするのではなく、Jさんを**そのままに受け入れる**対応が必要である。

問題42　せん妄　　　正答 5　重要度 ★★★

1　✕　せん妄は、夜間に強く現れることがある。これを**夜間せん妄**という。急激に発症することが多く、**幻覚・妄想、興奮**を伴う。

2　✕　高齢者の精神障害は器質性精神障害と機能性精神障害に分類される。せん妄は、脳の器質的な問題が原因で起こる**器質性精神障害**に分類される。

3　✕　せん妄の原因として、認知症や脳血管障害、栄養障害、脱水、肺炎、**感染症**、心臓・腎臓・肺の疾患、ビタミン欠乏、**薬の副作用**などがある。

4　✕　認知症は、せん妄の原因疾患のひとつである。

5　◯　せん妄は、意識障害のひとつで、**軽い意識混濁**を伴う。

		正答	重要度
☑ ☑	**問題43** レビー小体型認知症	2	★

1 ✕ レビー小体型認知症（びまん性レビー小体病）は、**初老期の認知症**のひとつである。脳内の神経細胞にレビー小体ができて発症する。

2 ◯ レビー小体型認知症は、初期には記憶障害が目立たないことが多く、**パーキンソニズムや幻視**のほか、自律神経症状がみられる。パーキンソニズムが目立たない場合には、アルツハイマー型認知症との区別が難しくなる。 ●POINT●

3 ✕ レビー小体型認知症では、薬物療法が中心となる。塩酸ドネペジルなどで改善がみられることが多いとされ、初期には、**レボドパ**や脳循環改善薬も併用される。

4 ✕ 幻視、パーキンソニズム、認知の変動のうち2つが存在する場合は、レビー小体型認知症と診断される。

5 ✕ レビー小体型認知症では、記憶獲得障害より、**覚醒障害や注意障害**によって記憶力が損なわれる。

 ステップ**Up** レビー小体型認知症の主な症状

パーキンソニズム	固縮、歩行障害（小刻み歩行・突進歩行） など
幻覚	強迫的で複雑かつ現実的な幻視
自律神経症状	起立性低血圧、失神、尿失禁 など
記憶障害	記憶獲得障害により覚醒レベルや注意レベルが損なわれる

		正答	重要度
☑ ☑	**問題44** バリデーション	2	★★★

1 ✕ バリデーションは、**アルツハイマー型認知症**と類似の認知症の高齢者とのコミュニケーションの方法である。 ●POINT●

2 ◯ バリデーションでは、認知症高齢者の訴えをその人の現実として受け入れて共感し、その人の心の現実に合わせていく。

3 ✕ 見る・話す・触れる・立つを4つの柱としているのは、**ユマニチュード**である。バリデーションでは、**誠実・敬意・受容・共感**を基本的態度としている。 ●POINT●

4 ✕ バリデーションの基本テクニックは、**認知症の進行度合い**に合わせて使い分ける。

5 ✕ レミニシングは昔話をすることで、感情を一致させるのは**カリブレーション**である。バリデーションの基本テクニックには、キーワードを反復させるリフレージング、ミラーリング、タッチング、アイコンタクトなど13のテクニックが示されている。

問題45	認知症高齢者の心理的特性	正答 2	重要度 ★★

1　✕　認知症に伴う記憶障害では、**最近の記憶ほど不鮮明**であり、過去の記憶は比較的保持されているという特徴がある。

2　〇　注意力や集中力が低下して、環境の変化に気分が左右されやすくなるため、涙もろくなって大したことでもないのにすぐに泣いたり、笑ったり、ちょっとしたことで怒鳴ったり怒ったりするといった**情動失禁**（感情失禁）がみられることがある。 ●**POINT**●

3　✕　まわりから物忘れや自分ができないことを指摘されると、「自分が責められている」「非難されている」と感じ、**被害感**や迫害感をもつ。これが高じると被害妄想につながることもある。

4　✕　認知症になると、混乱と不安が絶えず続き、次第に自分に**自信がなくなる**。そのため、自分らしさをなくしてしまう状態になる。

5　✕　不安感が持続し、それが高じると<ruby>抑鬱<rt>よくうつ</rt></ruby>**状態**になる場合もある。

問題46	認知症の症状	正答 2	重要度 ★★★

1　✕　**健忘期**には、まわりの反応に敏感になっているため、**自尊心を傷つけない対応**が必要になる。 ●**POINT**●

2　〇　**混乱期**には、不安や混乱を原因とした行動症状が強く現れるようになり、適切に対応しないと**常同化**することもある。

3　✕　**ターミナル期**になると、運動機能が低下し、日中に**傾眠状態**が続き、自分から体調不良を訴えることも少なくなることがある。

4　✕　記憶にない時間が増えるのは、混乱期である。健忘期には、自分が自分でなくなってしまうような**慢性的な不快感と恐怖**を体験する。

5　✕　周囲への関心が薄れるのは、ターミナル期である。混乱期には、今までできたことができなくなったり、記憶にない時間が増えていくことで**焦りや混乱**が生じる。

中核症状	みられる症状
記憶障害	過去のことは比較的よく保持されているが、最近の出来事に関する記憶ほど**不鮮明に**なる
見当識障害	時間・場所・人物に対する認識（**見当識**）の障害。認知症の進行に伴って、時間、場所、人物へと障害が進行する
遂行機能障害	物事を総合的に考え、計画、筋道をたてて遂行していくことが困難になる
社会脳の障害	**脱抑制**、**常同行動**、社会的に不適切な言動などが現れる。共感脳が障害されると、他者を思いやることができなくなる
空間認知障害	自分の身体や周囲の物の位置を正確にとらえられなくなり、車がうまく操作できなくなるなどの症状がみられる
視覚認知障害	実際には存在しないものが見えたり（**幻視**）、実際に存在するものを別のものに見間違えたりする
失行・失認・失語のような症状	失行…身体に麻痺などはないのに日常の生活を行えない 失認…感覚機能の障害がないにもかかわらず、見たものや聞いたものなどが理解できない 失語…言葉が理解できない、言葉を出すことができない など

問題47	認知症高齢者への対応	正答 5	重要度 ★★

1　✕　認知症高齢者自身は、困った行動と思っていないため、説得しても効果はない。**共感的な納得**を図るようにし、誉めたり、うれしがったり、感謝を示したりするようにする。

2　✕　困った行動がみられるときには、**できるだけ制止せずに**、行動が収まるのを静かに待つ。

3　✕　困った行動の原因を考え、それを**取り除く**ようにする。

4　✕　困った行動がみられるときには、楽しいことや興味のあることができるように**話しかけ、一緒に行動する。**

5　○　困った行動がみられるときには、その**行動パターン**をしっかりと**観察**する。　**●POINT●**

1　✕　危険だからといって、料理などの家事をすべて介護職員が行うのは適切でない。認知症がある場合でも残されている能力もあるので、**自分でできることは積極的に自分でやってもらい**、症状を進行させないはたらきかけが必要である。

2　◯　利用者のすぐそばで料理の**動作をひとつずつ提示する**方法は、認知症のある人にとって理解しやすいため、適切な支援といえる。

3　✕　認知症のある人が安心して暮らすためには、なるべくなじみの環境を整えることが大切である。そのため、**家具や道具類は使い慣れたものを使用**したほうがよい。安全性が高いからといって、道具を新しく買ったものにするのは適切ではない。

4　✕　認知症の人の行動がゆっくりでも、急かさず待つことが大切である。Kさんの**ペースを尊重した支援**が求められる。

5　✕　認知症がある人の場合、最初に一通り説明しても、途中で忘れたりわからなくなったりする恐れがある。説明する場合は、**小さな情報に分け、身振り手振りを使って示す**と伝わりやすくなる。

障害の理解　解答・解説

問題49　アドボカシー実践の原則

正答 1　重要度 ★★

1　○　アドボカシーは、自分の権利を行使できない状況にある意思表明困難者の権利を代弁し、権利の実現を支援することをいう。代弁者にはクライエントの最善の利益を目指して行動する姿勢が求められる。●POINT●

2　×　ベイトマンは、クライエントの自己決定を徹底的に尊重するとしている。

3　×　ベイトマンは、クライエントに対して、率直で主体的な助言を行うとしている。

4　×　ベイトマンは、努力と有能さでクライエントの指示を実行するとしている。

5　×　ベイトマンは、クライエントに対して逐一正確な情報を提供するとしている。

問題50　障害者福祉の基本理念

正答 4　重要度 ★★★

1　×　「完全参加と平等」というテーマが掲げられたのは、国連が定めた「国際障害者年」である。このテーマの下、世界的規模での啓発活動が行われた。

2　×　ソーシャル・インクルージョンとは、共に生き、共に支え合う共生社会の実現を意図した理念である。

3　×　インテグレーションは、統合教育と訳される。包括教育と訳されているのは、インクルージョンである。

4　○　2006（平成18）年に国連で採択された「障害者権利条約」の締約国には、障害に基づくあらゆる差別の禁止、障害者の社会参加の促進に向けての取り組みを進める義務が生じる。●POINT●

5　×　1993（平成5）年の「障害者基本法」の成立のきっかけとなったのは、1982（昭和57）年に国連で採択された「障害者に関する世界行動計画」、翌年からの「国連・障害者の十年」の流れである。

<table>
<tr><td>☑
☑</td><td>**問題51** 注意欠陥多動性障害</td><td>正答
4</td><td>重要度
★★★</td></tr>
</table>

1　✕　周囲の物ごとに**次々と関心をもつ**。周囲の物ごとに無関心なのは、統合失調症でみられる症状である。**●POINT●**

2　✕　相手の話を**最後まで聞くことが難しい**ため、正確に理解することができない。

3　✕　困っている人に対して、**すぐに手助けをしたり**、励ましたりするなどの行動を示すことがある。

4　○　周囲の人に合わせることができず、じっとしていられない、いきなり教室から飛び出してしまう、**相手の話が終わっていないのに発言する**などがみられる。

5　✕　幼児期を過ぎても幼児期で一般的にみられる症状が続くもので、通常、12歳以前にみられるとされる。小学校入学前後から症状が目立つようになるのは学習障害である。

<table>
<tr><td>☑
☑</td><td>**問題52** 統合失調症の陽性症状</td><td>正答
2</td><td>重要度
★★★</td></tr>
</table>

1　✕　自殺念慮（ねんりょ）は、自殺しようと考えを抱くことをいう。陽性症状、陰性症状以外の症状である。

2　○　させられ体験は、自分の思考や行為などが他の人の力によって行われ、干渉されていると感じることをいう。**陽性症状**には、ほかに幻聴、幻視、被害妄想、関係妄想、迫害妄想、被毒妄想などがある。**●POINT●**

3　✕　無関心は、陰性症状である。

4　✕　意欲欠如は、陰性症状である。

5　✕　抑鬱（よくうつ）は、陽性症状、陰性症状以外の症状である。

| 問題53 | タックマンモデル | 正答 1 | 重要度 ★★ |

1 ○ **タックマンモデル**では、チームが形成されてから実際に機能するまでの生成過程を形成期、混乱期、統一期、機能期の４つの段階に分類している。**●POINT●**

2 × コンフリクトは「**衝突や対立**」と訳され、**混乱期**に生じる。形成期はチーム形成、混乱期はぶつかり合い、統一期は共通規範の形成、機能期は成果を出すとされている。

3 × コンフリクトを避けていては次の段階に進むことはできない。前向きなディスカッションを行って、**お互いの考えを理解**していくことが必要である。

4 × 職種による考え方の違い、同じ職種であっても立場による考え方の違いは生じる。このため、意見が対立することはあるが、**相手の立場**に立って理解する姿勢が必要になる。

5 × 合意を目指すための対応として、**協働、競争、妥協、回避、順応**がある。状況によっては妥協することも必要である。

| 問題54 | 法定後見制度 | 正答 1 | 重要度 ★★ |

1 ○ **法定後見制度**は、判断能力が不十分で、**意思決定が困難な人の権利を守る**制度で、後見人が身上監護と財産管理を行う。Ｌさんの場合、契約書類の内容を理解したり意思決定したりすることができず、金銭や財産の管理等を行うことができないため、最も適切な提案である。**●POINT●**

2 × **日常生活自立支援事業**は、判断能力は不十分だが、契約内容を理解する程度の能力がある人が、社会福祉協議会と契約を結んで、福祉サービス利用援助、**日常的金銭管理サービス**、書類等の預かりサービスを利用する事業である。契約書類の内容を理解できないＬさんに提案する事業として適切ではない。**●POINT●**

3 × **意思疎通支援事業**は、市町村地域生活支援事業のひとつで、意思疎通を図ることに支障がある障害者等に**手話通訳者**や**要約筆記者**を派遣する事業などが実施されている。Ｌさんに提案する事業として適切ではない。

4 × **日中一時支援**は、**市町村地域生活支援事業**の任意事業のうち日常生活支援のひとつとして実施されている。金銭の管理等は行わないため、Ｌさんに提案する事業として適切ではない。

5 × **生活介護**は、障害福祉サービスの**介護給付**として実施されている。常時介護を必要とする人に、主に昼間、障害者支援施設などで入浴、排泄、食事などの介護を行うとともに、創作的活動、生産活動の機会などを提供する。Ｌさんに提案する事業として適切ではない。

問題55　高次脳機能障害の症状

正答	重要度
3	★★

1　✕　半側空間無視は、見ている空間の片側を見落とす障害で、左半側空間無視で見落とすのは**左側**である。

2　✕　記憶障害では、**比較的古い記憶**は保たれているのに、新しいことを覚えるのが難しくなる。

3　〇　**注意障害**では、対象への注意を持続させたり、多数の中から必要な対象を選択することなどが難しくなる。 ●POINT●

4　✕　地理や場所についての障害は、**地誌的障害**である。**社会的行動障害**は、感情を適切にコントロールできなくなり、不適切な行動をとってしまう状態になることをいう。

5　✕　失語症は、**話す、聞く、読む、書く**ことなどでみられる障害をいう。

問題56　精神障害者への対応

正答	重要度
4	★★

1　✕　Mさんには、家の中に誰かがいて、自分に話しかけてくることが事実として感じられている。あり得ないと否定しても、Mさんが**混乱する**だけある。

2　✕　ゆっくりと時間をかけて話を聞くことは適切であるが、**本人の同意なく**主治医に連絡することは、適切ではない。

3　✕　Mさんの訴えを**否定も肯定もせず**に中立的に受け止めることが重要である。

4　〇　精神障害のある人と介護福祉職の間には、**信頼関係**が築かれることが重要である。何かあったときには今日のようにいつでも相談するように伝えることは、Mさんとの間に信頼関係を築くうえで重要である。 ●POINT●

5　✕　一緒に家の中を周って誰もいないことを確認しても、Mさんには誰かが見え、声が聞こえている状態である。Mさんが納得できるとは考えにくいことから、適切な対応ではない。

| 問題57 | 提案するサービス | 正答 1 | 重要度 ★★ |

1　○　地域移行支援は、障害者支援施設等に入所している障害者などに対して、住居の確保その他の地域における**生活に移行するための活動に関する相談等**の便宜を供与するサービスである。Nさんの地域で自立して生活したいという希望に合う適切なサービスといえる。

2　✕　地域定着支援とは、居宅において単身等で生活する障害者に対して、**常時連絡体制の確保、緊急時対応**等の便宜を供与するサービスである。Nさんの希望に合うサービスとはいえない。

3　✕　基本相談支援とは、**地域の障害者**等からの相談に応じ、必要な情報の提供および助言、指定障害福祉サービス事業者等との連絡調整（サービス利用支援および継続サービス利用支援に関するものを除く）等のほか、必要な便宜を総合的に供与するサービスを行う。Nさんは現在障害者支援施設に入所しているため、適切なサービスとはいえない。

4　✕　移動支援事業とは、屋外での移動が困難な障害者等に対して社会生活上必要不可欠な外出および余暇活動等の社会参加のための**外出の際の移動を支援**するサービスである。Nさんの希望に合うサービスとはいえない。

5　✕　共同生活援助とは、**共同生活住居に入居している者**を対象に、主に夜間に相談や入浴、排泄（はいせつ）、食事の介護その他の必要な日常生活上の援助を行うサービスである。Nさんの希望に合うサービスとはいえない。

| 問題58 | 鬱病の症状 | 正答 5 | 重要度 ★★ |

1　✕　幻視は、幻聴とあわせて幻覚とよばれる。幻覚は**統合失調症**の陽性症状である。

2　✕　観念奔逸（かんねんほんいつ）は、話の筋や注意の集中が次々と移り、ときにはめちゃくちゃになる傾向を示すことをいう。躁病（そう）でみられる。

3　✕　行為心拍は、絶えず何かを企画して不眠不休で行動に移すものの、いずれも未完に終わることをいう。躁病でみられる。

4　✕　振戦せん妄は、意識混濁、幻覚などが出現するもので、**アルコールによる**精神障害でみられる。断酒後1〜3日目に出現することが多い。

5　○　鬱病（うつ）の場合、気持ちが落ち込むとともに、自分はいないほうがよいというようにとらえることがある。このようなときに自殺したいと思うことを**自殺念慮**（ねんりょ）といい、実際に自殺を図ることもある。

	問題59	鼻腔内吸引	正答 2	重要度 ★★

1　✕　鼻腔内の吸引では、咽頭の手前までが限度とされている。介護職員等に許されている吸引範囲としては、口腔は肉眼で見える範囲まで、気管カニューレ内部の吸引では、気管カニューレを越えないこととなっている。　●POINT●

2　○　鼻腔入口は、粘膜が薄く、毛細血管が多いので、出血しやすい箇所である。吸引時、鼻腔内にカテーテルを挿入する際には、注意が必要である。

3　✕　吸引時間は、10秒〜15秒程度とされている。吸引時間や吸引圧は医師の指示の下に定められている。長時間の吸引は、利用者負担の多い行為となることを理解しておく必要がある。

4　✕　吸引圧は医師の指示の下に定められている。吸引圧を介護職員等が、自己判断することはできない。吸引圧が低く、分泌物が取れない場合でも、定められた吸引圧を守ることが重要である。

5　✕　口腔・鼻腔内の吸引において、吸引カテーテルは清潔な手袋またはセッシを使用して扱う。滅菌された手袋を使用するのは、原則気管カニューレ内部の吸引においてである。

	問題60	体位ドレナージ	正答 3	重要度 ★★★

1　✕　重力を利用して痰を出しやすくするため、痰が溜まっている部分を上にした姿勢をとる。

2　✕　前方や後方に傾けた側臥位をとる場合、角度は45°にする。

3　○　同一体位を続けていると、それだけで苦痛を感じることが多い。体位を整えることは重要である。

4　✕　同一体位を続けていると、組織の循環障害によって褥瘡ができたり、肺に障害が生じたりする。

5　✕　適切な体位は、医師や看護師と相談しながら決定し、同一の姿勢を続けないようにする。

| 問題61 | 気管カニューレ内吸引において介護職員等の行う行為 | 正答 1 | 重要度 ★★ |

1 ◯ 介護職員等に定められた、吸引範囲は**気管カニューレ内部**までである。気管カニューレの長さには個人差があるため、決められた吸引の深さは確実に守らなければならない。

2 ✕ 喀痰吸引の時間は10秒から15秒程度とされている。吸引圧、吸引時間、吸引の留意点、気管カニューレに関する留意点は、実施前の準備として、**医師の指示書などを確認**する。

3 ✕ 気管カニューレの**交換は医師が行う**。気管カニューレは、通常、感染予防のために医師が定期的に清潔なものと交換している。介護職員等は、気管カニューレ周囲の皮膚の状況や、固定の状態などを確認する。 ●POINT●

4 ✕ 吸引圧を少しかけた状態で、カテーテルを挿入する。気管カニューレ内部には、粘膜がないので、吸引操作により分泌物の落とし込みを防止するためである。

5 ✕ 吸引直後は利用者のそばを離れず、呼吸状態等を確認する必要がある。顔色が悪くなる、呼吸が速くなるなど異常がみられた場合には、直ちに医療職に連絡する。

| 問題62 | 消毒液 | 正答 3 | 重要度 ★★ |

1 ✕ 経管栄養セットは、0.0125 ～ 0.02％の**次亜塩素酸ナトリウム液**で消毒する。

2 ✕ **塩化ベンザルコニウム液**は、器材等の消毒や手指の消毒に使用できる。手指を消毒す際には、0.1％液を使用する。

3 ◯ 嘔吐物で汚染された場所は、ペーパータオルなどで目に見える有機物質を除去し、感染性廃棄物容器に捨てる。最後に、**0.02％の次亜塩素酸ナトリウム液**で消毒する。 ●POINT●

4 ✕ 次亜塩素酸ナトリウム液と**酸性タイプ**の消毒液を混ぜると、塩素ガスが発生する。

5 ✕ 消毒用エタノール液は、**原液**を使用する。

1　×　痰を出しやすくする方法として、**重力の活用（体位ドレナージ）**がある。痰の溜まっている部位を上にして、重力を利用し、痰を排出しやすい位置に移動させるケアであるが、半座位と仰臥位の繰り返しの体位変換だけでは不十分である。●POINT●

2　×　咳は、異物や分泌物を体外に排出するための**防衛反応**のひとつであるため、むやみに咳止め薬を内服するのはよくない。咳をするのに必要な筋肉が衰えないように、体位変換などで筋力や**体力を維持**する支援を行う。また、医師に相談せず、勝手に薬の内服を促してはいけない。

3　○　排出しやすい適度な痰の粘性を保つためには、**湿性（保湿性、加湿性）**が必要である。身体全体に水分が十分に行き渡るように**こまめな水分補給**は欠かせない。

4　×　医師の介護職員等喀痰吸引等指示書に基づきあらかじめ設定されている**吸引圧**は、勝手に調整してはいけない。

5　×　喀痰吸引が必要な人は、唾液の分泌が減少し口腔内の自浄作用が低下する。本人の習慣や意向は尊重しつつ、口腔ケアの重要性について説明し、1日に3～4回の口腔ケアを促す。●POINT●

ステップⅡP　　半座位の姿勢

ファーラー位…上半身を45°起こした姿勢

45°

セミファーラー位…上半身を15～30°起こした姿勢

30°以下

介護の基本　解答・解説

☑
☑

| 問題64 | 通所介護（デイサービス）の利用時の介護福祉職の対応 | 正答 3 | 重要度 ★ |

1　✕　居宅サービス計画書の見直しは、**介護支援専門員（ケアマネジャー）**が行う。

2　✕　Aさんが通所介護（デイサービス）で行ったレクリエーションの内容を娘に提供し、自宅でできる内容は復習していけるように支援していく姿勢がB介護福祉職には求められる。Aさんや娘とB介護福祉職は対等な関係であり、指導することは適切ではない。

3　〇　Aさんの**意欲を尊重**し、もっている力を継続して引き出し、さらにできることを増やしていくためには、自宅での家族の協力が欠かせない。娘にAさんの通所介護（デイサービス）利用中の様子を見てもらい、情報を共有していくことを提案するはたらきかけは適切である。 **●POINT●**

4　✕　個人的な活動であっても、通所介護（デイサービス）の**レクリエーション活動**に取り入れていくことは可能である。Aさんの希望を取り入れていくように検討する姿勢が必要である。

5　✕　Aさんの自立につなげるためには、**自宅での過ごし方、通所介護（デイサービス）での活動の両方**が必要である。自宅では行わないとするのは適切ではない。

☑
☑

| 問題65 | 介護福祉士 | 正答 3 | 重要度 ★★ |

1　✕　介護福祉士の資格は、介護福祉士でない者が介護福祉士の名称を名乗ることができない**名称独占資格**である。**業務独占資格**は、名称を名乗れないだけでなく、その業務を行うこともできない。 **●POINT●**

2　✕　**誠実義務規定**に違反しても、罰則は科されない。

3　〇　「社会福祉士及び介護福祉士法」では、介護福祉士の業務について**心身の状況に応じた介護**とし、そこに「喀痰吸引その他のその者が日常生活を営むのに必要な行為であつて、医師の指示の下に行われるものを含む」としている。

4　✕　秘密保持義務については、正当な理由がなく、その業務に関して知り得た人の秘密を漏らしてはならないとされ、**介護福祉士でなくなった後においても同様**とするとされている。

5　✕　介護福祉士は、福祉サービス等が総合的かつ適切に提供されるよう、**福祉サービス関係者などの他職種との連携**を保たなければならないとされている。

	問題66	聴覚障害者とU旗の意味	正答 1	重要度 ★

　設問の旗は選択肢1の「津波を知らせる」ものである。**聴覚障害者等**に迅速に**津波警報等**を伝達するため、それまで自治体によってまちまちであった旗が気象庁により2020年に統一された。危険を伝える船舶の国際信号旗である**U旗**と同じ左上と右下が赤、右上と左下が白のデザインが採用された。赤白の模様の旗は、色覚に異常がある人にも見えやすかったとされている。

	問題67	個人情報の取り扱い	正答 2	重要度 ★★★

1　✕　**プライバシー保護**のため、サービス担当者会議で利用者とその家族の個人情報を使用する場合は、本人から**事前に了解を得なければならない**。 ●POINT●

2　○　「個人情報保護法」第27条「**第三者提供の制限**」より、「人の生命、身体又は財産の保護のために必要がある場合であって、本人の同意を得ることが困難であるとき」は、あらかじめ本人の同意を得ないで、個人情報を第三者に提供することができる。救急搬送され意識がない場合は、この条文に該当する。

3　✕　介護福祉士は、離職した後も**介護福祉士でなくなった後**も、業務に関して知り得た個人情報は**守秘する義務がある**。

4　✕　事例検討等で利用者の個人情報を使用する場合には、**あらかじめ利用者の同意を得ることが原則**である。さらに、個人が特定されないように配慮する。

5　✕　広報誌等で、利用者の個人情報を使用する場合には、**あらかじめ利用者に説明した上で、同意を得る**。

		正答	重要度
☑ ☑	**問題68** 生活障害	3	★★

1　✕　横になったり、起き上がったりすることが困難な状態が起居に障害がある状態である。このため、援助がないと**寝たきりになるおそれ**がある。

2　✕　聴力に障害があると、日常生活での電話応対などが困難な状態で、**家族とのコミュニケーション**にも困難が生じる。

3　〇　**行動症状**は、BPSD のひとつで、作話(さくわ)、徘徊(はいかい)、異食、弄便(ろうべん)、失禁、興奮、暴言・暴力・易怒性、異所排尿などをいう。　●POINT●

4　✕　手や腕の機能に障害があると、手や腕が必要な動作が困難になる。このため、食事や着替えに**介護が必要**となる。

5　✕　一般的な家屋では、車いすの利用が難しい場合がある。歩行に障害があると**家屋内での移動が困難**な状態になる。

		正答	重要度
☑ ☑	**問題69** 要支援者への対応	3	★★

1　✕　要支援者である利用者から食事を作ってほしいと頼まれた場合、一緒に作り**自立を支援していく**ことが必要である。　●POINT●

2　✕　利用者宅に来客があっても、介護者がお茶を出すことは適切ではない。**利用者が用意**するのが適切である。

3　〇　買い物を頼まれた場合、**一緒に行く**ことが適切である。

4　✕　利用者の居室が散らかっていた場合、声をかけて**一緒に片づける**ことが自立支援につながる。

5　✕　利用者が入浴していた場合、入浴が終わるのを待って**利用者に洗濯してもらうように**することが大切である。介護者は利用者を見守り、**必要があれば手伝う**。

<table>
<tr><td>☑
☑</td><td>**問題70**</td><td>**働き方改革**</td><td>正答
1</td><td>重要度
★★</td></tr>
</table>

1 ○ 働き方改革によって、長時間労働の是正^{ぜせい}のために原則として月45時間、年360時間の
残業時間上限が定められた。●POINT●

2 ✕ 年次有給休暇5日間の取得が義務づけられた。

3 ✕ 均等待遇と均衡待遇が定められ、正社員と非正規雇用労働者で職務内容が同じ場合、
待遇面は同じ取り扱いにしなければならない。

4 ✕ 前日の就業時刻と翌日の始業時刻の間に一定時間以上の休息を確保する勤務間イン
ターバル制度を取り入れるように努めるとされた。

5 ✕ 事業主は、非正規雇用労働者から求めがあった場合には、正社員との待遇差の内容や
理由について、説明しなければならないとされた。

<table>
<tr><td>☑
☑</td><td>**問題71**</td><td>**利用者の個別性**</td><td>正答
1</td><td>重要度
★★</td></tr>
</table>

1 ○ 高齢者の場合、第二次世界大戦など大きな戦争を経験し、終戦後に苦労した人が多い
といえる。このような経験が利用者に影響を与えている場合があり、そのような点にも
配慮しながら個別性を理解することが必要である。

2 ✕ 生まれ育った地域によって、食事、言葉、生活スタイルなどが異なる。慣れ親しんだ
味以外の食事を出されることがストレスになることもあるので、地域性の違いを理解す
ることが必要である。●POINT●

3 ✕ 高齢者の現在の姿を理解するだけでは個別性を理解することはできない。高齢者の生
活歴、職業歴、時代背景、習慣などを総合的に理解し、個別性を理解していくことが必
要である。

4 ✕ 高齢者の経済状況や身体状況、家族状況も個別性に含まれる。

5 ✕ 高齢者の個別性を理解する場合、社会的な基準や介護者の価値観で判断することは避
けなければならない。

| 問題72 | 障害者マーク | 正答 3 | 重要度 ★★ |

設問のマークは、**身体障害者標識（身体障害者マーク）** とよばれ、肢体不自由がある者が普通自動車免許を受け、軽自動車を含む普通自動車を**運転する際につけるよう努める**とされている。一般的には「クローバーマーク」ともよばれ、青地の円に白い四つ葉のクローバーが描かれている。

| 問題73 | 初回利用時のかかわり方 | 正答 3 | 重要度 ★★ |

1 ✕ Cさんは下肢筋力が低下し、立位が不安定になってきたものの、移動ができない状態ではないので、機械浴（ストレッチャータイプ）での入浴は適さない。**過剰な介護**は、Cさんの**心身機能を低下**させ、介護負担の増大をまねく要因になる。●POINT●

2 ✕ 入浴は、特に個別性が高く、羞恥心を感じる行為でもあるため、**プライバシーを保護**し、**安心して入浴できるような配慮**が必要である。

3 ◯ 通所介護（デイサービス）で入浴を行う目的には、身体の清潔保持や介護負担の軽減のほか、レクリエーションの効果も含まれる。温泉巡りが好きであったCさんが入浴に**満足感を得る**ことができるように介護を行う必要がある。

4 ✕ 通所介護（デイサービス）は、居宅サービスのひとつであり、自宅での生活が継続できるように生活の継続性を考える必要がある。そのため、浴室の環境が自宅と異なる環境であっても、自宅での入浴方法を知り、継続できる方法を実践する必要がある。さらに、介護福祉職が介助しやすい方法は介護者主体の介護であり、Cさんの意向を尊重した利用者主体になっていない。

5 ✕ 自立支援の視点から、麻痺がある状態であっても、できることは行ってもらうことがCさんの心身機能の低下を防ぐことになる。

コミュニケーション技術　解答・解説

| ☑ ☑ | **問題74** | リフレーミング | 正答 3 | 重要度 ★★ |

1　✕　今困っていることがどのようなときに役立つかを考える手法は、**状況のリフレーミング**である。

2　✕　相手の言った言葉をほかに表現方法がないか考える手法は、**内容（意味）のリフレーミング**である。表現を変えることで、考え方に変化が生じることがある。

3　〇　利用者と事実を共有しても、**発想が偏っているようなとき**にリフレーミングの手法を取り入れ、発想を転換させていく。 ●POINT●

4　✕　リフレーミングは、**言葉を用いて**物の見方を変えていく方法である。

5　✕　リフレーミングは、解決志向アプローチなど、**カウンセリングの手法**の中に取り入れられている。

| ☑ ☑ | **問題75** | 利用者と家族の意向調整 | 正答 5 | 重要度 ★★ |

1　✕　介護福祉職は、必要に応じて、利用者、家族**それぞれの意向を代弁**する。

2　✕　利用者と家族が**お互いの意向**を表明できるきっかけと、表明できる場をつくる。

3　✕　話し合いの結果がでた場合には、状況が変わったり、時間が経つと意向が変わったりすることもあるため、結果の**再確認**を行う。

4　✕　**両者の共通点、妥協点を探って確認する。**このためには、お互いの信頼関係が必要になる。 ●POINT●

5　〇　自分の意向を相手に上手に伝えることは難しいため、伝えようとしていることが相手に**正確に伝わるような言い方**、まとめ方などを教えるようにする。

問題76	共感的な声かけ	正答 2	重要度 ★★★

1　×　Dさんは、自宅と施設との環境の違いに戸惑っていると考えられる。「どうして黙っているのですか」と問われても、自分の気持ちを表現できないのかもしれない。共感的な声かけではない。

2　○　Dさんの**戸惑いに寄り添う声かけ**である。共感してもらっているという気持ちをDさんがもつことで、気持ちが落ち着き、施設での生活に慣れていくきっかけとなる可能性がある。 **●POINT●**

3　×　食べたいものを言ってもよいのかどうか戸惑っていることも考えられる。共感的な声かけではない。

4　×　聞いていても、どうすればよいのかわからないだけかもしれない。**話し方を変えてみる**などの配慮が必要であり、共感的な声かけではない。

5　×　**一人ひとりに配慮した対応**が必要である。共感的な声かけではない。

問題77	入所者とのコミュニケーション	正答 5	重要度 ★★

1　×　Eさんは、献立が同じだと訴えている。それを**全面的に否定**することは、Eさんを否定することでもあり、適切な対応ではない。

2　×　職員の間で**記憶力が低下**しているのではという話が出ている状況で、思い出してくださいと問いかけるのは適切な対応ではない。

3　×　覚えていられなくなったのかと質問することは、Eさんの記憶力の低下を本人に確認することになる。自分の記憶力の低下をはっきりと言われることでEさんが**ショックを受ける**ことも考えられる。適切な対応ではない。

4　×　Eさんの話をそのまま受け容れることも大切だが、**実際には伝えない事柄**をEさんに伝えることは最も適切な対応ではない。

5　○　記憶力の低下の進行を遅らせるためにも、介護職員が一緒に献立をノートに書いてみるのは適切な対応である。 **●POINT●**

1 ○ 肺炎治療の直後で息切れが続いていることも考えられる。少しずつ練習することで、以前ように歌うことができる可能性もある。**焦らずに練習するように**声かけをするのは適切である。 ●POINT●

2 × 以前のように歌いたいと言っているＦさんに対して、今の歌い方でよいのではと声かけをするのは、Ｆさんの気持ちに沿っておらず適切な声かけではない。

3 × カラオケを続けたいと思っているＦさんに対して、やめてもよいのではと声かけをするのは、**楽しみを奪う**ことになり、適切な声かけではない。

4 × Ｆさんは、介護福祉職を**信頼して相談**していると考えられる。お医者さんに相談しましょうと声かけするのは、Ｆさんをがっかりさせる可能性があり適切ではない。

5 × カラオケを趣味にしてきたＦさんが、また歌いたいという希望をもっている。ほかに楽しめることはないのですかという声かけは、Ｆさんの希望に沿っていないため適切ではない。

	正答	重要度
問題79 介護福祉職の声かけ	2	★★

1 × 体が弱っているＧさんに対して、死への不安をあおるような声かけは適切ではない。

2 ○ 食べられなかったという事実を受け入れたうえで、**何か食べたいもの**はないかと問いかけるのは適切な対応である。好物であれば口にできるかもしれない。 ●POINT●

3 × ただ何となく食べたくなかったのかもしれない。どうしてと聞かれても答えられない可能性が高く適切な声かけではない。

4 × 誰が作っても、食べたくないという状況かもしれない。**無理強い**することは避けたほうがよい。

5 × Ｇさんは、後で食べようと思っているかもしれない。**訪問直後の声かけ**として適切ではない。

生活支援技術　解答・解説

問題80	杖の種類	正答 5	重要度 ★★★

1　×　T字杖は、手指で握るため手指・手首で杖を支持することが困難な人には適していない。

2　×　松葉杖は、腋窩部と手で体重を支えるため、手指・手首で杖を支持することが困難な人には適していない。

3　×　オフセット型杖は、手指でグリップを握るため、手指・手首で杖を支持することが困難な人には適していない。

4　×　カナディアン・クラッチは、握力の弱い人や筋力が低下した人などに適した杖で、手指・手首でグリップを握ったり支えたりするため、手指・手首で杖を支持することが困難な人には適していない。

5　○　プラットホームクラッチは、前腕部で杖を支持できる。手指・手首で杖を支持することが困難な人に適している。 ●POINT●

問題81	安楽な体位保持	正答 1	重要度 ★★

1　○　30°側臥位の場合、患側は上にし、患側の手には巻いたタオルなどを握ってもらう。

2　×　尖足予防のために足底に使用する枕は、足の指先が枕から出ないような高さのものを選ぶ。

3　×　端座位では、ベッドに深く腰掛け、足底が床につくようにする。また、両手はベッドの上についてもらう。

4　×　仰臥位の場合、膝枕は下肢を動かしても外れないような大きさの枕を選ぶ。

5　×　半座位は上半身を起こした体位で、半座位のうちファーラー位は上半身を45°起こした状態、セミファーラー位は上半身を15～30°起こした状態である。 ●POINT●

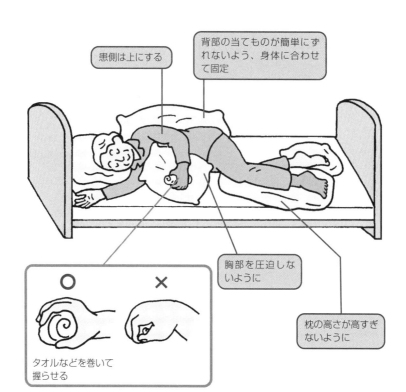

患側は上にする

背部の当てものが簡単にずれないよう、身体に合わせて固定

胸部を圧迫しないように

枕の高さが高すぎないように

○　×

タオルなどを巻いて握らせる

問題82	介護保険の住宅改修	正答 4	重要度 ★★★

1　✕　トイレや浴室などの**取り外しのできる手すりの設置**は、**福祉用具**の対象である。住宅改修の対象になる手すりは、壁などに固定する工事を伴う手すりである。

2　✕　住宅改修の対象になるのは、**引き戸への取り換え**である。開き戸への取り換えは対象ではない。

3　✕　手すりを設置する際などに付帯する**壁補強などの工事**は、住宅改修の対象である。

4　○　段差の解消は、住宅改修の対象である。住宅改修の対象になるのは、①手すりの取り付け、②段差の解消、③滑りの防止や移動を円滑にするための床または通路面の材料の変更、④引き戸などへの変更、⑤洋式便器などへの便器の取り換え、⑥その他①～⑤に付帯して必要な住宅改修である。●POINT●

5　✕　**和式便器を洋式便器に取り換える**ことは住宅改修の対象だが、すでに洋式便器を設置している場合に温水洗浄便座に変更することは住宅改修の対象にはならない。

☑
☑ **問題83** 褥瘡の好発部位　　正答 3　重要度 ★★

1 ✕ Aの位置は頸部（けいぶ）である。褥瘡（じょくそう）の好発部位ではない。

2 ✕ Bの位置は**肘頭部**（ちゅうとうぶ）である。褥瘡の好発部位のひとつであるが、最も多く発症する部位ではない。

3 ○ Cの位置は**仙骨部**（せんこつぶ）である。仰臥位（ぎょうがい）の場合には、仙骨部に最も体重がかかるため、褥瘡の好発部位の中で最も発症のリスクが高い。　●POINT●

4 ✕ Dの位置は**腓腹部**（ひふくぶ）（ふくらはぎ）である。褥瘡の好発部位ではない。

5 ✕ Eの位置は**踵骨部**（しょうこつぶ）である。褥瘡の好発部位のひとつであるが、最も多く発症する部位ではない。

ステップUP　褥瘡の好発部位

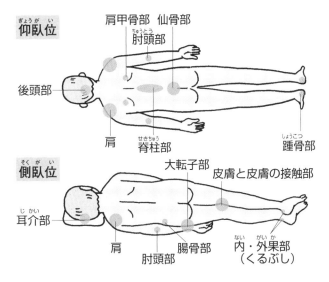

仰臥位（ぎょうがい）
肩甲骨部　仙骨部
肘頭部（ちゅうとう）
後頭部
肩　脊柱部（せきちゅう）　踵骨部（しょうこつ）

側臥位（そくがい）
大転子部　皮膚と皮膚の接触部
耳介部（じかい）
肩　肘頭部　腸骨部（ちょうこつ）　内・外果部（ない・がいか）（くるぶし）

☑
☑ **問題84** 糖尿病の食事制限　　正答 5　重要度 ★★★

1 ✕ 一度に大量の食物を摂取すると急激に血糖値が上昇するため、1日の総エネルギー量を**3食でほぼ等分**に摂取する。　●POINT●

2 ✕ 海藻は低エネルギーで、**満腹感を得やすい**ため十分に摂取する。

3 ✕ 炭水化物を控えるのではなく、たんぱく質、脂質、炭水化物を**バランスよく摂取**する。

4 ✕ 摂取過剰になると**血管障害**を起こすことにつながるため、砂糖類や動物性食品は摂取量に注意する。

5 ○ 無機質やビタミンにはエネルギー量がないとともに、**身体の機能を調整**するはたらきがあるため、十分に摂取する。

		正答	重要度
問題85	施設における快適な居住空間	4	★★★

1 　✕　感染予防の措置を行いながら、地域の人たちとの交流を行って**社会参加の機会を維持**していく。

2 　✕　施設は集団生活の場であるが、**自宅で営まれていた個々の生活**が入所後もできる限り継続されることが望ましい。

3 　✕　浴室は、**プライバシーの保護**と**安全確保の視点**をもつことが重要である。ユニット型でみられるような生活単位ごとに入浴するような形が適している。

4 　◯　食堂のいすは、両足の足底部が床につき、食べやすいように前傾姿勢がとれるように、いすとテーブルの高さを**利用者に合わせる**。 **●POINT●**

5 　✕　なじみの環境をつくって利用者が安心できるようにするため、自宅で使用していた家具や生活備品で持ち込めるものは継続して**使用**できるようにする。

		正答	重要度
問題86	手すりの設置	1	★★★

1 　◯　**横手すり**はハンドレールともよばれ、身体を移動する際に手を滑らせながら使う。廊下や階段に設置することが多い。 **●POINT●**

2 　✕　**縦手すり**は、移乗する際や立ち上がる際につかまって使用する。トイレや浴室に設置されることが多い。

3 　✕　**L型手すり**は、横手すりと縦手すりを組み合わせたもので、複合手すりの一種である。トイレや浴室などに設置されることが多い。

4 　✕　**波型手すり**は、複合手すりの一種である。形状が波型のため、この名称でよばれる。

5 　✕　**置き型手すり**は、床に置いて立ち上がりの際などに使用する。置き型のため、ほかの場所に移動しても使用することが可能である。

ステップ**JP**　手すりの例

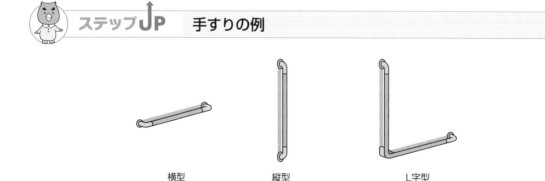

横型　　　　　　　縦型　　　　　　　　　L字型

		正答	重要度
☑ ☑ **問題87**	片麻痺のある利用者の身支度	1	★★★

1 ○ 片麻痺（かたまひ）があっても、**できることはなるべく本人にやってもらう**。右片麻痺の場合、左手は使えるので、左手でボタンをかけてもらうようにする。

2 × 利用者に上着のボタンを外してもらい、次に左手で**患側の右身頃（みごろ）**を肩まで下げてもらう。その後、介護者が脱がせやすいように健側（けんそく）の肩を下げてもらう。

3 × 片麻痺のある利用者のズボンを脱がせる場合、利用者にベッドやいすなどに浅く腰かけてもらい、前傾姿勢をとりながら**立ってもらう**。利用者が立ってから、介護者はズボンを下げる。その後、利用者に座位をとってもらい、健側から脱がせる。

4 × ズボンをはかせる場合、座位のまままず介護者が患側である右側の足を支えてズボンに通し、次に利用者に健側である左側の足を通してもらう。選択肢2と合わせて、これを脱健着患の原則という。 ●POINT●

5 × 上着を着せるときは、**脱健着患の原則**に従って、まずは患側の右側の袖から通し、肩まで着せる。

❶利用者に、パジャマのボタンを外し、右身頃
　（患側）を肩まで下げてもらう

❷パジャマを脱がせやすいように、利用者に健側
　の肩を下げてもらう
❸介護者は、健側の袖を脱がせ、上衣をとる

❹新しいパジャマの袖を患側の手から通し、肩ま
　で着せる
❺健側の手を通し、肩まで着せる

❻利用者にボタンをかけてもらう

❼利用者に浅く腰かけてもらう。前傾姿勢で立位
　をとらせ、介護者はズボンを下げていく
❽利用者を座位にし、健側から脱がせる。患側は
　踵（かかと）を支えながら脱がせる

❾患側の足を支え、新しいズボンを患側の足から
　履かせる。次に、利用者に健側の足を通しても
　らう
❿利用者を立位にし、介護者は利用者の腰を支え
　ながらズボンを腰まで引き上げる
⓫パジャマ全体のしわ、たるみなどを整える

1 ✕ Ｉさんの場合、歩行時に痛みはあるものの**歩行は可能**である。残存機能を維持するためにも、車いすの導入は適切とはいえない。●POINT●

2 ◯ Ｉさんは、痛みのため寝ている状態からの起き上がりが困難なので、**背部の上げ下ろしができる特殊寝台（ギャッチベッド）**の導入によって起き上がりが容易になると考えられる。そのため、最初にギャッチベッドを導入することは、適切といえる。

3 ✕ プラットホームクラッチは、**歩行がやや安定している人向き**で、疾患などによって**手首で杖を支持することが困難な人**が使用する杖である。Ｉさんは、上肢に問題はないが、歩行が不安定なため、プラットホームクラッチの導入は適切とはいえない。

4 ✕ **手すり**は、**歩行が不安定な人**などには必要な福祉用具である。Ｉさんにも導入が検討されるべきと考えられるが、起き上がることができないＩさんには、起き上がりを助けるギャッチベッドの導入が最優先であると考えられる。

5 ✕ **スロープ**は、**段差を解消**し、車いすの使用や歩行をスムーズにするのに有効であるため、Ｉさんが導入する福祉用具として適切であるといえる。ただし、選択肢4のように、現在のＩさんに最も必要な福祉用具とはいえない。

第1回　解答・解説（午後）

ステップUP　杖の種類

●歩行がやや安定している人向き

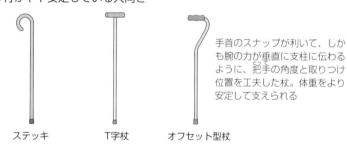

手首のスナップが利いて、しかも腕の力が垂直に支柱に伝わるように、把手の角度と取りつけ位置を工夫した杖。体重をより安定して支えられる

ステッキ　　　Ｔ字杖　　　オフセット型杖

●腕の力が弱い人向き　　　　　　　　　　　●歩行が不安定な人向き

握力が弱く、手首で杖を支持することが困難な場合、前腕で杖を支持することができる

関節リウマチ等で手関節に強い負荷がかけられない場合、握りのついた前腕支持部で杖を支持することができる

ロフストランドクラッチ　　　プラットホームクラッチ　　　四脚杖（四点支持杖）　　歩行器型杖（ウォーカーケイン）

福祉用具貸与^{注1}	要介護者が可能な限り自立した生活を送るため、また介護に当たる家族の負担を軽減するために、必要とする福祉用具を貸与する。以下のものが給付対象となる。 ①車いす　②車いす付属品　③特殊寝台　④特殊寝台付属品　⑤床ずれ防止用具　⑥体位変換器　⑦手すり　⑧スロープ（主に敷居等の小さい段差の解消に使用し、工事を伴わないもの）★　⑨歩行器（固定式・交互式歩行器、歩行車）★　⑩歩行補助杖（カナディアン・クラッチ、プラットホームクラッチ、ロフストランドクラッチ、多点杖、松葉杖）★　⑪認知症老人徘徊感知機器　⑫移動用リフト（吊り具の部分を除く）　⑬自動排泄処理装置（交換可能部品を除く）
特定福祉用具販売	居宅の要介護者に対し、福祉用具のうち、入浴や排泄などの用具を販売する。原則として購入費の9割は、居宅介護福祉用具購入費として支給される。以下のものが対象となる。 ①腰掛便座　②自動排泄処理装置の交換可能部品　③入浴補助用具　④簡易浴槽　⑤移動用リフトの吊り具の部分　⑥排泄予測支援機器　⑦スロープ★　⑧歩行器（歩行車を除く）★　⑨歩行補助杖（松葉杖を除く）★

注1）要支援1、2と要介護1の者は、原則、①〜⑥、⑪、⑫の福祉用具貸与については給付の対象外となっている。また、⑬については、排便と移乗で全介助が必要な人を除き、要支援1、2と要介護1〜3の者は給付の対象外となる
　　★令和6年度から貸与と販売の選択制が導入され、★印の福祉用具について福祉用具貸与または特定福祉用具販売のいずれかを利用者が選択できるようになった

☑
☑ | **問題89** | 爪の手入れ | 正答 3 | 重要度 ★★★

1　✕　爪を切る場合には、指先から少しのびた部分を**直線に切り**、そのあと**角を少し切るスクエアオフ**が適している。爪を斜め方向から切る方法はバイアス切りとよばれ、巻き爪になりやすい。

2　✕　糖尿病の利用者の場合、小さな傷や病変がきっかけとなって悪化しやすいため、**医療職が爪切りを行う。**　●POINT●

3　〇　入浴後や手浴、足浴のあとは**爪がやわらかくなっている**。また、蒸しタオルで水分を与えた後も爪がやわらかくなる。高齢者の爪はもろく割れやすかったり、硬くなっていたりするため、やわらかくしてから切るようにする。

4　✕　いすに座って切る場合は、**肘つきのいす**を用意し、爪を切るときには上腕部を肘掛けの上にのせてもらう。

5　✕　爪切りは、利用者が**日常使用しているもの**を使用する。

☑
☑ | **問題90** | 入浴 | 正答 3 | 重要度 ★★

1　✕　湯をかける際には、**心臓に遠い部位**（末梢から中枢に向けて）から湯をかける。　●POINT●

2　✕　**空腹時、食事の直後、飲酒直後の入浴は避ける。**

3　〇　**心疾患や高血圧のある人は熱い湯を避け、適温より少し低い湯温にする。**

4 ✕ 麻痺がある場合は、湯温が確認できる健側（けんそく）から湯をかける。

5 ✕ 入浴は、身体に負担がかからないよう短時間が望ましい。長湯は避ける。

| 問題91 | 便秘・下痢に対する援助 | 正答 2 | 重要度 ★★ |

1 ✕ 乳酸菌は、腸の状態を整え便秘を解消するはたらきがある。このため、避けるように伝えるのは適切ではない。

2 ○ 下痢（げり）の際には脱水になりやすいが、一度に大量の水分を摂取すると下痢がひどくなることにつながる。このため、少量ずつ数回に分けて、様子をみながら摂取するようにする。

3 ✕ 下痢の際には体力を消耗するため、安静にすることが大切である。腹部を温めることも、痛みを和らげるのに効果がある。 ●POINT●

4 ✕ 便秘の際には、食物繊維を含んでいる食品をとり、腸を刺激して動くようにすることが必要である。消化器に負担がかからない食品を摂取するのは、下痢の際である。

5 ✕ 下痢の際には、腸の動きが活発になる冷たい飲み物や炭酸飲料、牛乳は避けることが大切である。

| 問題92 | 食事の際の姿勢 | 正答 2 | 重要度 ★★ |

1 ✕ 身体とテーブルの間は、にぎりこぶし1つ分あけるようにする。あいていないと食事がしにくくなる。 ●POINT●

2 ○ 肘（ひじ）と膝（ひざ）を90°に保つ姿勢が食事には適しているため、利用者が肘をテーブルに楽にのせられるようにすると肘を90°に保ちやすくなる。

3 ✕ いすには深く腰掛けてもらい、仙骨（せんこつ）を圧迫しないようにする。

4 ✕ つま先ではなく、足底が床につくようにいすの高さを調節する。

5 ✕ 背筋がのび、顎（あご）を軽くひいた姿勢がとれるように、背もたれのあるいすを使用する。

| 問題93 | 歯磨きの助言 | 正答 5 | 重要度 ★★★ |

1 ✕ 総義歯は、下顎（あご）から上顎の順に外し、上顎から下顎の順に入れる。上顎から外すという助言は適切ではない。 ●POINT●

2 ✕ 歯ブラシは使用後によく洗い、乾燥させる。コップの水に浸けておくという助言は適切ではない。

3 ✕ 歯磨きは、原則として毎食後に行う。1日1回しか行えない場合には、夕食後に行う。1日1回朝食後という助言は適切ではない。

4 ✕ 含嗽剤（洗口剤）を使用したうがいは口臭の除去効果が高く、清涼感は得られるが、

口腔細菌の減少効果については、歯ブラシの使用に比べると**劣る**。歯磨きより効果があるという助言は適切ではない。

5　○　総義歯は、普通の歯ブラシではなく、**義歯専用の歯ブラシ**を使用して磨く。

☑ ☑	**問題94**	誤嚥予防の食事	正答 3	重要度 ★★

1　×　誤嚥することが多い人の場合、**まず、誤嚥の原因を取り除くことが必要**である。原因によっては咀しゃくが可能な場合もあるのでミキサー食に切り替えることは適切とはいえない。

2　×　麻痺がある場合、健側の口角から食べ物を入れるのが原則である。右側に麻痺がある場合、左側から入れる。

3　○　**お茶や汁物でむせやすい人**、咀しゃくが困難で食べ物を思うようにかみ切れない人、**口の中に食べ物を含んだまま飲み込もうとしない人**などは、誤嚥しやすい状態の人である。嚥下しやすい姿勢をとり、食物の形態などを工夫することが必要である。　●POINT●

4　×　カステラやケーキはスポンジ状でパサパサとしているため、**誤嚥しやすい食べ物**である。プリン状、ゼリー状、乳化状の食べ物は誤嚥しにくいので、間食にはプリンやゼリー、ヨーグルトなどが適している。

5　×　誤嚥を予防するためであっても、**自立支援の観点から自分で食べられる人は自分で食べてもらう**ようにしなければならない。食事中は介護職が十分に注意し、誤嚥を予防するすることが大切である。

☑ ☑	**問題95**	浴室の環境整備	正答 1	重要度 ★★

1　○　浴室の床にゴムマットを敷き、浴槽にバスボードを渡すことは、工事などが不要で、手軽にできる方法である。**入浴を安全かつ安楽にする方法**として、最も適切であるといえる。

2　×　杖をついて一人で入浴することは、**転倒の危険**などがある。Jさんや家族の負担を減らすためには、浴室で滑らない工夫や入浴が安全・安楽・安心に行える工夫が必要である。

3　×　浴槽を低くする改修は、**住宅改修の給付対象ではない**。ただし、手すりの取りつけについては、給付対象となるため、浴室に手すりを取りつけることの提案は適切といえる。

4　×　訪問入浴介護は、**自宅の浴槽での入浴が困難な要介護者の居宅**を、看護職員や介護職員が入浴車で巡回訪問し、入浴の介護を行うサービスである。このため、要介護度が重い人の利用が多い。Jさんは要介護認定を受けているが、家族の介助があれば自宅の浴槽で入浴が可能であるため、現状では利用できない。

5　✕　手すりの取りつけは住宅改修の給付対象であるため、20万円を限度として、改修費の原則として9割が償還払いで給付される。したがって、**自己負担は1割（または2割か3割）である**。 ●POINT●

ステップUP　浴室の環境整備の例

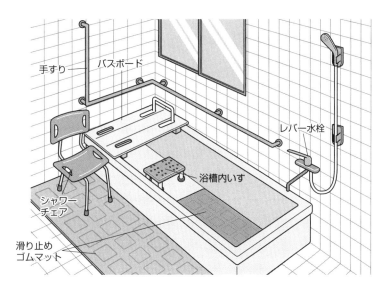

手すり／バスボード／レバー水栓／浴槽内いす／シャワーチェア／滑り止めゴムマット

問題96	経管栄養利用者の口腔ケア	正答 2	重要度 ★★

1　✕　経管栄養を行っている利用者の場合、唾液（だえき）の分泌が減少して口腔（こうくう）内の自浄作用が低下している。このため、**食後に一定の時間をあけてから口腔ケアを行う**。

2　○　意識障害がある場合、自分で歯みがきやうがいができないため、口腔内に細菌が繁殖する。繁殖した細菌が気管に入ると誤嚥（ごえん）性肺炎を起こすことがある。1日に3〜4回程度**口腔内の清拭（せいしき）を行う**ことが必要である。

3　✕　口腔内にはさまざまな常在菌が存在しているため、これらの菌が気管に入ると肺炎などを引き起こす。 ●POINT●

4　✕　舌面や歯肉を清潔にする際には、**粘膜ブラシ（超極軟毛）やスポンジブラシ、舌ブラシ**を使用する。

5　✕　スポンジブラシを使用する場合には、**少量の水を含ませる**。

1 ○ 食事の際には、嚥下しやすい姿勢をとることが大切である。**可能な限り座位をとり、顎を引いた状態にする。**寝たきりの場合には、無理のない範囲で上体を起こす。

●POINT●

2 × 片麻痺のある場合には、患側に食べ物を入れると残っていてもわかりにくいので、**健側に食べ物を入れる。**

3 × 嚥下や咀しゃく機能が十分にはたらくように、利用者の意識がはっきりとしているときに食事を摂ってもらう。

4 × 水分でむせやすい場合には、**増粘剤でとろみをつける**など、嚥下しやすいように工夫する。

5 × 嚥下体操やアイスマッサージは、**食前**に行う。

1 × **ノロウイルス**による食中毒は、**カキ、ホタテなど二枚貝を原因**とすることが多く、患者の便や嘔吐物などを介して二次感染することもある。 ●POINT●

2 ○ 学校や施設など、多数の人に食事を提供している場合、検食を**一定期間冷凍保存**しなければならないとされている。

3 × **細菌性食中毒予防は、細菌をつけない・増やさない・殺す、である。**細菌をつけないために器具や手指を消毒し、増やさないために迅速な調理・低温保存を心がけ、殺菌や消毒によって殺す。 ●POINT●

4 × **黄色ブドウ球菌**が産生するエンテロトキシンは**熱に強く、**100℃で30分〜1時間加熱しても無毒化することができない。

5 × **ボツリヌス菌食中毒は、ハムやソーセージなどが原因食品**となることが多い。スープ類などを室温で放置した場合に多く起きる食中毒は、ウエルシュ菌やセレウス菌を原因としていることが多い。

問題99　洗濯の支援

正答	重要度
3	★★

1　✕　蛍光増白剤は、淡い色や生成（きな）りの衣類に使用すると**変色する**ことがあるため、使用しない。蛍光増白剤は、黄ばんだ衣類を白く見せる効果がある。

2　✕　塩素系漂白剤は、**白物衣類のみに使用する**ことができる。また繊維の種類も、綿、麻、アクリル、ポリエステル、レーヨン、キュプラに限られる。酸性タイプのものと混ぜると有毒ガスが発生するため、注意が必要である。　●POINT●

3　○　還元型漂白剤は、すべての白物衣類に使用することができ、酸化型（塩素系、酸素系）漂白剤で落ちないサビなどの染みを落とすことができる。

4　✕　水溶性の染みは、染みの部分の下にタオルを敷き、**水をつけた綿棒や歯ブラシ**などで、**染みの周辺から中心に向けて叩き**、タオルに染みを移して落とす。落ちないときは、中性洗剤などで同様に叩いてタオルに染みを移す。

5　✕　泥はねは、泥の粒子が水分と一緒に繊維に付着した状態であるため、**乾燥させてから表面をブラシで叩いたり、もんだりしながら落とす**。選択肢のベンジンをもみこんで洗濯機を使用する染みは、襟垢（えりあか）、口紅、ボールペンなどの油性の染みに有効な方法である。

問題100　安眠の介助

正答	重要度
3	★★

1　✕　睡眠薬には作用時間などいろいろなタイプがあり、効き方に違いがある。また、必ず**医師の指示**に基づいて服用しなければならない。利用者自身に選ばせたり、手元にある睡眠薬を服用させることは避けなければならない。　●POINT●

2　✕　薬を服用する場合、薬の効果に影響がないように**水か白湯**（さゆ）で服用する必要がある。

3　○　眠れないと訴える利用者の場合、不安感などが関係していることがある。介護職がそばで話を**傾聴**して不安を受けとめることは、利用者の安眠につながる。

4　✕　就寝時に**満腹**、**空腹**、かゆみや痛みがあるなどの状態にあると、就寝の妨げになることがある。また、コーヒーや紅茶、緑茶などは**カフェイン**を含んでいるため睡眠を妨げる。

5　✕　就寝前に多めに水分を摂ることは、**夜間の排尿**につながり、睡眠の妨げになる。**夕方**までに1日の必要量を摂取するようにする。

問題101 自助具

正答	重要度
3	★★

1　✗　握りやすくするために、グリップの部分を太くしたフォークとスプーンである。関節リウマチなどで**手指の関節が曲げにくくなって握りにくくなった人**が使用する。

2　✗　ばねで固定してある箸<ruby>箸<rt>はし</rt></ruby>である。**手指の力が低下している人**が使用する。

3　○　カフベルト付きのスプーンホルダーである。**カフベルトで手に固定する**ことで、手指に麻痺<ruby>麻痺<rt>まひ</rt></ruby>がある人も使用することができる。 **●POINT●**

4　✗　ボタンエイドである。**指先で細かい動作がしにくくなった人**がボタンをかけるときに使用する。

5　✗　長い柄のついたヘアブラシである。**肩やひじ、手首の関節を動かしにくくなった人**が使用する。

問題102 在宅でのターミナルケア

正答	重要度
2	★★

1　✗　在宅でのターミナルケアの目標は、利用者が**家族とともに安楽に過ごすこと**である。複雑なあるいは不必要な医療処置は行わない。

2　○　利用者に**苦痛を与えないことを第一**とし、できるだけ自然な経過を見守っていくことがターミナルケアの原則のひとつである。 **●POINT●**

3　✗　利用者や家族が常に安心していられるように**不安を除去すること**は、ターミナルケアの原則のひとつである。

4　✗　在宅でのターミナルケアでは、**家族に任せず**、安全な方法で症状を緩和する。

5　✗　利用者や家族の生活を尊重し、利用者も**家族もできるだけ束縛しないこと**がターミナルケアの原則のひとつである。

問題103	人生の最終段階におけるケア	正答 3	重要度 ★★★

1 ✕ エンドオブライフ・ケアでは、対象となる時期は、身体の状況を医学的に判断するだけでなく、本人が選択する治療方法も考慮して判断される。対象となる時期が医学的判断によって決定されるのは、終末期ケアやターミナルケアである。●POINT●

2 ✕ 蘇生を試みないでほしいという意思表示は、**DNAR指示**である。**事前指示**は、判断能力がある間に、意思決定能力がなくなったときに、自分に対して行われる医療行為についての意向を事前に示すことをいう。

3 ◯ 自らが望む人生の最終段階の医療・ケアについて、事前に医療・ケア等のチームと繰り返し話し合い、共有することを**アドバンス・ケア・プランニング**という。

4 ✕ ターミナルケアの余命は、**おおむね6か月**とされている。

5 ✕ ターミナルケアの対象者は、**おもにがん患者**とされている。

問題104	整容の介助	正答 3	重要度 ★★★

1 ✕ 高齢者の爪は硬く割れやすいため、入浴後や足浴・手浴後の柔らかくなったときに切り、爪やすりをかける。●POINT●

2 ✕ 一度に大きく切ると深爪になることがあるため、**少しずつ切る**ようにする。

3 ◯ 目の周りは、上下ともに**目頭から目尻**に向かって拭く。

4 ✕ 点眼薬は、下眼瞼（下まぶた）を引いて、点眼容器の先端がまつ毛やまぶたに当たらないように注意しながら下眼瞼に1滴点眼する。

5 ✕ 点鼻薬を点鼻する際には、**点鼻する前**に静かに鼻をかんでもらい、点鼻後は、鼻腔内に薬が行き渡るように数分間そのままの姿勢を保ってもらう。

問題105 誤嚥予防

正答	重要度
5	★★★

1 ✕ Ｋさんは、食事や排泄を自分で行うことができている。誤嚥性肺炎が治癒した後だからといって全介助するのは適切ではない。できることはＫさんに行ってもらい、できないことを介助する。

2 ✕ 食事中に不必要に声かけをすることは誤嚥につながる。口腔内に食べ物がないこと、しっかりと飲み込んだことを確認してから声をかける。 ●POINT●

3 ✕ 食前に水分を摂って口腔内を湿らせると唾液の分泌がよくなり、咀しゃくや嚥下を行いやすくなるので誤嚥の予防につながる。食前に水分を摂らないようにアドバイスするのは適切ではない。 ●POINT●

4 ✕ 座位姿勢を整えることは誤嚥予防につながる。Ｋさんの希望するようにした場合、誤嚥を予防できる姿勢にできないことも考えられる。足底を床につける、背筋をのばす、顎を軽く引くなどすることが必要である。

5 〇 Ｋさんは食事や排泄を自分で行えるが、誤嚥性肺炎を起こした後のため食事中の見守りは必要である。

介護過程　解答・解説

☑
☑
問題106　個別介護の実践

正答	重要度
1	★★

1　○　イーガンの**第1次共感**（基本的共感）の技法を活用した声かけであるため適切である。利用者の言葉を「感情」と「その感情の理由」とに分けてとらえ、それをふまえて応答する方法で、受容的・共感的であり、介護福祉職が話の内容と、そこに含まれる感情の両方を、しっかり受け止めたことが利用者に伝わる。 ●POINT●

2　✕　個人が感じている悲しみを、他の人とひとまとめにとらえた表現は、Ｌさんの気持ちに寄り添った言葉かけではなく、不適切である。

3　✕　**安易な励ましは、Ｌさんへの負担**となる場合がある。

4　✕　介護福祉職の感情を押しつける言葉かけは適切でない。介護福祉職の感情よりも、Ｌさんの気持ちに寄り添った言葉かけをするべきである。

5　✕　大変かどうかは、Ｌさんが感じていることであり、介護福祉職の主観で決めることではない。

☑
☑
問題107　失禁への支援

正答	重要度
3	★

1　✕　Ｌさんは下肢（かし）の筋力低下が目立ち始めている状況であるが、トイレまで車いすで自走し排泄（はいせつ）できている。「している活動」が継続できるように支援するうえで、筋力低下の予防の対策や、ポータブルトイレの活用の時期などについて、**本人の意向を尊重して検討する必要がある**。 ●POINT●

2　✕　水分摂取量を控えることは、脱水につながる危険性がある。**失禁の要因をしっかりアセスメント**する必要がある。

3　○　**失禁したことに対するＬさんの気持ちをまず受容**することが大切である。次に、失禁の要因を確認し、その要因を解決するためにどうすればよいか**一緒に考え**、生活課題の解決に向けた援助目標を設定する。

4　✕　Ｌさんの状況は、おむつの使用は段階的に早いといえる。**尊厳に対する配慮および自立支援の観点**からも、安易におむつの使用を勧めるべきではない。

5　✕　Ｌさんは、現在、トイレまで車いすを自走し排泄している。夜間や体調の悪いときなど、一人でトイレに行く際に危険が伴う場合などには職員を呼ぶことは必要であるが、必ず呼んでもらうとするのは適切ではない。排泄の介助を他者に委ねることは負担に感じることであり、Ｌさんの**尊厳に配慮**することも必要である。

| 問題108 | 介護過程の目的 | 正答 2 | 重要度 ★★ |

1　✕　介護は、**利用者の意思を尊重**することが重要である。介護職の判断を重視して介護することは適切ではない。

2　○　利用者に関心を寄せることは、その人がどのような生活をしていくのかを知る上で大切である。興味本位ではなく、**こころからの関心を寄せる**ことが必要である。　●POINT●

3　✕　利用者の意思を尊重し、尊厳を守っていくためには専門職としての知識や技能が必要である。**介護実践は、誰でもできるものではない。**

4　✕　利用者の生活が再構築できるように支援していくことが介護の本質である。利用者が抱えている問題のすべてが解決できないこともあり、**解決できるものから解決していく**ことが大切である。

5　✕　介護過程は、アセスメント、介護計画の立案、介護の実施、評価が繰り返されながら終結に至る。直線的ではない。

| 問題109 | 介護計画の目標設定 | 正答 1 | 重要度 ★★ |

1　○　目標を設定する際には、正しい予後を予測し、内容・時期ともに**達成可能な目標**にする。　●POINT●

2　✕　利用者や家族が理解できるようにわかりやすく記載する。**専門用語**は、できるだけ使わないようにする。

3　✕　援助の**優先順位が高いもの**から順に記載する。

4　✕　できるだけ数値化するなど具体的な内容にし、**目標達成の時期**についても記載する。

5　✕　命令的・指示的な内容や利用者の**尊厳を傷つける表現**は避ける。

問題110 援助の実施とモニタリング

正答 5　重要度 ★★

1　✕　安全の確保と個別性・自己決定の尊重では、時に相反する援助のあり方が求められる。安全を優先することで自己決定や自立の意欲が阻害されることもあれば、自己決定や個別性を尊重することで安全の確保が難しくなることもある。どちらかが確定的に優先されるとは言い切れず、介護福祉職は、**両者のバランスを適切に保ち効果的な援助を行えるよう配慮する。** ●POINT●

2　✕　適切なサービスが効果的に提供されているかを確認するため、**モニタリングは必ず実施しなければならない。** 意思表示が困難な利用者であっても、利用者と接したときの様子などからニーズをくみとり、援助の妥当性を判断していくことが求められる。

3　✕　モニタリングでは、個々のサービスが適切に行われ、**利用者だけでなく家族が満足しているかを確認する**ことも重要である。

4　✕　利用者の心身状況や介護環境は日々変化するものであり、状態に即した適切な援助を行うためには、**モニタリングは継続的に実施しなければならない。**

5　〇　モニタリングでは、現在提供しているサービスの妥当性や効果等を確認するだけでなく、心身状況の変化や環境の変化など、**利用者に新しい生活課題が生じていないかどうかを確認する**ことも必要である。

問題111 生活ニーズに対する個別援助

正答 1　重要度 ★★

1　〇　便秘のときは、腹部を蒸しタオルで温めるとよい。温めることで、「**副交感神経**」が活発になり、**腸のぜん動運動が促され、便が出やすくなる。** Nさんの「便秘を予防し元気に過ごしたい」という生活ニーズに対し適切な対応である。 ●POINT●

2　✕　人工肛門がある場合は、**腹部を圧迫しないように、ウエストをベルトで締めつけない**服を選ぶとよい。

3　✕　乾燥野菜、豆類、全粒パンなど**腸内発酵を促す食べ物は、ガスが発生しやすいので避け**たほうがよい。野菜は食物繊維を多く含み便秘予防につながるが、かえってストーマ開口部に詰まりやすいもの（れんこん、ごぼうなど）もあるので注意する。

4　✕　炭酸飲料は腸内で**ガスが発生しやすいので避け**たほうがよい。炭酸飲料を飲みたいときは、スプーンでかき混ぜて炭酸を抜いてから飲むとよい。

5　✕　お茶やコーヒーはカフェインを多く含み、**脱水や便秘につながりやすいので避け**たほうがよい。

| 問題112 | ショートステイの援助 | 正答 5 | 重要度 ★★ |

1　✕　環境の変化により心身ともに疲れやすくなり、頻回に居室を訪ねることは、かえって負担になる場合もある。Nさんの**生活スタイル**や意向にそって対応することが必要である。

2　✕　Nさんは、大腸がんの手術を3か月前に受けたばかりである。高齢でもあり、体力も完全にもどった状態とはいえない。**不慣れな環境**で見知らぬ人と一緒に過ごすことは**疲労につながりやすい**。本人の意向を確認してから促す。

3　✕　洗浄後に皮膚に残った粘着材は健常で垢(あか)にならない皮膚についており、排泄物(はいせつ)や細菌はあまり含まれない。皮膚を保護し、後で垢と共に除かれるので**無理に取り除かない**。残ったままのほうが、交換した新しい面板が短時間にしっかりと皮膚に粘着する。

4　✕　排便処理とパウチ交換の方法について、まずNさんに確認し、**本人の意向にそって対応する**。自分でできるようになりたいとNさんが希望する場合は促すが、2日間での習得は達成できないかもしれない。

5　◯　パウチの取り替えは、**原則として医行為には該当しない**ので、ストーマおよびその周辺の状態が安定しており専門的な管理が必要とされない場合は、介護福祉職が行うことができる。 ●POINT●

| 問題113 | 介護過程における評価 | 正答 4 | 重要度 ★★★ |

1　✕　プロセスの評価では、実施されている援助が、当初の計画どおりに進んでいるかを評価する。手順等が変更されている場合は、実態を把握し、必要があれば計画を修正する。

2　✕　内容の評価は、援助の内容・方法が利用者のニーズ、状態に適しているかを評価する。現在の状況だけで判断するのではなく、予防や自立支援の視点をもって内容を精査する。

3　✕　効果の評価では、援助の実践結果から援助方法の有効性を判断し、その成果が設定した目標に対してどのくらいの効果を上げたかを検証する。さらに、効果が上がらなかった部分については、要因を検討し、必要があれば目標の見直しを行う。

4　◯　**援助を実施する過程で、新たな生活課題が生じていないかの評価は行われる。**新たな生活課題への評価を行う際には、利用者を取り巻く環境にも注意を払うことが必要である。

5　✕　評価は、原則として個別援助計画作成時に定めた**評価期間**ごとに行うが、状態の変化や要望によって、計画の見直しを目的として**早めに評価を行う**こともある。 ●POINT●

アセスメント	利用者を援助するうえで必要な情報を収集し、専門的な視点から情報を整理・分析することで、利用者が抱える生活課題を明らかにする
計画の立案	明らかになった生活課題を解決するための目標や活動の方向性を定め、計画としてまとめる
援助の実施	計画に基づいた援助を実施する
評価	利用者にとって適切な援助が実施されているかモニタリングを行い、サービスの提供状況やその効果について評価を行う。なお、新たな生活課題が発見された場合には、再アセスメントを行い、必要な修正を行ったうえで、援助を続ける

再アセスメント

総合問題　解答・解説

総合問題 1

問題114　民生委員の対応

正答	重要度
1	★★

1　○　Oさんの場合、要支援あるいは要介護の認定を受けることは可能と考えられる。Oさんのことを**地域包括支援センター**に知らせ、対応してもらうことは適切である。

2　×　Oさんは家に他人を入れたくないと思っているため、近所の人にOさんへの支援を頼んでも、Oさんがそれを受け入れるかどうかわからない。Oさんに**公的サービスの利用ができること**を重ねて丁寧に説明し、Oさんの同意を得て利用を決定することが必要である。

3　×　介護認定の申請は、**社会保険労務士**も代行できるが、Oさんが拒否している状態で、民生委員の知り合いの社会保険労務士に申請代行を依頼するのは適切ではない。

4　×　介護認定の申請は、**民生委員**も代行できるが、Oさんが拒否している状態で、民生委員が申請を行うのは適切ではない。

5　×　Oさんの自由にしてもらうのでは、Oさんの身体状況の悪化の恐れがあるだけでなく、転倒などの危険も懸念される。繰り返しOさんの自宅を訪問して話し合い、**介護認定の申請を助言する**ことが大切である。　●POINT●

問題115　受けられるサービス

正答	重要度
1	★★

1　○　Oさんは歩行が困難なため、**住宅改修**によって、**手すりを取り付ける、滑りにくい床材に変更する**などで、**自宅での生活がしやすくなる**と考えられる。　●POINT●

2　×　**訪問入浴介護**は、自宅の浴槽での入浴が困難な人が利用するサービスである。Oさんは右足を骨折する前は自分で入浴ができ、回復後も以前と同じような状態に戻れそうなため、**自分で入浴ができる**と考えられる。そのため、訪問入浴介護の利用の対象にはならない。

3　×　**短期入所生活介護**は、老人短期入所施設や特別養護老人ホームなどに要介護者を短期間入所させ、入浴、排泄、食事などの介護や日常生活上の世話、機能訓練を提供する**短期入所系のサービス**である。Oさんの自宅での生活継続のために適切なサービスではない。

4　×　**居宅療養管理指導**は、医師や歯科医師、管理栄養士などが自宅を訪問して、**療養上の管理・指導**を行うものである。現在のOさんに必要なサービスとはいえない。

5　×　**訪問看護**は、主治医が必要と認めた場合に、訪問看護ステーションや病院、診療所の

看護師などが要介護者の居宅を訪問し、医師の指示に基づいた**療養上の世話や診療の補助**を行うものである。現在のOさんに必要なサービスとはいえない。

☑
☑ | **問題116** | **在宅生活維持のための支援** | 正答 4 | 重要度 ★

1 ✕ できるだけ動かないでいることは、**筋力の低下を招き、さらに歩行が困難になること**が考えられる。転倒や骨折に気をつけつつ、適切な運動や、できるだけ歩くことが大切である。●POINT●

2 ✕ 建物内の移動に支障があるからといって、Oさんの希望を考慮せずに転居を勧めるのは適切ではない。Oさんが**自宅での生活を安全に継続していける方法を考える**ことが必要である。

3 ✕ Oさんは**退院後も自宅での生活を希望**している。Oさんが施設への入所を希望していないのに、入所を勧めることは適切でない。

4 ◯ Oさんは家の中でも杖をついており、歩行や立位が不安定である。相談しながら棚の中の物をすぐに取り出せる位置に移動すれば、**転倒の危険性も低くなる**と考えられる。

5 ✕ 杖よりシルバーカーのほうがOさんに適している場面もあるかもしれないが、相談せずに購入することは適切でない。まず**Oさんの希望を聞く**ことが必要である。

総合問題２

☑
☑ | **問題117** | **家族介護者への助言** | 正答 3 | 重要度 ★★

1 ✕ **ショートステイ**を利用すると、長男が**一時的に休養**することはできる。しかし、Pさんと夫が戻ってくれば、また元の生活に戻り、長男に疲れがたまると考えられる。最も適切な助言とはいえない。

2 ✕ 長女は**子どもがいる**ため、長期間、介護することができない。最も適切な助言とはいえない。

3 ◯ 認知症が進行していること、夫に心臓などの疾患がみられ、転倒も頻繁にするようになっていることなどから考えると、**施設への入所を検討する**ことも必要である。最も適切な助言である。●POINT●

4 ✕ これまでも介護し、疲れが出始めている長男に頑張るように助言するのは、**わかってもらえない**という気持ちを抱かせることにつながる。最も適切な助言とはいえない。

5 ✕ 認知症は、環境が変化することでさらに進行することがある。できるだけ**環境を変えない**ことが大切である。最も適切な助言とはいえない。

1 ✕ 介護老人福祉施設は、原則として**要介護3以上**の人が入所できる。 **●POINT●**

2 ✕ 介護老人保健施設は、看護や医学的管理下における介護、機能訓練等を行って**自宅へ
の復帰**を目指す施設である。Pさんと夫が入所する施設として最も適切ではない。

3 〇 認知症対応型共同生活介護は、夫婦での利用も可能である。二人とも認知症であるこ
とから最も適切な施設といえる。

4 ✕ 養護老人ホームは、**経済上、環境上の理由**から自宅での養護が困難な人が入所する施
設である。Pさんと夫の場合、経済上、環境上の理由から自宅での養護が困難というこ
とを事例から読み取ることはできず、最も適切な施設とはいえない。

5 ✕ 住宅型有料老人ホームは、夫婦で入所することはできるが、**介護サービス**はついてい
ない。Pさんと夫が入所する施設として適切ではない。

1 〇 廊下や居室に手すりを設置することで**つかまりながら歩く**ことができる。また、床材
を滑らない材質にすることで、足元が**滑りにくく**なる。これによって転倒の回数を減ら
すことができる。 **●POINT●**

2 ✕ ベッドに柵を取りつけて自分では下りられないようにすることは、**身体拘束**である。
適切ではない。

3 ✕ スリッパは、**脱げたり**、**滑ったり**しやすく、転倒の原因になる。適切ではない。

4 ✕ 布団で寝ると、立ち上がるときに**バランスを崩して**転倒しやすくなる。適切ではない。

5 ✕ 居室に小さめの絨毯を敷くと、絨毯と床の境目にわずかな段差ができる。高齢者は大
きな段差より**わずかな段差の方がつまずきやすく**、転倒の原因になる。適切ではない。

☑ **問題120** | **疼痛時の声かけ** | 正答 2 | 重要度 ★★

1 ✕ 痛み止めに関する判断は医師が行うことである。痛みの強さによっては、モルヒネを使用することもある。訪問介護員（ホームヘルパー）が薬を使えないかどうかを判断することや、痛みをがまんするように伝えることは適切ではない。●POINT●

2 ◯ 訪問介護員（ホームヘルパー）が「痛い」と言うQさんに寄り添う声かけをすることは適切である。痛みは消えないが、手を触れてさするということはQさんの気持ちを落ち着かせることにつながる。●POINT●

3 ✕ 「痛い」と言っても痛みは消えないが、誰かに苦しさを訴えることで気持ちが楽になることもあるため、適切な声かけではない。

4 ✕ 痛みの感じ方には個人差があり、痛みに耐えられる人、耐えられない人さまざまである。また、痛みを他者と比較することは難しいため、適切な声かけではない。

5 ✕ 医師に話すことであったとしても、誰かに聞いてもらいたい、医師に伝えてほしいという気持ちになることもある。Qさんの訴えを医師に伝えることも、訪問介護員（ホームヘルパー）の役割に含まれる。

☑ **問題121** | **延命処置の決定プロセス** | 正答 2 | 重要度 ★★★

1 ✕ Qさんの意識がはっきりとしていて意思の確認を行うことができる状態では、家族の希望に沿って延命処置を行うことは適切ではない。優先されるのはQさんの意思である。

2 ◯ 厚生労働省が策定した「人生の最終段階における医療の決定プロセスに関するガイドライン（以下、「ガイドライン」）」では、患者の意思が確認できる場合、患者と医療従事者とが十分話し合い、患者が意思決定を行うとしている。●POINT●

3 ✕ Qさんの意思を尊重することが必要である。医師に求められるのは、説得ではなく十分な話し合いである。

4 ✕ 「ガイドライン」では、介護職が患者の意思を確認することを示していない。訪問診療を利用していることから、医師による確認が適切である。

5 ✕ 「ガイドライン」では、患者の意思が確認できず、家族が患者の意思を推定できない、家族がいない場合には、患者にとって最善の治療方針を医療・ケアチームで慎重に判断するとしている。この場合でも、家族がいれば十分に話し合うことが求められている。Qさんが意思を示せる状況で、医師が判断するのは適切ではない。●POINT●

1 ✕ 死を受容するこころの動きを5段階で説明したのは、アメリカの**キューブラー・ロス**である。『死ぬ瞬間』で述べられている。**●POINT●**

2 ✕ 受容の段階では、死を前向きに受け入れ、死を静かに待つようになる。**周囲への関心は薄れ、静かに過ごす**ことを希望するようになる。

3 ✕ 5つの段階は順に進むのではなく、各段階を**行ったり来たりする**ことを繰り返しながら進んでいく。

4 ✕ 取引の段階で、「○○があるからそれまでは」と期限を設定しても、その期限がくると**また延命を希望**することがある。

5 〇 怒りの段階では、怒りの矛先が**家族や医療職、介護職などに向けられる**ことがある。

☑
☑ **問題123　訪問介護員（ホームヘルパー）の対応**　　正答 3　　重要度 ★

1　✕　Ｒさんの意向を尊重するのは大切である。しかし**栄養剤の種類や用量等は医師の指示によるもの**であり、介護福祉職が勝手に栄養剤を捨てることはしてはならない。また医療従事者である訪問看護師に報告し、多職種連携を図らなければならない。

2　✕　選択肢１の解説のとおり、栄養剤の種類や用量等は訪問介護員（ホームヘルパー）が変更できない。訪問介護員（ホームヘルパー）はＲさんの不快感を受け止め、ケアチームで情報を共有したうえで医師に相談し、Ｒさんが安楽に栄養摂取できるよう**心理的な側面からも支援を行う**。

3　〇　Ｒさんは経口摂取も併用しているので、栄養剤に対して、いつも同じ匂いであることや注入後の消化器官の不快感などのストレスが大きくなっていることも考えられる。Ｒさんの**不快の理由を探る必要がある**。 ●POINT●

4　✕　Ｒさんは胃瘻（いろう）と経口摂取の併用を自己管理できており、栄養剤について父親の判断を求めるのはＲさんの**自尊心を傷つける**ことになる。家族の意向を確認する場合もあるが、Ｒさんの父親に判断を求めるのは精神的負担になる可能性もある。

5　✕　間違っていると決めつけるのはＲさんの気持ちを傷つけることになり適切ではない。Ｒさんが訪問介護員（ホームヘルパー）に**捨てるよう依頼した真意を知る必要がある**。

☑
☑ **問題124　嚥下能力低下への配慮**　　正答 1　　重要度 ★

1　〇　嚥下（えんげ）能力の低下は誤嚥（ごえん）につながりやすく、咳込みは誤嚥時に現れる症状である。**胃瘻（いろう）でも液体栄養剤の逆流（せきこ）等で誤嚥性肺炎を引き起こすことがある**ので、注意する。

2　✕　嚥下能力が低下している状態を本人および**多職種で検討**する必要がある。また胃瘻からの全面的な栄養摂取は訪問介護員（ホームヘルパー）が判断すべきではない。

3　✕　選択肢１の解説のとおり、栄養食事指導の検討は本人および**多職種で検討**する必要がある。またＲさんの**同意を得ずに管理栄養士に連絡するのは望ましくない**。

4　✕　献立や調理を全面的に訪問介護員（ホームヘルパー）が行うのは、食生活を自立的に行っているＲさんの**自尊心を傷つける**恐れがある。 ●POINT●

5　✕　Ｒさんは胃瘻による栄養補給を行っており、安易に栄養ドリンクを勧めるのは**医師の指示に基づいた栄養管理のバランスを崩す恐れがある**。

1　✕　**福祉用具は介護保険の給付対象**であり、41歳で脳性麻痺（特定疾病ではない）のR
さんは、介護保険の対象者ではないため利用できない。介護保険以外の公的サービスや
民間サービスの利用などで、父親の介護負担を軽減する方法については考慮しなければ
いけない。

2　✕　Rさんの話した内容だけでは、父親が認知症と判断する根拠にはならない。**年齢相応
に認知機能の低下があることの認識は必要である。**また、Rさんの父親の物忘れによっ
て生じる問題への対応を考えておくことが求められる。

3　✕　施設入所の提案は**利用者本人であるRさんの意向を無視したもの**である。介護におけ
る父親の負担への訴えを受け止め、在宅生活の継続についてサービス担当者会議での検
討が求められる。

4　✕　重度訪問介護の回数を増やすことで、父親の負担が軽減する可能性はあるが、Rさん
の意向の確認やサービス担当者会議を開かずに回数増を約束してはならない。また介護
サービス時の人の出入りが落ち着かないという父親の訴えがあることも考慮しなければ
ならない。

5　◯　医療的なケアが増したことによるRさん自身の不安と父親の介護負担および加齢に伴
う心身機能の低下等、それぞれ抱えている不安は異なるものである。**傾聴する機会を十
分に設け、在宅生活の支援につなげる。**●POINT●

介護福祉士国家試験

第2回　模擬試験

解答・解説

第2回模擬試験　解答一覧

科目名	問題番号	解答番号	科目名	問題番号	解答番号	科目名	問題番号	解答番号	科目名	問題番号	解答番号
人間の尊厳と自立	問題1	3	発達と老化の理解	問題33	4	介護の基本	問題64	1	生活支援技術	問題96	1
	問題2	1		問題34	5		問題65	4		問題97	3
人間関係とコミュニケーション	問題3	3		問題35	4		問題66	2		問題98	3
	問題4	2		問題36	1		問題67	1		問題99	1
	問題5	4		問題37	1		問題68	5		問題100	2
	問題6	1		問題38	3		問題69	2		問題101	1
社会の理解	問題7	3	認知症の理解	問題39	4		問題70	5		問題102	4
	問題8	5		問題40	3		問題71	2		問題103	1
	問題9	4		問題41	1		問題72	1		問題104	2
	問題10	4		問題42	1		問題73	2		問題105	1
	問題11	5		問題43	4	コミュニケーション技術	問題74	4	介護過程	問題106	5
	問題12	2		問題44	4		問題75	3		問題107	2
	問題13	1		問題45	1		問題76	2		問題108	4
	問題14	2		問題46	3		問題77	5		問題109	4
	問題15	2		問題47	3		問題78	3		問題110	3
	問題16	2		問題48	5		問題79	2		問題111	4
	問題17	4	障害の理解	問題49	2	生活支援技術	問題80	3		問題112	2
	問題18	3		問題50	5		問題81	3		問題113	5
こころとからだのしくみ	問題19	1		問題51	5		問題82	1	総合問題	問題114	4
	問題20	4		問題52	2		問題83	3		問題115	1
	問題21	4		問題53	1		問題84	3		問題116	1
	問題22	3		問題54	4		問題85	4		問題117	4
	問題23	1		問題55	1		問題86	4		問題118	5
	問題24	5		問題56	1		問題87	1		問題119	2
	問題25	1		問題57	1		問題88	5		問題120	4
	問題26	3		問題58	3		問題89	1		問題121	2
	問題27	5	医療的ケア	問題59	5		問題90	1		問題122	4
	問題28	1		問題60	5		問題91	3		問題123	4
	問題29	1		問題61	1		問題92	3		問題124	2
	問題30	3		問題62	3		問題93	2		問題125	3
発達と老化の理解	問題31	2		問題63	4		問題94	1			
	問題32	4					問題95	1			

人間の尊厳と自立　解答・解説

問題1　介護における尊厳の保持

正答 3　重要度 ★★★

1　×　そのままにしておいても、Ａさんの気持ちが落ち着かなければ泣き続けることも考えられる。そのままにするのではなく、Ａさんの気持ちが**落ち着くような対応**が必要である。

2　×　妻が一緒に泣くと、Ａさんの**気持ちがさらに高ぶってしまう**ことも考えられる。適切な助言とはいえない。

3　○　Ａさんが時々妻のことがわからなくなったとしても、それは認知症のせいであり、妻と一緒にいることで落ち着くことが考えられる。また、**そばに付き添うことも落ち着く**ことに効果があるといえる。　●POINT●

4　×　妻が別の部屋に行くことで、Ａさんが**不安になる**ことが考えられる。適切な助言とはいえない。

5　×　厳しく言っても、Ａさん自身がなぜ泣き出してしまうのかを理解できていない。厳しく言われることで、混乱したり、怒り出すことも考えられる。適切な助言とはいえない。

問題2　尊厳の保持

正答 1　重要度 ★★

1　○　生活者としての権利とは「具体的なサービス利用によって**自立生活を実現する権利**」であり、「加齢や障害などの生活上の変化に応じて保障される権利」ということもできる。　●POINT●

2　×　周囲の差別や偏見などは、社会生活上の権利侵害であり、これを防ぐためには、個々の**利用者の個性を尊重した対応**が必要になる。

3　×　権利侵害に介護福祉職が一人で対応するのは限界があるため、弁護士や地域包括支援センターの主任介護支援専門員、社会福祉士などとの**連携**が欠かせない。

4　×　利用者は生活者としての権利を有しており、**人間らしい生活を営むことが保障**されているため、介護福祉職は利用者を「介護してあげる対象」とみてはならない。

5　×　「自分でできることは自分ですることが望ましい」という価値観を利用者と介護福祉職が**強くもちすぎる**と、権利侵害の要因になる。

人間関係とコミュニケーション　解答・解説

| ☑ ☑ | 問題3 | 準言語コミュニケーション | 正答 3 | 重要度 ★★ |

1　✕　準言語とは、言葉を発する際の声の強弱や高低、抑揚、話す速度などのことで、非言語的コミュニケーションの一種である。声の大きさは小さすぎず、大きすぎない程度にし、**利用者の状態**に合わせて調整する。

2　✕　高齢者は**高音域が聞こえづらくなる傾向**にあるので、声の高さに注意する。また、一定の声の高さにする。

3　○　**語頭や語尾を強める**と、乱暴で怒っているような印象を与えることがある。語頭や語尾を強めないようにする。 ●POINT●

4　✕　話す速さは、話の間を取りすぎないようにし、**リズム**をつける。

5　✕　話す速さは、**利用者に合わせ**、丁寧に話す。

| ☑ ☑ | 問題4 | 利用者への声かけ | 正答 2 | 重要度 ★★ |

1　✕　朝夕の健康観察で**異常がない状態**である。声かけとして体調を問うのは最も適切とはいえない。

2　○　原因が明らかでない場合、何か気にかかることがあるのかもしれない。Bさんが**話すきっかけをつくる**ことは適切である。 ●POINT●

3　✕　何か手伝いたくない理由があるのかもしれない。理由を考慮せずに手伝うように促すのは適切ではない。

4　✕　認知症対応型共同生活介護では、**本人の意思に基づいて生活**することができる。Bさんが部屋で過ごしたいのであれば、その**気持ちを尊重**することが必要であり、一方的に過ごさないように伝えるのは適切ではない。

5　✕　認知症対応型共同生活介護では、利用者にできることは手伝ってもらうが、それを強制することはできない。Bさんの気持ちを尊重していくことが必要である。

正答	重要度
4	★★

問題5　対人関係における自己開示

1　✕　自己開示とは、自分自身に関する情報を**自らの意思**で伝達することをいう。●POINT●

2　✕　ジョハリの窓は、**自己および他者**から見た自己の領域を表す概念である。

3　✕　ジョハリの窓の未知部分は、自分も他人も気づいていない部分である。

4　〇　自己開示することで情報が共有され、**相互理解**が深まる。

5　✕　ジョハリの窓の隠蔽部分は、自分は気づいているが、**他人には見せていない**部分である。

　ステップUP　ジョハリの窓

	自分は 気づいている	自分でも 気づいていない
他人は 知っている	①開放部分	②盲点部分
他人は 知らない	③隠蔽部分	④未知部分

①自分で気づいていて、他人も知っている部分
②他人には見えているが、自分では気がついていない部分
③自分は気づいているが、他人には見せていない部分
④自分も他人も気づいていない部分

1 ○ 人材育成・自己研鑽（けんさん）のための訓練方法には**職務を通じた教育訓練**（OJT）と、**職務を離れた教育訓練**（Off-JT）がある。新人介護職や実習生を専門職として育成する方法はOJTである。●POINT●

2 × 外部講師を職場に招いて研鑽を積んだり、職場外で行われる研修会に介護職が参加する方法は**Off-JT**である。

3 × 実際の介護現場で実務を通して行われるのは、**OJT**である。

4 × 自発的・自律的な判断や行動が求められるのは、**フォロワー**である。**リーダー**には、チームをまとめ、**統率**していく資質や能力が求められる。

5 × リーダーが必要な知識や技術を教えるのは**ティーチング**である。**コーチング**では、リーダーが質問することでフォロワーの自発性を促し、答えを引き出す。

 ステップ**UP**　OJT・Off-JTの長所・短所

	長所	短所
OJT	○指導する内容と実際の仕事とのズレが少ない ○スーパービジョンを行うことで、スーパーバイザーがチーム内のスーパーバイジー全体を育成できる	○スーパーバイザーの負担が大きい ○スーパーバイザーによって内容に差が生じる ○業務内容に合わせるので、体系的・組織的なものになりにくい
Off-JT	○知識の整理や導入に効果的 ○教育訓練メニューが豊富で、学ぶタイミングも選べる ○研修に専念できる	○経費や時間がかかる ○実際の仕事とのズレが生じやすい ○効果が出るまでに時間がかかる

社会の理解　解答・解説

| 問題7 | 障害福祉サービス | 正答 3 | 重要度 ★★★ |

1　✕　**自立生活援助**は、施設入所支援、共同生活援助を受けていた障害者等が居宅で自立した日常生活を送る上での問題について、訪問等によって相談に応じたり、情報提供や助言等を行ったりするサービスである。外出支援ではない。●POINT●

2　✕　**サービス利用支援**は、障害者が障害福祉サービスや地域相談支援を利用する際に**サービス等利用計画案**や**サービス等利用計画を作成**するサービスである。

3　〇　**同行援護**は、視覚障害のために移動が著しく困難な障害者等の外出時に同行し、必要な情報提供や移動の援護を行うサービスである。視覚障害者に対する外出時のサービスである。

4　✕　**行動援護**は、**知的障害**、**精神障害**のために行動が著しく困難な障害者等で常時介護を必要とする者が行動する際に、危険回避、必要な援護、外出時の移動中の介護等を行うサービスである。

5　✕　**重度障害者等包括支援**は、常時介護を必要とする障害者等で、介護の必要性が著しく高い者に対して、居宅介護等の障害福祉サービスを**包括的に提供**するサービスである。

| 問題8 | 社会保険制度 | 正答 5 | 重要度 ★★★ |

1　✕　**健康保険**は、会社員など被用者本人とその被扶養者が加入する医療保険である。病気やケガなどで医療機関を受診した際に、かかった費用のうち自己負担分以外を給付する。

2　✕　**雇用保険**は、雇用されていた者が失業したときや、子どもを養育するために休業した時などに失業等給付や育児休業給付などを行う制度である。

3　✕　**失業保険**は、雇用保険の別称で、失業等給付として給付されている。失業等給付には、求職者給付、就職促進給付、教育訓練給付、雇用継続給付がある。

4　✕　**共済組合保険**は、公務員が加入する医療保険である。

5　〇　**労災保険**の正式名称は、労働者災害補償保険である。通勤途上の負傷によって会社を休んだ際には休業給付が受けられる。●POINT●

| 問題9 | 消費者保護制度 | 正答 4 | 重要度 ★★ |

1　✕　**クーリング・オフ制度**は、訪問販売、電話勧誘販売、訪問購入などでいったん契約の申し込みや契約の締結をした場合でも、一定の期間であれば無条件で申し込みや契約を

解除できる制度である。「特定商取引に関する法律」に規定されている。

2　✕　消費生活センターは、消費者保護のための相談機関で**都道府県**および**市町村に設置**されている。

3　✕　消費生活センターは、「**消費者安全法**」に基づいて設置され、消費者からの**苦情相談**などに専門の相談員が応じる。 ●POINT●

4　○　悪質商法などの被害に遭ってしまった場合、契約してから**1年以内**であれば、取消の通知を行うことができる。また、契約無効の主張を行うこともできる。

5　✕　**国民生活センター**は、消費者庁が管轄（かんかつ）する機関で、「**独立行政法人国民生活センター法**」に基づいて設置されている。

☑ ☑	**問題10**　日本の社会保障制度	正答 4	重要度 ★★★

1　✕　日本の社会保障制度は**強制適用**（強制加入）である。個人で選択して加入することはできない。

2　✕　医療保険、労災保険（労働者災害補償保険）、年金保険、雇用保険に介護保険を加えた**5つ**である。

3　✕　給付の形態は、**現物給付**と**現金給付**がある。

4　○　社会保険は、保険料を納付することで、医療、介護などを受けられる制度である。全てが公費（税金）で運営される制度は**社会扶助**という。

5　✕　日本は、全国民が何かしらの医療保険に加入する**国民皆保険**である。加入者の働き方や年齢などによって、医療保険制度の種類は、健康保険（組合管掌健康保険、全国健康保険協会管掌健康保険）、各種共済組合、船員保険、国民健康保険、後期高齢者医療制度がある。 ●POINT●

☑ ☑	**問題11**　地域包括ケアシステム	正答 5	重要度 ★★★

1　✕　介護保険事業計画に基づいて地域の特性に応じた地域包括ケアシステムを構築するのは**市町村**である。

2　✕　**地域包括支援センター**は、地域の高齢者の総合相談、権利擁護、地域の支援体制づくり、介護予防の必要な援助、高齢者の保健医療の向上・福祉の増進を包括的に支援することを目的としている。**市町村に設置**される地域包括ケア実現に向けた**中核的な機関**である。 ●POINT●

3　✕　地域包括ケアシステムでは、**自助・互助・共助・公助**が連携している。 ●POINT●

4　✕　地域包括ケアシステムを構築するためには、高齢者個人に対する支援の充実、それを支える社会基盤整備を同時に進めていくことが必要である。

5　○　地域包括ケアシステムでは、行政サービス、NPO、ボランティア、民間企業などが連携しながら支援体制を構築する。元気な高齢者も社会参加の一環として生活支援の担い手となり活躍することで社会的な役割をもつことが、**生きがいや介護予防にもつなが**る。

問題12	障害福祉サービスの介護給付	正答 2	重要度 ★★★

1　✕　介護給付を希望する場合は、アセスメントに基づいて、障害支援区分について１次判定が行われ、**２次判定は市町村審査会**が行う。 ●POINT●

2　○　障害支援区分は、障害者の障害の多様な特性その他の心身の状態に応じて必要とされる**標準的な支援の度合いを総合的に示す**６段階の区分で、区分１が最も必要度が低く、区分６にかけて高くなる。

3　✕　勘案事項調査の後、暫定支給決定が行われるのは**訓練等給付**である。介護給付の場合は、勘案事項調査の後、サービス等利用計画案が作成される。

4　✕　暫定支給決定の後、一定期間サービスを利用し、本人の利用意思とサービスが適切かどうかの確認が行われた後、**個別支援計画**が作成されるのは訓練等給付である。その結果を踏まえて、訓練等給付の支給決定が行われる。

5　✕　障害支援区分認定は、**市町村**が実施する。

問題13	生活保護	正答 1	重要度 ★★★

1　○　「生活保護法」では、最低生活保障の原理として、保障する最低限度の生活は、**健康で文化的な生活水準を維持できるもの**でなければならないとしている。

2　✕　生活保護を受けるためには、資産や能力を活用する努力を行うことが前提であり、扶養義務者による扶養や他法による扶助によっても救済できない場合に適用される。これを**補足性の原理**という。 ●POINT●

3　✕　生活保護は、世帯単位の原則に基づいて、**世帯を単位**として行われる。ただし、それができない場合には、個人を単位として行われることもある。

4　✕　保護の基準は、**厚生労働大臣**が定める。基準により測定した要保護者の生活の困窮の状態に応じて不足分を補う程度とされている。

5　✕　生活保護を受給する場合、**無差別平等の原理**に基づいて、生活の困窮の原因は問われない。経済状況の視点から**すべての国民を対象**としている。

| 問題14 | 共生型サービス | 正答 2 | 重要度 ★★ |

1 ✕ F事業所は**共生型サービス事業所**であり、Eさんはスタッフとの関係も良好なので、他の事業所を紹介するのは適切ではない。

2 ○ 共生型サービス事業所では、65歳以上になった障害者が利用サービスを変更することなく**ホームヘルプサービス、デイサービス、ショートステイ**を提供することができる。Eさんがこれまで利用してきた居宅介護は訪問介護（ホームヘルプサービス）、自立訓練は通所介護（デイサービス）に含まれ、Eさんは今のままサービスを利用できる。
●POINT●

3 ✕ 居宅介護、自立訓練ともに**利用する**ことができる。

4 ✕ 65歳になったら施設に入所しなければならないと伝えるのは適切ではない。65歳以上であっても、居宅でサービスを利用しながら**自立した生活**を営むことができる。

5 ✕ 障害福祉サービスにはなく、**介護サービスのみに設定されているサービス**を利用したい場合には介護サービスを利用することになる。**共生型サービス事業所以外の事業所**を利用している場合、訪問介護（ホームヘルプサービス）、通所介護（デイサービス）、ショートステイも介護サービスを利用することになる。

| 問題15 | 苦情解決と第三者評価 | 正答 2 | 重要度 ★★★ |

1 ✕ 国民健康保険団体連合会は、介護保険サービスに関する**苦情の受付、調査、調査結果等の通知**を行う。ただし、指定基準に違反している事業者や施設に対して強制権限を伴う立ち入り検査、指定の取り消しなどを行う権限は与えられていない。●POINT●

2 ○ 社会福祉事業苦情受付担当者や第三者委員などでの苦情解決が困難な場合に対応するため、都道府県社会福祉協議会に**運営適正化委員会**が設置されている。利用者は、運営適正化委員会に直接苦情を申し立てることもできる。

3 ✕ 運営適正化委員会は、「**社会福祉法**」第83条に規定されている。

4 ✕ 地域密着型サービスは、民間の評価機関による**地域密着型サービス外部評価**と情報開示が運営基準で**義務**づけられている。

5 ✕ 福祉サービス第三者評価は、サービスの改善項目を明らかにし、サービスの質を高めることを目的として、**民間の評価機関**が実施する。

| 問題16 | 共生型サービス | 正答 2 | 重要度 ★★ |

1 ✕ 共生型サービスを提供する事業者は、介護保険、障害福祉**どちらかの指定**を受けていればよい。また、両方の指定を受けようとする場合、一方の指定を受けていることで、

もう一方の指定も受けやすくなる。

2　○　**小規模多機能型居宅介護事業所**は、障害福祉サービスの生活介護や自立訓練、児童発達支援、放課後等デイサービス、短期入所を利用している障害者（児）に、通いサービスと泊まりサービスを提供することができる。

3　×　共生型サービス事業所として運営することができるのは、**訪問介護（ホームヘルプサービス）、ショートステイ、通所介護（デイサービス）**である。 ●POINT●

4　×　児童発達支援や放課後等デイサービスを利用している障害児も、介護保険事業所が提供しているサービスを利用することができる。

5　×　共生型サービスは、全国一律の内容のサービスが提供される。

☑ **問題17**	**介護保険の状況**	正答 4	重要度 ★★★

1　×　介護サービスの中では、**居宅サービス利用者**の増加割合が最も高い。 ●POINT●

2　×　**高齢化**に伴って、第1号被保険者数は**増加**している。

3　×　要介護5の認定者数は、2000（平成12）年と比較すると、2021（令和3）年6月末で**2倍程度**に増加している。

4　○　介護サービス事業所では、訪問介護（ホームヘルプサービス）、訪問入浴介護、特定施設入居者生活介護、福祉用具貸与、特定福祉用具販売、夜間対応型訪問介護、地域密着型通所介護、認知症対応型共同生活介護などで**営利法人（会社）**が開設主体となっている割合が最も高い。

5　×　介護老人福祉施設の開設主体は、ほとんどが**社会福祉法人**である。

☑ **問題18**	**高齢者虐待**	正答 3	重要度 ★★★

1　×　養介護施設従事者等による高齢者虐待において、相談・通報者の割合が最も多かったのは、**当該施設職員**の27.6%である。

2　×　全国の市町村で受け付けた相談・通報件数は、**2,795件**である。令和3年度は2,390件で、405件増加しているが、5,000件は超えていない。

3　○　虐待の事実が認められた施設・事業所で最も多かったのは**特別養護老人ホーム**（介護老人福祉施設）で、32.0%である。次いで有料老人ホームの25.8%、認知症対応型共同生活介護（グループホーム）の11.9%、介護老人保健施設の10.5%である。

4　×　虐待の種別で最も多かったのは**身体的虐待**で、57.6%である。次いで心理的虐待の33.0%、介護等放棄の23.2%、経済的虐待の3.9%、性的虐待の3.5%である。 ●POINT●

5　×　被虐待高齢者のうち、身体拘束が行われていた人は**22.5%**、身体拘束が行われていなかった人は77.5%である。

■介護保険指定基準で禁止の対象となる具体的な行為

①徘徊しないように、車いすやいす、ベッドに体幹や四肢をひも等で縛る	⑥車いすやいすからずり落ちたり、立ち上がったりしないように、Y字型拘束帯や腰ベルト、車いすテーブルをつける
②転落しないように、ベッドに体幹や四肢をひも等で縛る	⑦立ち上がる能力のある人の立ち上がりを妨げるようないすを使用する
③自分で降りられないように、ベッドを柵（サイドレール）で囲む	⑧脱衣やおむつはずしを制限するために、介護衣（つなぎ服）を着せる
④点滴・経管栄養等のチューブを抜かないように、四肢をひも等で縛る	⑨他人への迷惑行為を防ぐために、ベッドなどに体幹や四肢をひも等で縛る
⑤点滴・経管栄養等のチューブを抜かないように、または皮膚をかきむしらないように、手指の機能を制限するミトン型の手袋等をつける	⑩行動を落ち着かせるために、向精神薬を過剰に服用させる
	⑪自分の意思で開けることのできない居室等に隔離する

こころとからだのしくみ　解答・解説

| 問題19 | 眼の部位 | 正答 1 | 重要度 ★★ |

1　○　**水晶体**は、虹彩と瞳孔の裏側にある透明組織である。**凸レンズ**で、眼球内に入ってきた光線を屈折させるとともに、厚さを変化させて焦点を合わせる。●POINT●

2　✕　**網膜**は、硝子体に接するほぼ透明な薄い膜で、10層構造である。網膜にある**視細胞**が視覚における受容器で、網膜上に映し出された像が視神経を経由して脳に伝達される。

3　✕　**硝子体**は網膜に囲まれた部分である。水晶体の後方にあり、**ゲル状**で眼球を球形に保っている。

4　✕　**瞳孔**は、黒く見えるひとみの部分である。

5　✕　**虹彩**は、瞳孔のまわりの部分で、瞳孔括約筋と瞳孔散大筋とよばれる2種類の筋肉を動かして瞳孔の大きさを変化させて、眼球内に入る光線の量を調節する。

| 問題20 | 睡眠障害が身体に及ぼす影響 | 正答 4 | 重要度 ★★ |

1　✕　睡眠不足になると、食欲を抑制するホルモンの分泌が**減少**し、食欲を増進するホルモンの分泌が盛んになる。

2　✕　睡眠不足になると、インスリンの働きが**弱まって血糖値が下がりにくくなる**。不眠が続くと、血糖値のコントロールができなくなり、糖尿病を発症する危険性が高くなる。

3　✕　睡眠時間が短いと健康な人でも**血圧が上がり**、心拍数も増加する。このような状態が慢性化すると高血圧になる。また、高血圧がある人の病状は悪化する。

4　○　睡眠障害を放置すると、免疫機能が低下してさまざまな疾患を引き起こしたり悪化させたりする。●POINT●

5　✕　睡眠時間が短いと、ホルモンバランスが崩れ、**高血圧や糖尿病、肥満**につながるおそれがある。

| 問題21 | 鬱病でみられる妄想 | 正答 4 | 重要度 ★★★ |

1　✕　**被害妄想**とは、他人が自分に対して何かひどいことをしているというように考えることをいい、統合失調症やアルツハイマー型認知症などでみられる。

2　✕　**物盗られ妄想**とは、家族が自分の物を盗んだというように考えることをいい、アルツハイマー型認知症などでみられる。

3　✕　**嫉妬妄想**とは、自分の配偶者が浮気をしていると考えることをいい、アルツハイマー

型認知症などでみられる。

4 ○ 鬱病では、気分の落ち込みが激しい。重大な病気にかかっていると考える心気妄想、自分が悪いことをしたと考える罪業妄想、実際は金銭的に問題がないのに金銭に不自由していると考える貧困妄想などがみられる。 ●POINT●

5 × 誇大妄想は、自分は大金持ちだ、自分は偉大な発明者だというように自分のことを誇張して考えることをいう。統合失調症でみられる。

| 問題22 | 廃用症候群 | 正答 3 | 重要度 ★★ |

1 × 褥瘡は、同じ部位の皮膚に長時間圧力がかかることで生じる。また、尿失禁などにより、皮膚が不衛生な状態で湿潤している場合にも生じやすいため、離床、体位変換、清潔保持などが重要である。 ●POINT●

2 × 関節拘縮は、関節周囲の筋肉を動かさないことによる筋肉の機能低下や関節自体の動きが悪くなったり、動かなくなったりすることで生じる。できるだけ、関節を動かすことが重要である。

3 ○ 脳の機能低下によって意欲も低下する。この場合、安静が必要であってもできる限り一日の過ごし方に変化をつける。残存機能を活用して身の回りを整えるなどして脳の機能低下を進行させない支援が重要である。

4 × 筋萎縮は、筋肉を使わないことにより生じる。離床やベッド上でもできる上下肢の運動を行うことが重要である。

5 × 深部静脈血栓症は、下肢の静脈血が血管内で血栓を形成し、血管を詰まらせることで生じる。深部静脈で血栓が形成されたものをいい、浮腫や腫れ、痛みなどが生じる。血栓を生じさせないようにするため、離床や下肢を動かす運動が重要である。

重要ワードの 再・確・認　　　生活不活発病（廃用症候群）

けがや病気などが原因で、長期の寝たきりなどになり、心身の機能が十分に使われないために、二次的に起こるさまざまな症状の総称。症状としては、筋肉、骨、内臓、循環器系など身体機能の低下、それに生活意欲や記憶力などの精神機能の低下が起こる。

問題23	交感神経のはたらき	正答	重要度
		1	★★★

1　○　交感神経は、身体を動かす、緊張させる、攻撃的になるなどの方向に導く神経である。交感神経がはたらくと、**血管は収縮**する。●POINT●

2　×　交感神経がはたらくと、**血糖値は上昇**する。反対に、内臓のはたらきを高めたり、身体を休息させたりする方向に導く副交感神経がはたらくと、血糖値は下降する。

3　×　交感神経がはたらくと、**利尿作用は抑制**される。

4　×　交感神経がはたらくと、**心拍数は増加**する。

5　×　交感神経がはたらくと、**瞳孔は散大**する。

問題24	膝関節の運動にかかわる筋肉	正答	重要度
		5	★★★

1　×　三角筋は、肩関節の外転に関係している。肩関節の内転には、**大胸筋や広背筋**が関係している。

2　×　大殿筋は、股関節の伸展に関係している。股関節の屈曲には**腸腰筋**が関係している。

3　×　下腿三頭筋は、足関節の底屈に関係している。

4　×　前脛骨筋は、足関節の背屈に関係している。

5　○　大腿二頭筋は、膝関節の屈曲に関係している。膝関節の伸展には、大腿四頭筋が関係している。●POINT●

問題25	加齢による睡眠の変化	正答	重要度
		1	★★

1　○　寝具の中に入っている時間のうち、実際に眠っていた時間の比率が睡眠比率である。10〜0歳代ではほぼ100%であるが、80歳代になると**70〜80%**に減少する。●POINT●

2　×　60歳代で、すでに実際に眠れる時間は短くなっている。**早朝覚醒が多くなる**。

3　×　睡眠ホルモンである**メラトニンの分泌が減少**し、深いノンレム睡眠が減少する。このため、夜中に何回も目が覚める、小さな音でも目覚めるようになる。

4　×　運動量の低下に伴ってエネルギー消費が減少し、**必要な睡眠量も減少するとされている**。

5　×　加齢によって体内時計が変化するため、**概日リズムも変化する**。これが早朝覚醒につながる。

| 問題26 | 睡眠障害 | 正答 3 | 重要度 ★★ |

1 × 床についても眠れないなどの不眠の訴えよりも、具体的な症状を訴えている。

2 × 睡眠時ミオクローヌス症候群の特徴は、睡眠中、上肢や下肢が周期的に勝手に動き、眠りが浅くなり、本人に症状の自覚が少ないというもので、Hさんの症状とは異なる。

3 ○ レストレスレッグ症候群は、むずむず脚症候群ともいい、Hさんの症状が典型的である。 **●POINT●**

4 × レム睡眠行動障害は、夢の中での言動が異常行動として現れるもので、睡眠中に大声で叫んだり手足を大きく動かしたりする。Hさんは意識して脚を動かしているのであてはまらない。

5 × Hさんが訴えるむずむず感は、脚を動かすことで解消することから、皮膚疾患の具体的な症状ではない。

| 問題27 | 排尿障害 | 正答 5 | 重要度 ★★★ |

1 × 腹圧性尿失禁は、咳やくしゃみ、笑う、運動する、重い物を持ち上げるなど、おなかに力が入ったときに尿が漏れる状態である。Iさんの状態として適切ではない。

2 × 頻尿は、1日の排尿回数が8〜10回以上（昼間8回〜、夜間2回〜）になる状態をいう。Iさんの状態として適切ではない。

3 × 反射性尿失禁は、尿意が感じられないのに、膀胱にある程度尿が溜まると膀胱が反射的に収縮して尿が漏れる状態である。

4 × 溢流性（横溢性）尿失禁は、神経の障害などによって尿意を感じても排尿することができず、膀胱がいっぱいになると少しずつ漏れる状態である。

5 ○ 切迫性尿失禁は、高齢者に最も多い尿失禁で、加齢による膀胱括約筋の弛緩や脳血管障害の後遺症、前立腺肥大症、膀胱炎などが原因となって起こる。 **●POINT●**

| 問題28 | 摂食・嚥下プロセス | 正答 1 | 重要度 ★★ |

1 ○ 食道期は、摂食・嚥下プロセスの最後の段階である。食道と咽頭の境界部は閉じられ、食塊が胃に送られる。 **●POINT●**

2 × 食物は、先行期に視覚や嗅覚などで認知され、口まで運ばれる。

3 × 準備期には、食物を口腔内に取り込み、咀しゃくして唾液と混ぜ合わせ、飲み込むのにふさわしい食塊がつくられる。

4 × 咽頭期には、舌根部は下に下がり、喉頭蓋が下がる。

5 × 口腔期には、舌の先を口蓋につけて舌中央・後方が盛り上がる。

ステップ**J**P　　摂食・嚥下の5分類

先行期	食べる速さ／かむ力／量／硬さ／温度／匂い／味	視覚や嗅覚などで食物を認知し、口まで運ぶ。条件反射的に唾液分泌量が増加する
準備期	前歯／硬口蓋／食塊／軟口蓋／喉頭蓋／舌／舌骨	食物を口腔内に取り込み、咀しゃくして唾液と混ぜ、飲み込むのにふさわしい食塊をつくる
口腔期	食塊／軟口蓋上面／咽頭後壁／気管／食道	口唇を閉じて上下顎を合わせ、舌の先を口蓋につけて舌中央・後方を盛り上げることで、食塊を口腔から咽頭に送る
咽頭期	舌骨が挙上する／食塊／喉頭蓋／舌根部は下に下がる／喉頭蓋が下がる	食道が開くとともに軟口蓋と喉頭蓋によって鼻腔と気管が塞がれて呼吸が停止し（嚥下性無呼吸）、食塊が咽頭から食道に送られる
食道期	食道と咽頭の境界／食塊	食塊は不随意に行われる食道のぜん動運動と重力により胃に送られる

	正答	重要度
問題29　栄養素	1	★★

1　○　炭水化物は、穀類、いも類、砂糖などに含まれ、主なはたらきは**エネルギー源**である。副次的なはたらきとして身体の機能の調節がある。

2　×　肉や卵に含まれる主な栄養素は、**たんぱく質**である。他の栄養素としてビタミンB_2や脂質が含まれている。

3　×　三大栄養素は、炭水化物、たんぱく質、脂質である。ビタミンは含まれない。

4　×　五大栄養素は、炭水化物、たんぱく質、脂質、ビタミン、無機質（ミネラル）である。水は含まれない。

5　×　筋肉量を維持するために重要な栄養素は、**たんぱく質**である。たんぱく質の主な働きは身体の組織を構成することで、副次的なはたらきがエネルギー源である。●**POINT**●

		主なはたらき	副次的なはたらき
五大栄養素	三大栄養素 炭水化物	エネルギー源	身体の機能を調節する
	脂質	エネルギー源	身体の組織を構成する
	たんぱく質	身体の組織を構成する	エネルギー源
	ビタミン	身体の機能を調整する	—
	無機質	身体の組織を構成する	身体の機能を調整する
	水	身体の組織を構成する	—

☑ ☑	**問題30**	下気道		正答 3	重要度 ★★

1　✕　気道は上気道と下気道にわけられる。上気道は、**鼻腔・副鼻腔→咽頭→喉頭**を指し、

　　　　下気道は**気管→気管支→細気管支**を指す。喉頭は上気道である。　●POINT●

2　✕　咽頭は、上気道である。

3　○　気管は、下気道である。

4　✕　鼻腔は、上気道である。

5　✕　副鼻腔は、上気道である。

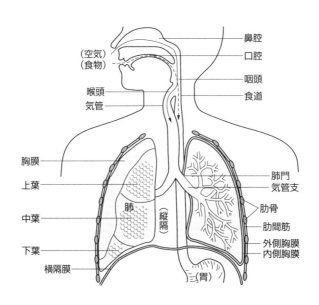

発達と老化の理解　解答・解説

☑
☑ **問題31** 発達段階

正答 2　｜重要度 ★★★

1　✕　発達段階を心理・社会的側面から8つに分類したのは**エリクソン**である。エリクソンは、8つの段階それぞれに発達課題を示した。●POINT●

2　○　**ハヴィガースト**は、ライフステージを乳幼児期、児童期、青年期、成人前期、中年期、**成熟期**とし、各時期には果たさなければならない課題があるとして発達課題を設定した。

3　✕　老年期における心理的課題を3つ提示したのは**ペック**である。3つの心理的課題には、危機も提示された。

4　✕　**ユング**は、**40歳前後**の時期を**人生の正午**と表現し、中年期は老年期への準備期であるとした。

5　✕　認知の枠組みとして**シェマの獲得**を唱えたのは、**ピアジェ**である。ピアジェは、認知機能の発達段階を感覚運動期、前操作期、具体的操作期、形式的操作期の4つに区分した。

☑
☑ **問題32** 介護福祉職の助言

正答 4　｜重要度 ★

1　✕　通所リハビリテーションの必要性については、**医師が判断すること**であり、介護福祉職が助言することは不適切である。

2　✕　高齢者は体内水分量が少なく、口渇（こうかつ）を感じにくい、水分摂取を控えがちなどの理由により**脱水症状に陥りやすい**。脱水状態に自分で気づかないことも多く、最悪の場合死に至る恐れもあるため、この助言は不適切である。

3　✕　鎮痛剤などの服薬に関する業務は、法的には**医師や看護師が行うこと**とされている。医療に関することを介護福祉職が助言することは適切とはいえない。

4　○　Jさんは夜間トイレに行く際に受傷したことで、退院後の夜間のトイレに不安をもっていると考えられる。Jさんの**心理的負担の軽減と安全**のため、夜間のみポータブルトイレを使用することは有効であり、介護福祉職の助言として適切である。●POINT●

5　✕　不必要な安静は、**身体機能の低下や生活不活発病を招く**ことが多く、社会復帰を難しくする。そのため、安静を勧めることは適切ではない。

<table>
<tr><td>☑
☑</td><td>**問題33**</td><td>高齢者の記憶</td><td>正答
4</td><td>重要度
★★★</td></tr>
</table>

1　✕　意味記憶は、一般的な情報や住所、名前などの記憶をいい、加齢によって正確さは保持されるが、**思い出すのに時間がかかるようになる。**

2　✕　エピソード記憶は、昨日誰と会ったかなど、日々の生活での記憶などをいう。日々内容が変化するため、**加齢による影響を受けやすい。**

3　✕　プライミングは、先に受けた刺激が後に受ける刺激に**影響をおよぼすことをいう。**記憶障害がある場合でも保たれる。

4　○　手続き記憶は、**身体で覚えているような情報や記憶**をいう。経験によって蓄積された記憶のため、加齢による影響を受けにくい。

5　✕　短期記憶は一時的な記憶で、記銘処理によって長期記憶に移行しない限り数十秒程度で消失する。また、感覚記憶は、**保持時間が最大で1〜2秒程度**のごく短い記憶である。高齢者の場合、記銘力が低下するため、短期記憶と感覚記憶に影響する。

<table>
<tr><td>☑
☑</td><td>**問題34**</td><td>老化</td><td>正答
5</td><td>重要度
★★</td></tr>
</table>

1　✕　平均寿命は0歳児が平均して何年生きられるかを表した数値で、**世界的に伸長傾向に**ある。

2　✕　限界寿命は、最大寿命、生理的寿命をいい、疾病や環境などからの影響を受けずに最も長く生きられる期間をいう。生理的にみて、**限界寿命は種によっておおむね一定**とされている。●POINT●

3　✕　健康寿命は、**介護を必要とせず、自立して暮らすことができる期間**をいう。2000年にWHOが提唱した。

4　✕　老化は「人間が成熟した後に、心身の機能が年齢の影響で変化する過程（退行）」を指すことが多いため、高齢者に限って使われる言葉ではない。

5　○　老化が起こる理由として、老化遺伝子説、生理機能低下説、構造的エラー説などがあり、**遺伝因子**と**環境因子**が相互に影響して進むとされている。

問題35	加齢に伴う身体的変化	正答 4	重要度 ★

1　×　一般的に高齢者のインスリン分泌量は低下する。そのため糖代謝も低下し高血糖となりやすい。 ●POINT●

2　×　加齢に伴い、高音域ほど聞こえが悪くなる。やがて低音域も聞こえにくくなる。

3　×　加齢に伴い、肺実質の機能や肋骨の柔軟性は低下するため、ガス交換にも影響を与える。

4　○　加齢に伴い、運動神経の情報伝達速度が低下するため、敏捷性が低下する。

5　×　加齢に伴い、味蕾の数の減少、唾液分泌量の低下、口腔真菌症、服薬などが原因で、味覚への感受性が低下する。それにより、薄味を感じにくくなり濃い味を好むようになるなどの味覚障害が起こる。

問題36	子どもの社会性の発達	正答 1	重要度 ★★

1　○　2～4歳頃になると、人からの指示に対して嫌と否定し、何でも自分でやろうとする自己主張が強くなる。このような態度は自我の成長の現れとされ、第一次反抗期とよばれる。

2　×　アイデンティティの確立は、青年期にみられ、自己の存在意義と社会の中での自分の役割を問い直すことで自分がつくりあげられ、アイデンティティが確立される。10～13歳頃に仲間意識が強くなることは、アイデンティティの確立ではない。

3　×　役割取得とは、自己中心性が徐々に解消され、他者の視点に気づくことができるようになると、自分と他者の両方の視点で物事を判断する能力が獲得される。この能力を役割取得という。

4　×　生後8か月頃からみられる人見知りは、母親など特定の人との間に愛着（アタッチメント）が形成されたことによって起こる。

5　×　自己と他者との関係に確信をもつことを内的ワーキングモデルという。内的ワーキングモデルが、その後の発達において、社会の中で人間関係を形成する際に影響を与える。 ●POINT●

問題37 ストレンジシチュエーション法

正答	重要度
1	★★★

1　○　ストレンジシチュエーション法は、乳児愛着行動の個人差を調査した研究で、**アインズワース（エインズワース）**らが行った。養育者がいなくても関係なく遊び、養育者と再会すると養育者を避けるタイプを**Aタイプ（回避型）**とした。●POINT●

2　×　Bタイプ（安定型）は、養育者が一緒にいると安心しているが、いなくなると泣いたり探したりする。養育者と再会すると、また安心して遊びはじめる。

3　×　Cタイプ（抵抗型）は、養育者がいなくなると、泣いたり不安を示したり、養育者と再会しても機嫌が悪く、養育者を叩いたりする。

4　×　Dタイプ（無秩序型）は、愛着行動に一貫性がなく、A〜Cタイプのいずれにも当てはまらないタイプである。

5　×　Eタイプ（混合型）は、ストレンジシチュエーション法の分類にはない。

問題38 高齢者に多い精神障害

正答	重要度
3	★

1　×　鬱病の場合、妄想はよくみられるが、**幻覚はみられない**。

2　×　高齢者の場合、躁病はあまりみられない。また、躁病の特徴である**誇大妄想や観念奔逸**などの症状がみられないため、Kさんの疾患として適切とはいえない。

3　○　夜間に急に、いないはずの犬がいると言って騒ぎ、夫の言うことも聞き入れないのは幻覚や興奮の状態であり、**夜間せん妄**の症状である。いないはずの犬であっても、Kさんには見えているものであり、夫が否定しても自分が間違っていることに気づかないと考えられる。●POINT●

4　×　認知症の周辺症状では、幻覚や妄想などがせん妄の類似点として挙げられるが、大きな違いとして、**せん妄は急速に症状が現れる**特徴がある。●POINT●

5　×　脳血管障害では、幻覚はみられない。

ステップＵP　老年期の精神障害の分類

機能性精神障害	器質性精神障害
─ 老年期幻覚・妄想	─ せん妄
─ 老年期の統合失調症	─ 若年性認知症 ─┬─ アルツハイマー型認知症（早発性）
─ 老年期神経症	└─ 前頭側頭型認知症（ピック病）
─ 老年期の気分障害	─ アルツハイマー型認知症（晩発性）
─ 老年期心身症	─ 血管性認知症

認知症の理解　解答・解説

☑ ☑ **問題39** | 血管性認知症 | 正答 4 | 重要度 ★★★

1　✕　血管性認知症は60歳前後で多く発症し、加齢とともに増加する。

2　✕　女性より男性に多くみられる。

3　✕　近年は、多発性脳梗塞（のうこうそく）によるものと、ビンスワンダー型が多数を占めている。

4　◯　ビンスワンダー型では、記憶障害などの中核症状、抑鬱（よくうつ）、アパシー、情動失禁、思考の鈍麻、仮性球麻痺（まひ）、パーキンソニズムなどが特徴的な症状として現れ、症状の進行は緩慢（かんまん）である。多発性脳梗塞による認知症も同様である。●POINT●

5　✕　まだら認知症とよばれるのは、高次脳機能障害による認知症である。

ステップUP　認知症の主な原因疾患

脳血管障害	血管性認知症（脳出血、脳梗塞（のうこうそく））など
脳変性疾患	アルツハイマー型認知症、前頭側頭型認知症（ピック病）、レビー小体型認知症、クロイツフェルト・ヤコブ病など
外傷性疾患	頭部外傷、慢性硬膜下血腫（まんせいこうまく か けっしゅ）など
感染症疾患	進行麻痺（まひ）、各種髄膜炎および脳炎（ずいまくえん）など
内分泌代謝性疾患	甲状腺機能低下（こうじょうせん）、副甲状腺機能異常、ビタミンB_{12}欠乏症、ウィルソン病など
中毒性疾患	アルコール、鉛、水銀、マンガンなどの中毒、一酸化炭素中毒など
腫瘍性疾患（しゅよう）	脳腫瘍など
その他	正常圧水頭症、てんかん、多発性硬化症など

☑ ☑ **問題40** | 認知症のある人の環境づくり | 正答 3 | 重要度 ★

1　✕　動きやすくする、使い慣れた個人の持ち物を活用するなど残存機能を活用する工夫をすると、「できる」ことへの支援につながる。

2　✕　段差をなくす、手すりや滑り止めをつけるなど安全・安心への工夫をすると、「危険の回避」「事故の予防」への支援につながる。

3　◯　できるだけ多くの選択肢を示し意思を確認する、不適切な選択も全面的に否定せず代替案を考えるなど自己決定を促す工夫をすると、「自分で決める」ことへの支援につな

がる。 ●POINT●

4 ✕ 思い出せる手がかりを表示する、見やすい場所にわかりやすい目印をつけるなど記憶・見当識障害に対する工夫をすると、「覚えていない」「わからない」ことへの支援につながる。

5 ✕ 少人数が安心して集える場をつくる、プライバシーに配慮するなどコミュニケーションの工夫をすると、「交流」「参加」への支援につながる。

| ☑ ☑ | 問題41 | 認知症の行動・心理症状（BPSD） | 正答 1 | 重要度 ★★★ |

1 ◯ 家の中や屋外を歩き回ることを徘徊という。夕方になって「家に帰る」と言って外に出ようとする徘徊行動を夕暮れ症候群という。 ●POINT●

2 ✕ 暴力的行為とは、不安や恐怖、混乱などから自分を守ろうとして起こる行為で、中核症状が中等度以上になると頻繁に起こるようになる。

3 ✕ 周囲から見ると不要なものであったり、汚れたものを身の回りに集めることを収集癖といい、本人にとっては意味があって収集している場合もある。

4 ✕ 異食とは、理解力の低下によって、食べ物ではないものを口に入れてしまうことをいう。

5 ✕ 作話とは、記憶障害のために相手の質問の答えを自分の記憶から引き出せないことなどによってその場限りの取り繕った話をすることをいう。

 ステップUP　認知症の行動・心理症状（BPSD）

■心理症状

不安・焦燥	初期では、漠然とした不安や焦燥感をもちやすくなる
抑鬱状態・自発性の低下	初期の症状。抑鬱状態とは、憂鬱感や不快感によって、判断力や決断力が低下したり、生きているのが面倒になったりすること
心気症状	物忘れの訴え、身体的愁訴が特にみられる
幻覚・妄想	嫉妬妄想、物盗られ妄想がよくみられる
睡眠障害	不眠、過眠、睡眠覚醒リズムの障害など

■行動症状

作話	その場限りの取り繕った内容を話す
徘徊	家の中や屋外をさまよい歩く
異食	食べ物以外のものを口に入れてしまう
弄便	不潔行為のひとつで、便を弄ぶなど
失禁	排泄の失敗
暴力的行為	暴力を振るう、暴言を吐くなど
性的逸脱行為	衣服を脱ぐ、自分の性器を触る、介護者に抱きつくなど
収集癖	不必要なもの、汚れたものなどを集める
その他	低活動性せん妄、高活動性せん妄

問題42	認知症のある人に対する介護	正答	重要度
		1	★★

1　○　濡れた下着を隠すのは「濡らしてはいけない下着を濡らしてしまった」と理解し、恥ずかしく思っていることによる行為と考えられる。Lさんの**プライドを傷つけないようさりげなく対処する**のが最も適切な対応である。今後の失禁の状態をよく観察する必要がある。　●POINT●

2　×　失禁を恥ずかしく思っている可能性のあるLさんに問いただすのはプライドを傷つける行為であり、好ましくない。

3　×　失敗があっても心配ないことを伝え、**自主性や自立性を尊重**して、洗濯かごなど、適切なところに自分で濡れた下着を入れられるよう支援していくことが必要である。

4　×　訪問介護員（ホームヘルパー）がLさんに早めにトイレに行くよう指導することは、Lさんのプライドを傷つける可能性がある。指導するのではなく、**失禁の原因について解明する**必要がある。Lさんの心身の状況について専門職間で情報を共有し再アセスメントを的確に行い、支援方針を明確にする。

5　×　おむつの使用はLさんの**プライドを傷つけ、生きる気力を低下させて**しまうことになりかねない。失禁の原因について解明したうえで対応策を講じなければならず、訪問介護員（ホームヘルパー）の判断でおむつを使用するよう説得することは好ましくない。

問題43	認知症ケア	正答	重要度
		4	★★★

1　×　認知症ライフサポートでは、認知症ケアに関する共通理解のために6つの考え方を示している。その中では「**住み慣れた地域で、継続性のある暮らしを支える**」としている。施設での生活に限定していない。

2　×　「**家族支援に取り組むこと**」としている。

3　×　「**早期から終末期**までの継続的な関わりと支援に取り組むこと」としている。

4　○　「**本人主体のケアを原則とすること**」としている。

5　×　「**自らの力を最大限に使って暮らすことを支える**」としている。　●POINT●

| 問題44 | 認知症の心理療法 | 正答 4 | 重要度 ★★ |

現実見当識訓練（RO）は、記憶や思考に混乱をきたしている高齢者に対して、曜日・時間・場所・氏名などを繰り返し説明して案内・指導する方法である。正しい情報を繰り返し示すことで現実感覚を導き、失われた見当識を改善する。具体的には、選択肢4の設問のように現実に即した言葉かけを行うなどする。

選択肢2の設問は回想法の際に用いられる言葉かけである。選択肢1、3、5は誤りである。

| 問題45 | 認知症のある人の介護 | 正答 1 | 重要度 ★★★ |

1 ○ 健忘期には、生活の中でできないことも出てくるが、残されている能力も多くあるので、自分でできることは積極的に自分でやってもらい、少しでも症状を進行させないはたらきかけが必要である。●POINT●

2 ✕ 混乱期は、認知症の代表的症状がみられるようになる時期である。言語以外のコミュニケーション手段を確立する。

3 ✕ 健忘期には、認知症のある人はまわりの反応に敏感になっているため、物忘れや失敗行動があっても叱ったりせずに、心配ないことを伝えるような声かけを心がける

4 ✕ ターミナル期を死の準備期間としてとらえず、これまでの人生とこれからの時間を肯定的にとらえていけるようなはたらきかけが大切である。

5 ✕ 混乱期には、認知症のある人の世界を受け止め、会話の繰り返しや動作の失敗については理解を示す。

| 問題46 | 前頭側頭型認知症の症状 | 正答 3 | 重要度 ★★★ |

1 ✕ 幻覚は、レビー小体型認知症の症状である。強迫的で複雑かつ現実的な幻視がみられる。

2 ✕ パーキンソニズムは、血管性認知症やレビー小体型認知症、アルツハイマー型認知症でみられる。手足の筋固縮や姿勢反射障害などがみられ、筋固縮のため嚥下障害が生じて誤嚥性肺炎を合併することがある。

3 ○ 脱抑制は、前頭側頭型認知症の特徴的症状である。自分の欲望を抑えられなくなって反社会的な行動や、なげやりな態度、人をばかにした態度などをとる。このため、暴力や暴言などをともないやすくなる。●POINT●

4 ✕ 物盗られ妄想は、アルツハイマー型認知症でみられる。記憶障害の症状のひとつである。

5 ✕ 情動失禁は、血管性認知症のうち多発性脳梗塞やビンスワンガー型でみられる。感情のコントロールができなくなり、ささいなことで泣いたり、激昂したり、笑ったりする。

ステップUP　前頭側頭型認知症の主な症状

行動障害型前頭側頭型認知症	前頭葉の萎縮が主体。脱抑制、常同行動が特徴的な症状。その他、アパシーや過活動も生じやすい
意味性認知症	側頭葉の萎縮が主体。語義失語（言葉の意味がわからない）が特徴的な症状。その他、相貌失認（顔を見ても誰だかわからない）、前頭葉症状（脱抑制や常同行動など）なども伴う

問題47　レビー小体型認知症の症状　　正答 **3**　重要度 ★★★

1　✕　滞続言語は、ピック病（前頭側頭型認知症）でみられる特徴的症状である。

2　✕　頭痛は、慢性硬膜下血腫などでみられる症状で、レビー小体型認知症の特徴的症状ではない。

3　○　レビー小体型認知症の特徴的症状として、**パーキンソン症状、幻視、自律神経症状**などがある。末期には、**四肢麻痺、失外套症候群**がみられることがある。　**●POINT●**

4　✕　常同行動は、ピック病（前頭側頭型認知症）でみられる特徴的症状である。

5　✕　自発性欠如は、ピック病（前頭側頭型認知症）でみられる特徴的症状である。

問題48　レスパイトサービス　　正答 **5**　重要度 ★★

1　✕　レスパイトサービスには、**イン・ホーム・サービスとアウト・オブ・ホーム・サービス**がある。イン・ホーム・サービスは、訪問介護員（ホームヘルパー）などの派遣によって家族を介護から解放するサービスで、訪問介護（ホームヘルプサービス）、通所介護（デイサービス）、家事代行サービス、家族会への参加などがある、アウト・オブ・ホーム・サービスは、施設などの利用によって家族を介護から解放するサービスで、ショートステイ、施設入所、入院などがある。　**●POINT●**

2　✕　家族会への参加は、**イン・ホーム・サービス**である。

3　✕　施設入所は、**アウト・オブ・ホーム・サービス**である。

4　✕　ショートステイは、**アウト・オブ・ホーム・サービス**である。

5　○　家事代行サービスは、**イン・ホーム・サービス**である。

障害の理解　解答・解説

問題49	ノーマライゼーションとインクルージョン	正答 2	重要度 ★★

1　✕　インクルージョンの対象は、**すべての人**である。ノーマライゼーションの対象は、主に**障害者（児）**である。

2　〇　ノーマライゼーションは、障害者（児）と健常者（児）が同じ場で活動する。インクルージョンでは、すべての人が同じ場で活動する。

3　✕　障害者（児）のほうから健常者（児）の基準に合わせて支援していくのは、ノーマライゼーションである。インクルージョンでは、**一人一人がもつ違いを認めたうえで**、それぞれに必要な支援を受けることによって、すべての人が同じ場で活動していく。
　　●POINT●

4　✕　誰もが同じ社会の一員であるとする考え方は、インクルージョンである。

5　✕　障害があっても健常者（児）と同じ条件に置かれるべきと考えるのは、ノーマライゼーションである。

問題50	脊髄損傷部位と可能な動作	正答 5	重要度 ★★★

1　✕　C4レベルは頸髄損傷で、**自発呼吸は可能**だが、援助が必要である。また、首と肩甲骨の一部を動かせる程度のため全介助となる。

2　✕　C7レベルは頸髄損傷で、**プッシュアップ**（肘を伸ばす力）があるため、寝返りや起き上がり、座位での移動などが可能である。必要に応じて介助する。プッシュアップできないのはC6レベル以上の損傷である。●POINT●

3　✕　T2レベルは胸髄損傷で、**座位バランスはやや安定**する程度である。座位バランスがほぼ安定するのは、T7～T12レベルである。

4　✕　L1レベルは腰髄損傷で、長下肢装具を装着して杖を使用すれば歩行は可能である。しかし、**実用性としては車いすの使用**になる。杖と装具の装着で実用的な歩行が可能になるのはL3～L4レベルの損傷である。●POINT●

5　〇　L5は腰髄損傷である。L5～S3レベルの損傷では、足関節の動きは十分ではないが、**おおむね介助は必要としない**。

問題51　先天性視覚障害者の特徴

正答 5　重要度 ★

1　✕　先天性視覚障害とは、生まれつきまったく目がみえない状態を指す。まぶしさを訴えるのは、**白内障や弱視者などにみられる症状**である。

2　✕　教育学、心理学の分野では視覚的経験の記憶がまったくない2～3歳以前で**失明した場合も先天性視覚障害に含む**。

3　✕　眼圧亢進によって視野の欠損など視機能が障害を受けることで失明するのは**緑内障**である。緑内障は中途失明の原因疾患である。

4　✕　先天性視覚障害者では、**全身・手指運動に制限が生じる**。これは視覚障害による行動制限の要因から起こるもので、走り回る遊びや遊具を使ってバランスをとるような遊びの経験が得られにくい状況にあることが多く、運動能力などの発達に遅れが生じやすい。

5　〇　ブラインディズムとは、**目的のない自己刺激的行動**で、身体に関する習慣的反復行動をいう。具体的には、「手や指を眼前でひらひらさせる」「よく身体をくるくる回す」などの行動がある。 ●POINT●

問題52　ノーマライゼーション

正答 2　重要度 ★★

1　✕　ノーマライゼーションは、**利用者の尊厳の保持や利用者が望む生活を援助していくことにつながる**考え方である。このため、尊厳を支える介護を行っていくうえで重要な考え方となる。

2　〇　「障害者基本法」では、社会的障壁について、障害がある者にとって日常生活または社会生活を営むうえで障壁となるような社会における事物、制度、慣行、観念その他一切のものとしており、偏見も社会的障壁に含まれる。これらの**社会的障壁を取り除くことがバリアフリー化であり、ノーマライゼーションの考え方に沿ったもの**である。 ●POINT●

3　✕　ノーマライゼーションの考え方は、障害があっても**住み慣れた地域で生活を継続していくことのできる社会を創造していく**というものである。地域での生活の継続は重要である。

4　✕　ノーマライゼーションの考え方を実践していくうえで、行政機関や関連職種だけでなく、地域住民の活動も重要となる。**地域住民にはたらきかけて意識改善を行い、活動に参加してもらうことも必要である**。

5　✕　居宅をバリアフリー化しただけでは、障害のある人などが社会生活に参加することはできない。**社会や制度、環境などさまざまな面でのバリアフリー化を図ることが必要**である。

| 問題53 | 心疾患のある人の生活 | 正答 1 | 重要度 ★ |

1 ○ 心疾患では、**感染症により状態が急激に悪化する恐れがある**ため、感染症には十分な注意が必要である。インフルエンザなどの流行時期には、マスクの着用、うがい、手洗いの徹底、予防接種などが予防対策である。**●POINT**

2 ✕ 心臓に負担がかからないようにするため、**ぬるめの湯**に入り、**長湯はしない**ようにする。また、急激な温度変化によって血圧が急激に変動しないよう、浴室や脱衣所などの室温を調節して温度差を少なくする。

3 ✕ アルコールには、血管を拡張させて血圧を下げる作用があるため、**適量の飲酒であれば構わない**。喫煙については、末梢血管の収縮による血圧の上昇、動脈硬化の促進など心疾患を悪化させるリスク因子となるため、禁煙が必要である。

4 ✕ 食後は、消化のために体内での酸素の需要が高くなる。心臓への負担を減らすため、**食後30〜60分は安静に過ごす**ようにする。

5 ✕ ペースメーカーや植え込み型除細動器（ICD）を使用している場合、外部からの電磁波の影響を受ける恐れがあるため、携帯電話は植え込み部位から22cm以上**離すこと**とされている。心疾患があるからといって使用できないということではない。

| 問題54 | 発達障害 | 正答 4 | 重要度 ★★ |

1 ✕ アメリカ精神医学会が刊行する「精神疾患の分類と診断の手引き」第5版（DSM-5）によると、知的能力障害と自閉症スペクトラム障害はしばしば**同時に起こり**、知的能力障害と自閉症スペクトラム障害の両方があると診断するためには、**社会的コミュニケーション**が全般的な発達の水準から期待されるものより下回っていなければならないとされている。

2 ✕ DSM-5によると、学習障害による学習困難は、**学齢期に始まる**とされている。

3 ✕ DSM-5によると、注意欠陥多動性障害は、不注意または多動性・衝動性の症状のうちいくつかが**12歳になる前**から存在していた、としている。

4 ○ 自閉症スペクトラム障害とは、自閉症、アスペルガー症候群など**広汎性発達障害**をひとつのグループにまとめた名称である。

5 ✕ 自閉症スペクトラム障害では、人間関係を発展させ、維持し、それを理解することの欠陥がみられる。また、**相互の対人的－情緒関係の欠落**、対人的相互反応で非言語的コミュニケーション行動を用いることの欠陥もみられる。**●POINT**

| 問題55 | 麻痺の種類 | 正答 1 | 重要度 ★ |

1 ○ 脳性麻痺（のうせいまひ）は肢体不自由の原因疾患であり、脳の疾患に起因する。また特徴としては、知的障害、言語障害、てんかん発作などの随伴症状を起こすことが多い。アテトーゼ型の症状については記述のとおりである。

2 ✕ 痙直型（けいちょく）は、筋肉の緊張が強く、**四肢（しし）の突っ張り**が強く現れる。

3 ✕ 硬直型では、**関節の動きが硬くなる**症状がみられる。

4 ✕ 低緊張型では、**運動性がなく**、ぐにゃぐにゃとした低緊張状態になり、姿勢保持が難しい。

5 ✕ 運動失調型では、動作の**バランスが悪く**、**不安定**な運動になり、歩行などの**ふらつき**がみられる。

| 問題56 | 腎臓機能障害者 | 正答 1 | 重要度 ★★★ |

1 ○ 腎臓機能障害には、**急性腎不全**と**慢性腎不全**がある。急性腎不全の場合、原因となった病気を治療して原因が取り除かれないと慢性腎不全に進行する。●POINT●

2 ✕ 慢性腎不全の症状には、全身倦怠感（けんたいかん）、動悸（どうき）、頭痛、浮腫（ふしゅ）などがあり、腎機能の障害の程度によって**多尿**、**乏尿**のどちらも起こり得る。

3 ✕ 腎不全は**自覚症状に乏しく**、身体の異常に気づいたときには、病状がかなり進行していることも少なくない。

4 ✕ 慢性腎不全と診断されると、直ちに**透析療法**を受けなければならない人もいるが、食事療法や薬物療法を中心とした**保存療法**によって長くコントロールできる人もいる。

5 ✕ 慢性腎不全の場合、医師と相談したうえで**軽く身体を動かす**ことは問題ないとされている。疲労を残さないことが重要であり、ハードな運動は避ける。

1　○　息切れ予防のためには、**息を止めて行う動作や腕を上げて行う動作、前かがみで行う動作をできるだけしないようにする**。そのためには予防として、棚の位置や履きやすい靴選びなどの配慮が有効である。そのほか、胸部や喉元^{のど}などを圧迫しない**服装への配慮**などがある。

2　×　息切れの状態が長く続くことによって、ガス交換の不良が**血中酸素飽和濃度の低下**につながり、**意識障害**などを引き起こす恐れがある。息切れがあるときには、動作を一旦中断するなどの配慮や、手すりなどの体力的な負荷を軽減するための環境づくりも必要である。●**POINT**●

3　×　人ごみ、車の交通量が多い場所や、また光化学スモッグ注意報が発令されているときの外出などは、**肺で行われるガス交換の不良**になる恐れがあるため、避けたほうがよい。

4　×　**呼吸器に負荷のかかるような感染**は、Ｏさんのリスクを高めるため、マスクの着用や手洗い、うがいなどは積極的に行うべきである。

5　×　必要以上に安静にすることによって筋力、持久力が低下し、軽い動作でも息切れしてしまう恐れがある。**息切れしない程度の負荷と活動内容を検討する必要がある**。

1　×　基幹相談支援センターは、地域における相談支援の中核的な役割を担う機関として、**市町村が設置することができる**とされている。●**POINT**●

2　×　基幹相談支援センターについては、「障害者総合支援法」第77条の2に規定されている。

3　○　基幹相談支援センターでは、障害者（児）に対する**総合相談・専門相談、権利擁護・虐待防止、地域移行・地域定着、地域の相談支援体制の強化の取組み**などを行う。

4　×　地域移行・地域定着の役割として、入所施設や精神科病院への働きかけを行う。障害のある人が地域で生活できるように働きかけるのであって、入所・入院のはたらきかけではない。

5　×　相談支援事業者間の**連絡調整**や関係機関の**連携**の支援を担う。

医療的ケア　解答・解説

問題59	経管栄養に関する基礎知識	正答 5	重要度 ★★

1　✕　経管栄養を実施している利用者でも、利用者の状態によって、医療職が入浴はできないと判断していなければ、**入浴は可能である**。胃瘻・腸瘻を造設しており、感染の徴候がある場合には、医療職の指導により、挿入部をフィルムなどで保護することがある。

2　✕　経鼻経管栄養では、**胃食道逆流が起きやすい**。胃食道逆流とは、胃の内容物が食道に逆流することをいい、食道下部の括約筋機能低下等が原因で起こる。

3　✕　**液体栄養剤は、下痢を生じやすい**。液体栄養剤は、注入に時間がかかるため、消化腺分泌や腸蠕動の反応が弱くなる。半固形栄養剤では、内容物粘度が高い等の特徴から、有形便が形成される。

4　✕　口腔からの食事をしない場合でも、**1日に複数回の口腔ケアを行うことが必要である**。口腔からの食事をしていないことにより、唾液分泌による**自浄作用が低下**し、細菌感染を生じやすい状態となっている。

5　〇　注入開始後にしゃっくりがあった場合は、**直ちに注入を中止する**。口腔内を観察し、すぐに医療職に連絡する。●POINT●

 ステップ**UP**　　経管栄養の種類

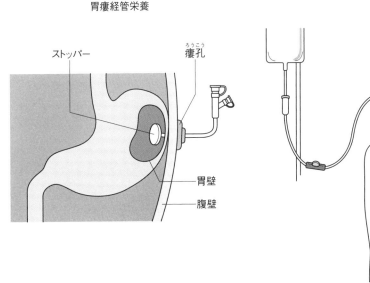

胃瘻経管栄養

ストッパー
瘻孔（ろうこう）
胃壁
腹壁

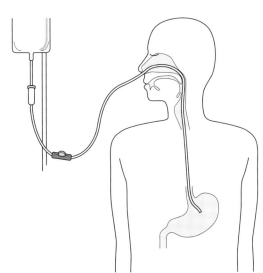

経鼻経管栄養

			正答	重要度
問題60	**喀痰吸引の基礎知識**		5	★★

1 **×**　呼吸器の末端は、**肺胞**である。空気は、口・鼻→咽頭→喉頭→気管→気管支→肺→肺胞に流れている。肺胞は両肺で数億個あるとされ、肺胞内で酸素と二酸化炭素の受け渡しをしている。●POINT●

2 **×**　空気を吸い込むと、**横隔膜は下がり**、吐くときには上がる。横隔膜は肺の下端にある薄い筋肉である。胸腔と腹腔を分離する。呼吸を補助する役割を持つ。

3 **×**　呼吸は、**身体を起こしている状態のほうが楽にできる**。身体を起こすことで、横隔膜が重力の影響で下がり、多くの空気が肺に送られやすくなる。

4 **×**　下気道の**線毛運動**は、気管の奥から喉に動いている。気管と気管支は下気道とよばれ、加湿・加温して肺胞に空気を送っている。そのはたらきを助ける線毛運動は、空気に入っている異物を粘液に閉じ込め、外に出そうとしている。

5 **○**　**喉頭**には、空気の**温度・湿度調整**の役割がある。口腔には唾液による殺菌作用、鼻腔には埃や細菌を排除し、加温・加湿する作用がある。埃や細菌の排除は扁桃でもなされる。喉頭にある喉頭蓋は、異物が気管に入ることを防ぐ。

			正答	重要度
問題61	**入所施設での感染対策**		1	★★★

1 **○**　施設では、感染症の発生や発生時の感染拡大防止のために、**感染対策委員会**を設置する。●POINT●

2 **×**　感染対策マニュアルの作成は、**感染対策委員会**が行う。感染対策委員会は、施設の実態に合わせたマニュアルの作成、実践、遵守が重要な役割である。

3 **×**　施設内で感染症が疑われる場合、施設長は、**市町村等**の社会福祉施設等主管部局に報告するとともに、**保健所に報告**して指示を求める。

4 **×**　入所者の感染拡大を防ぐためには、**食事の前後**、**排泄後**を中心に、石鹸と流水による手洗いの習慣を継続して支援する。

5 **×**　入所者の感染について、医師が必要な医療処置を行うが、施設での対応が困難な場合には、協力病院や地域の医療機関へ**感染者を移送**する。

問題62	経管栄養	正答	重要度
		3	★★★

1　✕　利用者が嘔吐したときには、**直ちに注入を中止**し、誤嚥予防のために**顔を横**に向ける。そのあと看護職に連絡する。

2　✕　利用者が下痢をしているときには、注入速度を確認し、**少し速度を遅く**する。それでも改善しない場合には、看護職に報告する。

3　○　注入開始後にしゃっくりがあった場合には、**直ちに注入を中止**し、**口腔内を観察**する。そのあと、看護職に連絡する。

4　✕　チューブ挿入部や胃ろうからの出血や周囲に血液が付着している場合、看護職に**連絡**する。チューブ内がいつもと違う色の場合も、看護職に連絡する。

5　✕　息苦しそうにしている、顔色が悪い場合には、**直ちに注入を中止**してから看護職に連絡する。●POINT●

問題63	利用者・家族への対応	正答	重要度
		4	★

1　✕　喀痰吸引は苦痛を伴うため、頻回に行うことにより拒否的な思いをもつこともある。介護職は、利用者の苦痛を理解し、不安を受け止め、できるかぎり迅速で安楽な方法で吸引を行う必要がある。利用者の協力が得られるよう、利用者の意思や気持ちを常に確認しながら吸引を実施していくことが大切である。そのため、**説明をして同意を得てから行う**。

2　✕　説明もなく突然吸引を行うと、驚き、苦しい思いをする。**説明をすることにより、心構えができ吸引を受けることができる**。

3　✕　「吸引をしないことにより予測される状態」の説明を聞くことで、Ｐさんは苦しい吸引を受ける理由がわかるので、**Ｐさんにも家族にも話して同意を得る**。

4　○　医療職の判断で、吸引により呼吸状態の改善が見込まれる場合は、吸引することを**説明し同意を得てから行う**。

5　✕　家族は、なかなか痰が取りきれず利用者が辛い状態であることから、咽頭までカテーテルを入れることを希望してくる場合もある。介護福祉士の吸引できる範囲である**口腔内・鼻腔内の範囲を守り**、家族に理解を求めると共に、排痰を促したり（湿度調整や水分摂取等）、痰が少なくなるようなケア（口腔ケア等）を日常的に丁寧に行う。●POINT●

介護の基本　解答・解説

☑
☑

問題64　多職種連携　　　　　　　　　　　　正答 1　重要度 ★★

1　○　体調の変化については、医師、看護師など**医療職や看護職**に相談することが適切である。 **●POINT●**

2　✕　利用者の経済状況の悪化については、**福祉事務所**に相談するのが適切である。

3　✕　リハビリテーションについては、**理学療法士**に相談するのが適切である。

4　✕　薬の副作用については、処方した**医師、薬剤師**に相談するのが適切である。

5　✕　利用者の食事の内容については、**管理栄養士や栄養士**に相談するのが適切である。

☑
☑

問題65　介護福祉士　　　　　　　　　　　　正答 4　重要度 ★★

1　✕　「社会福祉士及び介護福祉士法」第2条で、**専門的知識及び技術**をもって身体上または精神上の障害があることによって日常生活を営むのに支障がある者に対して**心身の状況に応じた介護**（喀痰吸引を含む）、本人やその介護者に対して介護に関する指導を行うとされている。

2　✕　介護福祉士試験に合格すると、介護福祉士になる資格を得ることができる。**介護福祉士登録簿に登録**されることで、介護福祉士資格を取得したことになる。

3　✕　介護福祉士でない者が介護福祉士を称することはできない。

4　○　介護福祉士は、「保健師助産師看護師法」の規定にかかわらず、**診療の補助**として喀痰吸引等を行うことができる。 **●POINT●**

5　✕　介護福祉士の名称使用が停止されている者は、喀痰吸引等を行うことができない。

問題66	高齢者虐待と介護の倫理	正答	重要度
		2	★★

1　✕　家族等が介護を**一生懸命に行おうとするほど**加害者になってしまう場合もある。

2　〇　高齢者虐待の可能性がある場合、高齢者の意向をくみ取ることはもちろん、介護を行っている**家族の立場も受容**し、どうしたいのかという家族のニーズや意向をくみ取って**無視しない**。

3　✕　介護職は、常に**高齢者、家族それぞれの最良の結果**を求める。

4　✕　介護職は、虐待によって生じることが**予想される影響すべて**を想定して、それを避けるように行動することが求められる。

5　✕　虐待に気づいた際に、それを虐待している家族に伝えると、**虐待がエスカレートする**可能性がある。気づいていることを家族に知られないようにすることが必要である。

問題67	認知症利用者の自己決定	正答	重要度
		1	★★★

1　〇　Ａさんに献立を決定してもらう場合、言葉で説明するより**絵に描いてイメージできる**ようにすると、食べたいものを決定しやすいといえる。

2　✕　服を選ぶ場合には、Ａさんと**一緒に服を見ながら選ぶ**ことが自己決定には必要である。

3　✕　Ａさんは認知症だが、外出したいという希望がある場合には一緒に出かけるなどしてＡさんの**希望を尊重**することが大切である。●POINT●

4　✕　生活リズムをもって日常生活を送ることが大切である。Ａさんが起こさないでほしいと言っても、**適切な時間には声かけをして起きてもらう**ことが必要である。

5　✕　何日も着替えないことは衛生的ではない。Ａさんに着替えない理由を聞いたり、介護職が考え、Ａさんが着替えるように**助言していく**ことが必要である。

	正答	重要度
	5	★★★

1 ✕ 利用者の話には、家族には知られたくないと思っている内容があることも考えられる。すべて家族に伝えるのは適切ではなく、伝える場合には**利用者の同意を得ること**が必要である。

2 ✕ 利用者が決定したことであっても、利用者に危険が伴う、間違っているという場合もある。受容するとともに、適切な介護が行えるよう、**丁寧に説明する**ことが必要である。

3 ✕ 利用者ができることは、時間がかかっても**本人にやってもらう**ことが大切である。本人には難しいことは手助けすることが必要である。

4 ✕ 利用者とは**対等な関係**で接することが大切である。友達感覚、子ども扱いにならないようにすることも大切である。 ●POINT●

5 ◯ 家族介護者が間違った方法で介護している場合、より適切な介護方法があっても、まず、家族介護者の方法を受け入れてから、助言していくことが必要である。

問題69 感染症ごとの対策

	正答	重要度
	2	★★★

1 ✕ インフルエンザの場合、マスク、手洗いを励行し、感染者は**外出禁止・面会制限**にする。室温は約22℃、湿度50 ～ 70％を保ち、栄養や水分管理をしっかり行う。

2 ◯ 感染性胃腸炎の場合、排泄物や嘔吐物の処理の際には、使い捨てマスク・手袋・予防衣（ビニールエプロン）を着用し、消毒液は**次亜塩素酸ナトリウム**を使用する。また、手洗いを徹底する。 ●POINT●

3 ✕ レジオネラ症の場合、入浴設備からの感染が多い。人から人へは感染しない。施設・設備を徹底的に点検・消毒し、浴槽は毎日洗浄して、月に１度は**塩素系消毒液**で消毒する。

4 ✕ 腸管出血性大腸菌感染症の場合、手洗いを徹底し、トイレの便座やドアノブは**消毒用エタノール**などで拭く。食器は、食器洗浄機で洗う。

5 ✕ MRSA感染症の場合、汚染されている場所や物を触ったりすることで感染することがある。**手洗い**を徹底する。

問題70 専門職

	正答	重要度
	5	★★

1 ✕ 義歯を製作するのは、歯科技工士である。**歯科衛生士**は、歯科医師の指導のもと、歯や口腔疾患の**予防処置**を行う。

2 ✕ 公認心理師は、心理職の**国家資格**である。心理面に問題を抱えている人たちの相談に応じたり、助言、援助を行ったりする。**臨床心理士**は、公認心理師が誕生する前からあ

る民間資格である。 ●POINT●

3　✕　栄養士は、**都道府県知事の免許**を受けて栄養指導を行う。厚生労働大臣の免許を受けて栄養指導を行うのは**管理栄養士**である。管理栄養士は、より専門的な知識と技能をもって業務にあたる。

4　✕　**作業療法士**は、**日常生活動作の維持・改善**のために支援を行う。マッサージや電気療法を行うのは、理学療法士である。

5　〇　保健師は、看護師免許と保健師免許の**両方を取得**しなければならない。健康増進のための保健指導、健康管理などを**保健所等**で行う。

問題71	介護支援専門員（ケアマネジャー）の役割	正答 2	重要度 ★★★

1　✕　指定居宅介護支援等の人員及び運営に関する基準（以下、運営基準）第13条第七号において、アセスメントに当たっては、**利用者の居宅を訪問し**、利用者およびその家族に**面接**して行わなければならない、と規定されている。「努めなければならない」は誤りである。

2　〇　運営基準第13条第一号において、指定居宅介護支援事業所の管理者は、**介護支援専門員（ケアマネジャー）**に居宅サービス計画の作成に関する業務を担当させるものとする、と規定されている。 ●POINT●

3　✕　運営基準第13条第四号において、介護給付等対象サービス以外の保健医療サービス又は福祉サービス、当該地域の住民による**自発的な活動によるサービス等の利用**も含めて居宅サービス計画上に位置付けるよう努めなければならない、と規定されている。「含めなければならない」は誤りである。

4　✕　運営基準第13条第十三の二号において、指定居宅サービス事業者等から利用者にかかる情報の提供を受けたときその他必要と認めるときは、利用者の服薬状況、口腔機能その他の利用者の心身または生活の状況にかかる情報のうち必要と認めるものを、利用者の同意を得て**主治の医師もしくは歯科医師または薬剤師**に提供するものとする、と規定されている。

5　✕　運営基準第13条第十四号において、モニタリングは、**少なくとも１月に１回**、利用者の**居宅を訪問**し、利用者に面接すること、と規定されている。

1　○　このマークは、**盲人のための国際シンボルマーク**であり、世界盲人連合で1984（昭和59）年に制定されたものである。信号機や国際点字郵便物、書籍などでもみられるようになっている。●POINT●

2　✕　このマークは、**視覚障害者の安全やバリアフリーに考慮された建物、設備、機器など**につけられるマークである。バリアフリー化されていない建物にはつけることができない。

3　✕　このマークは、世界盲人連合が制定した**盲人のための世界共通のマーク**である。盲人が白杖（はくじょう）を持って歩いている姿を図案化している。

4　✕　視覚障害者用の機器にもマークをつけることができるが、**特に義務づけられてはおらず、表示は任意**である。

5　✕　このマークを見かけたときには、視覚障害者の利用への配慮について、理解、協力をよびかけているが、**義務ではない**。

ステップ**JP**　　障害者に関するマーク

●高齢運転者標識
70歳以上の運転者が運転する普通自動車に表示するマーク

●身体障害者標識
肢体不自由であることを理由に免許に条件を付されている人が運転する車に表示するマーク

●聴覚障害者標識
聴覚障害であることを理由に免許に条件を付されている人が運転する車に表示するマーク

●盲人のための国際シンボルマーク
視覚障害者の安全やバリアフリーに考慮された建物、設備、機器などに付けられるマーク

●ハート・プラスマーク
心臓、腎臓（じんぞう）、呼吸器、膀胱（ぼうこう）・直腸機能など、身体内部に障害がある人を表しているマーク

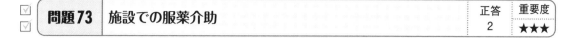

	正答	重要度
問題73 施設での服薬介助	2	★★★

1 ✕ 施設に入所している利用者の場合、認知機能が低下している人もいる。このため、薬は**自己管理**ではなく、**施設が預かり**、服用に誤りがないようにする。

2 ◯ 利用者から預かった薬は、医師から**服用が指示された時間**に本人に配る。

3 ✕ 薬を服用する時間は、**食前、食後、食間、就寝前**などさまざまである。入所者全員同じ時間に服用することはできない。 ●POINT●

4 ✕ 複数の点眼薬は、原則として1つの点眼薬をさしたあと、**5分程度**空けて次の点眼薬をさす。

5 ✕ 利用者が正しく服用したかどうかは、介護福祉職が**必ず確認**しなければならない。

| ☑ ☑ | **問題74** | 自立した生活の継続 | 正答 4 | 重要度 ★★ |

1　✕　気づいているかどうかを確認しても、配達の問題を解決することはできない。

2　✕　関節リウマチで手指の拘縮がある場合、重い物を運んだりすることは難しい。配達を上手に利用することで、**自立した生活を継続**できる。配達を頼むのをやめるように声をかけるのは適切ではない。●POINT●

3　✕　訪問介護員（ホームヘルパー）が来る日に配達してもらうのは、ひとつの方法である。しかし、訪問介護員（ホームヘルパー）がいるときに**必ず配達してもらえる**とは限らない。最も適切とはいえない。

4　〇　**聴覚障害者用のインターホン**には、インターホンが鳴ると光る仕組みのものがある。Bさんは重度の難聴のため、聴覚障害者として利用することが可能である。

5　✕　体調が悪いときに外を確認するのは、普段、健康な人であっても辛いことである。関節リウマチがあるBさんに、体調が悪くても外を確認するように声をかけるのは適切ではない。

| ☑ ☑ | **問題75** | 歩行困難者への声かけ | 正答 3 | 重要度 ★★ |

1　✕　歩行訓練を嫌がっているCさんに、部屋から出てくださいと声をかけて、無理に訓練を受けてもらうのは適切ではない。Cさんが**やってみようかなと思う**ような声かけが必要である。●POINT●

2　✕　決めつけてしまうような声かけは適切ではない。「**歩いてみませんか**」というように少しだけでも歩いてみようかと思うような声かけが必要である。

3　〇　その日の天候などを伝え、Cさんが**外に出てみようか**なと思えるような声かけが必要である。

4　✕　日々のスケジュールは必ず守らなければならないということではない。Cさんの状況にあわせて**柔軟に対応**するような声かけが必要である。

5　✕　他の人が訓練を受けていても、Cさんは**別人格**である。施設の生活であっても、他の人と同じように歩行訓練をしなければならないということではない。

| ☑ ☑ | **問題76** | 記録の文体 | 正答 2 | 重要度 ★★ |

1　✕　要約体は、要点を整理してまとめる文体で、**全体像の把握に有効**な書き方である。

2 ◯ 説明体は、出来事を介護職が解釈して説明するときに用いる文体で、どのように解釈、分析しているかを把握することができる。**専門職としての力量**が問われる。

3 ✕ 出来事や事実を記述する際に用いられるのは、**叙述体と要約体**である。

4 ✕ 叙述体といった場合、**圧縮叙述体と過程叙述体**がある。

5 ✕ 全体の流れをそのままに記述するのは、**圧縮叙述体**である。過程叙述体は、介護職や利用者の感情や考え方など情動的・主観的事実を記述する際に用いられる。 ●POINT●

☑
☑ **問題77** 　知的障害者とのコミュニケーション　　正答 5　重要度 ★★★

1 ✕ 知的障害の場合、言語障害などコミュニケーションの問題を伴うことが少なくない。

2 ✕ AACとは、コミュニケーション障害のある人が自分の意思を伝えるため、五十音表、カード、コミュニケーションエイドなど、本人ができる手段を用いてコミュニケーションを図ることをいう。知的障害者に適した方法である。 ●POINT●

3 ✕ 言葉だけでなく、**身振りや手振り**、**筆談**なども有効的なコミュニケーションの方法である。

4 ✕ カードや絵など**視覚による情報伝達**は、知的障害者に適したコミュニケーションの方法である。

5 ◯ 利用者が自分に適したコミュニケーションの方法を身につけられると、**伝え合う喜び**を感じられるようになることにつながる。

☑
☑ **問題78** 　通所保護（デイサービス）でのコミュニケーション　　正答 3　重要度 ★★

1 ✕ Dさんは、自分の意見がある。**頑固な性格**のため、他の利用者と仲良く接することができないので、仲良くしてほしいと声かけしても問題を解決することは難しい。適切な声かけではない。

2 ✕ Dさんの意見ばかり通すことができないのは、**集団の中**では当然だが、そのように声かけをしても問題を解決することは難しい。適切な声かけではない。

3 ◯ Dさんが、なぜ自分の意見を押し通そうとするのか、その**背景を知る**ことは問題の解決につながる可能性がある。適切な声かけである。

4 ✕ 通所介護（デイサービス）の利用を断る場合、**正当な理由**がなければならない。意見を押し通そうとして他の利用者と仲良く接することができないだけで断ることはできない。

5 ✕ 通所介護（デイサービス）に参加している利用者たちが**仲良く接する**ことができるようにするのは、職員の役割である。自分で解決するように声かけするのは適切ではない。

| | 問題79 | 入所者からの情報収集 | 正答 2 | 重要度 ★★ |

1　✕　Eさんは、社会福祉協議会の担当者に**あいまいな返事**をしている。施設の介護福祉職が聞いても、詳しいことは話さないと思われる。適切な声かけではない。

2　◯　いきなりEさんの親族について聞くのではなく、**昔の話をゆっくり聞き、その中から親族に関する内容を把握していく**のは最も適切である。●POINT●

3　✕　**Eさんの詳しいこと**が分からないと、施設としては今後の対応を検討することが難しい。しかし、施設が困りますと声をかけても、Eさんが事情を話してくれるとはいえない。適切な声かけではない。

4　✕　子どもがいるかどうかだけを聞いても、どのような関係にあるのか、**連絡先など**が分からないと施設として対応を検討することは難しい。適切な声かけではない。

5　✕　親族がいない人でも、**社会福祉協議会**が**保証人**になるなどによって介護老人福祉施設に入所することは可能である。ここにはいられないと声をかけるのは適切ではない。

生活支援技術　解答・解説

	問題80	嚥下しやすい食べ物	正答 3	重要度 ★★★

1　✕　海苔は口の中に貼りつきやすく、嚥下しにくい食べ物である。

2　✕　餅は粘りがあるため、口の中に貼りつきやすく嚥下しにくい食べ物である。また、喉に詰まりやすく窒息の原因になることがある。

3　○　ヨーグルトやプリン、ゼリー、**ポタージュ**、粥、マッシュ状、とろろ状、ミンチ状などの食品が嚥下しやすい。　**●POINT●**

4　✕　水はさらさらしているため**むせやすく**、嚥下しにくい。

5　✕　**カステラはスポンジ状でパサパサしている**ため、嚥下しにくい食べ物である。

	問題81	自助具	正答 3	重要度 ★★

1　✕　フォークやスプーンは、握りやすくするため、**握る部分を太くしたもの**を使うとよい。

2　✕　関節リウマチがある人の場合、**指関節を曲げるのが難しくなる**ためばねで固定してある箸を使うとよい。　**●POINT●**

3　○　長い柄のついたヘアブラシを使うと**肩関節や肘関節に負担がかかりにくくなる**ため、後頭部の髪の毛をとかしやすくなる。

4　✕　ボタンエイドは、**ボタンをボタン穴に通す際**に使用する自助具である。

5　✕　食べやすくするために角度をつけた皿の縁は、**手前が低くなるように**作られている。

ステップ⬆P　自助具の種類

手の不自由な人のためのカフベルト付き
スプーンホルダー

握りやすくするために、にぎりを
太くしたフォークとスプーン

ボタンエイド

| 問題82 | 室内環境の整備 | 正答 1 | 重要度 ★★ |

1 ○ 障子やふすまは、日本家屋でよくみられるが、**開閉がしやすい**、開閉のためのスペースが少なくてすむなどの理由から多く用いられている。●POINT●

2 × 内開きにすると、中で転倒したときに扉を開けられないことがあるため、開き戸を設置する場合には、原則、**外開き**にする。

3 × 32 〜 36mm 程度が握りやすいとされているのは、**横手すり**である。縦手すりは、28 〜 32mm 程度が握りやすいとされている。

4 × 横手すりは廊下や階段に設置されるが、高さは**750 〜 800mm**がよいとされている。

5 × 階段の蹴上げは、「建築基準法」で**23cm以下**と定められている。

| 問題83 | 食事の介護 | 正答 3 | 重要度 ★ |

1 × Fさんは、アルツハイマー型認知症を発症して6年になるため、認知症の症状が中等度に進行し、食事に対する認知機能が低下してきている恐れがあるが、食事動作は可能である。介護福祉職はFさんが適切な食事を摂れるよう声かけなどを工夫し、**全介助をするべきではない**。

2 × 食事に時間がかかることだけを理由に食事量が多いと考えることは早まった考えである。食事を始めるのに時間がかかる、むらがあるなどは、食事を認知する機能が低下したことなどさまざまな原因があると予測できる。食事量を変更する場合は、健康への影響も出るため、**医療職や栄養士等と連携して検討する**必要がある。

3 ○ Fさんに**食事の動作を想起**してもらうためには、介護福祉職が**手を添えて食事の動作を促す**ことは有効である。また、唇に食物を当てて触覚を活用して食事への認知を高めるほかに、視覚や嗅覚、味覚（味がわかるように口に少し入れる）を活用するなど、さまざまな工夫が考えられる。●POINT●

4 × 食事の栄養バランスを考えた場合、主食を中心にすると、炭水化物に偏ってしまう。たんぱく質、ビタミンなどを**バランスよく摂取**することが、健康維持のために大切である。

5 × 高齢者に必要な水分摂取量は、食事を含め1日2,500mLであり、食事の摂取量が低下すると、それに含まれる水分量も低下することが考えられる。**食事の時間以外にもこまめな水分摂取を促す**必要がある。

問題84 左片麻痺のある人の入浴介助

正答 3　重要度 ★★★

1　✕　麻痺側は温度感覚が鈍くなっているので、湯をかける場合、**健側**からかける。左片麻痺のある人の場合、右側から湯をかける。●POINT●

2　✕　左片麻痺のある人の脱衣の際には、**脱健着患の原則**から右側から脱ぐ。●POINT●

3　○　入浴の際には、**浮力作用**によって関節がほぐれるため、手足の伸縮運動を行いやすくなる。●POINT●

4　✕　入浴介助の際には、できるだけ**利用者の身体に近づき、重心を低く**する。

5　✕　患側から浴槽に入ると、湯温を感じられないだけでなく、身体を支えることができない。右側から浴槽に入る。

問題85 買い物支援

正答 4　重要度 ★★★

1　✕　出かける前に所持金を確認することは大切だが、**計算能力が低下**している場合、その金額から購入した金額を差し引いていくことが難しい。最も適切とはいえない。

2　✕　支払い後の残額の確認は、**その場**ですべきである。

3　✕　計算能力が低下している場合、価格を伝えて合計を計算する暗算は難しい。介護福祉職が**メモに書いて渡す**などが必要である。

4　○　出かける前に相談して予算を立てて、その範囲で買い物ができるように見守ることは、利用者本人の**自立した生活**を確立するうえで大切である。●POINT●

5　✕　計算能力が低下しているからと介護福祉職が財布を預かり、すべて支払うのは、利用者本人の**自尊心**を傷つけることにもつながる。

問題86 ベッド上での排泄の介護

正答 4　重要度 ★★

1　✕　**プライバシーを保護**する観点から、介護者は利用者の露出を最低限にするためにバスタオルなどをかける。●POINT●

2　✕　陰部清拭を行う場合は、大腸菌による尿道炎や膀胱炎などの**尿路感染症を引き起こさないように**、必ず尿道口から肛門部に向かって（前から後ろへ）一方向に拭く。

3　✕　下痢の水様便は消化酵素を含み、**肛門周囲の皮膚に炎症を起こしやすい**ので、排便後は洗浄または肛門清拭剤をつけた柔らかいティッシュで軽く押さえるように拭く。

4　○　陰部は皮膚とは異なり粘膜であるため、表面の細胞が角化していない。外界からの刺激に弱いため、**38〜40℃のぬるま湯**で行う。

5　✕　下痢のときは**脱水しやすい**ため、水分補給を心がける。その際は、番茶や湯ざましなどの水分を少しずつ数回にわたって摂取する。冷水、牛乳、炭酸飲料などは避ける。

| 問題87 | 安眠の介助 | 正答 1 | 重要度 ★★★ |

1 ○ 夜間ぐっすりと眠るためには、朝は決まった時間に目を覚まし、日中は適度な疲労を感じる程度の仕事や運動を行うという**規則正しい生活リズム**を整えることが大切である。 ●POINT●

2 ✕ コーヒーや紅茶、緑茶など**カフェイン**が含まれた飲料や、精神的興奮をもたらす**アルコール**を摂取することは安眠できないことにつながる。

3 ✕ **空腹時や満腹時**には安眠できないことがある。就寝前2～3時間前には食事を済ませておく。

4 ✕ 就寝直前に43℃くらいの湯で入浴すると、神経が高ぶり眠れなくなる。**ぬるめの湯**で半身浴や足浴を行ってリラックスすることが大切である。

5 ✕ 枕は、寝返りを打っても頭が外れない程度の**十分な長さのあるもの**がよい。

| 問題88 | 清潔の保持 | 正答 5 | 重要度 ★★★ |

1 ✕ 清拭の際には、**末梢から中枢に向かって**拭くのが原則である。上肢は手先から肩に向かって、下肢は足先から大腿に向かって**筋肉の走行に沿って**拭く。

2 ✕ 足浴を行う場合、洗う側の**かかとを保持**しながら片方ずつ洗う。両足を持ち上げて洗うのは適切ではない。 ●POINT●

3 ✕ 手浴を行う場合、座位が可能であれば、端座位で行う。座位姿勢がとれない人の場合は、**安楽な体位**にし、ベッドをギャッチアップして行うようにする。

4 ✕ 清拭の場合、**終わった部位から乾いた**タオルで水分を十分に拭き取る。

5 ○ シャワー浴は、浴槽での入浴が困難な場合や、発汗や失禁などの汚れをすぐに落としたい場合に行う。入浴に比べて**体力の消耗が少ない**。

| 問題89 | 誤嚥 | 正答 1 | 重要度 ★★ |

1 ○ 誤嚥は、嚥下機能の低下や唾液の分泌量が減少して、食べ物が飲み込みにくくなったり、**嚥下反射が鈍く**なったりすることで起きやすくなる。

2 ✕ 誤嚥を予防するため、麻痺がある場合には、口腔の**健側から食べ物を入れる**。右片麻痺の場合は、左側から入れる。 ●POINT●

3 ✕ 誤嚥を予防するためには、利用者の意識がはっきりしていることが大切である。しっかりと目覚めているときに、食事を摂ってもらうようにする。

4 ✕ 寝たきりの状態は、誤嚥しやすい姿勢である。無理のない範囲で**上体を起こす**ようにする。また、寝たきりでない場合も、**可能な限り座位**をとり、顎を引いた状態にする。

5　✕　水分でもむせやすく、誤嚥を起こすことがある。水やお茶などの水分も、**増粘剤でと
ろみをつけるなどして**嚥下しやすいように工夫する。

ステップJP　誤嚥しやすい食べ物・嚥下しやすい食べ物

誤嚥しやすい食べ物

①スポンジ状の食品
カステラ、ケーキなど

②練り製品
かまぼこ類

③口の中に粘着する食品
海藻、もちなど

④その他
豆、こんにゃく、水など

嚥下しやすい食べ物

①プリン状の食品
プリン、卵豆腐など

②ゼリー状の食品
ゼリー、寒天寄せなど

③マッシュ状の食品
ポテト、カボチャなど

④とろろ状の食品
とろろイモなど

⑤粥状の食品　雑炊など

⑥ポタージュ類

⑦乳化状の食品
ヨーグルトなど

⑧ミンチ状の食品

問題90	片麻痺のある人の上着の着脱	正答	重要度
		1	★★★

1　〇　**健側の手で患側の襟元をつかんでもらう**と、健側の袖が脱ぎやすくなる。

2　✕　片麻痺がある場合、バランスがとりにくく**患側に傾きやすくなるため、介助者は患側
に立って介助する。**

3　✕　上着を着る際には、**前身頃を上にして、襟元が膝の上にくるように置く。**　●POINT●

4　✕　袖は**患側の袖からしっかりと通し、その後、上着を健側に回して健側の袖を通す。**

5　✕　ボタンは、**健側の手で利用者に外してもらい、着るときにはかけてもらう。**無理な場
合には、状況を見ながら介助する。

問題91	ベッド上での食事介助	正答	重要度
		3	★★★

1　✕　ベッド上の姿勢は、誤嚥を防止し、食べやすくするため**頚部前屈姿勢**にする。頚部後
屈姿勢にすると顎が上がって飲み込みにくくなる。　●POINT●

2　✕　スプーンを利用者の口に入れるときは、**下から口元に向けて近づける。**下から出され
ると、顔が自然に下向きになり誤嚥予防になる。

3　〇　口腔内に食べ物が残った状態で口腔ケアを行うと、残った食べ物を誤嚥するおそれが
あるため、**残っていないことを必ず確認**する。片麻痺がある場合には、患側に特に注意

する。

4 ✕ 食事が終わった後は、口腔ケアを行い、その後、**30分程度**はギャッチアップの状態を維持する。すぐに寝ると、胃酸が逆流して逆流性食道炎を起こしやすい。

5 ✕ 介助者は、ベッドの高さを調節して、**利用者と目線が合う高さ**で座る。

<table>
<tr><td>☑
☑</td><td>**問題92**</td><td>**災害時の支援**</td><td>正答
3</td><td>重要度
★★★</td></tr>
</table>

1 ✕ 指定を受けていない公民館や学校は、**一般避難所**として宿泊する場所や食事の提供を行う。仮の生活ができる一時的な避難所である。**福祉避難所**は、指定を受けた老人福祉施設、障害者支援施設、児童福祉施設などである。 ●POINT●

2 ✕ 医療従事者が派遣されるのは、**DMAT**（災害派遣医療チーム）である。**DWAT**は福祉専門職の派遣を行う災害派遣福祉チームである。

3 ◯ 介護職は、生活支援の専門職として被災者に寄り添い、本来の生活を取り戻すための支援を行う。特殊な環境下であっても、普段と同じように説明と同意（**インフォームド・コンセント**）を必ず行い、**インフォームド・コオペレーション**を実践する。

4 ✕ 福祉避難所には、普段から**非常食**などの食料や**防災用品**が備蓄され、福祉避難所に避難した人たちは、支援物資が届くまでそれらでしのぐことになる。

5 ✕ 災害直後には、食事、睡眠、排泄（はいせつ）などの**生理的欲求**のほか、**安全と安定欲求**（居住環境）に対する支援も優先して行われる。

<table>
<tr><td>☑
☑</td><td>**問題93**</td><td>**口腔ケア**</td><td>正答
2</td><td>重要度
★★</td></tr>
</table>

1 ✕ 義歯は**毎食後**取り外し、義歯用歯ブラシで丁寧にブラッシングする。 ●POINT●

2 ◯ 口腔ケアは**毎食後**に行うのが原則である。1日1回しか行えない場合には**夕食後**に行う。

3 ✕ 片麻痺（かたまひ）がある場合、**患側の頰部や歯列間**（かんそく）に食べ物のかすが残りやすいので、この部分の口腔清掃を特に丁寧に行う。

4 ✕ 経管栄養を行っている場合、**唾液の分泌が少なくなり**自浄作用が低下している。スポンジブラシなどで口腔内を**湿らせてから**口腔清掃を行う。

5 ✕ 外した義歯は、ブラッシングした後、**水を入れた容器**に入れて保管する。

	正答	重要度
☑☑ **問題94**　ベッドと布団	1	★★

1　○　布団は床に直に敷くため、床との間に隙間がなく**湿気がこもりやすい**。このため天気の良い日には布団を干す必要がある。

2　×　ベッドはマットレスの位置が高いため、**ほこりなどが直接顔にかかりにくい**。

3　×　布団は高さが低く、ベッドのマットレスと比べると柔らかいため**体位変換を行いにくい**。

4　×　ベッドは床から離れているため、**音や振動が直接伝わらない**。

5　×　介助者が腰痛などを起こしやすいのは**布団**である。ベッドは高さがあるため、腰痛になりにくい。 **●POINT●**

	正答	重要度
☑☑ **問題95**　尊厳を支える介護	1	★★

1　○　QOLは生活の質、生きることの質などと訳されている。また、QOLに関連する用語として、生きがいや人生の満足度などの言葉もある。

2　×　介護を行ううえで、ADL（日常生活動作）の向上はQOLの向上のために不可欠である。しかし、介護福祉士には、あくまでも**利用者のQOLを高める**という役割が求められている。

3　×　利用者の生活支援においては、身体介助だけでなく、**利用者が充実感、満足感をもって生活できるよう支援**していかなければならない。自立度の向上に限定されていない。

4　×　介護とは、ADLの自立とQOLの向上を目指し、その人らしく、**快適な社会生活を営めるよう援助する行為**をいう。最終的には、利用者が望む生き方の実現に向けての支援を行っていかなくてはならない。 **●POINT●**

5　×　他者の世話になっていても、生活全体が不快でなく、利用者が望む生き方を実現できるような援助こそ、利用者の**QOLの維持・向上**につながる。

問題96　片麻痺がある人の食事の介助

正答 1　重要度 ★★

1　○　Hさんは利き手ではない左手でスプーンを使っているので、介護職員は左側（健側）に座りスプーンの操作を介助するのが望ましい。また、立ったまま介助すると利用者の顎が上がって誤嚥しやすくなるため、座って**目線を同じ高さにした状態で介助する**のが適切である。●POINT●

2　×　食事の際は、最初にスープ、みそ汁などの汁物を勧めるとよいが、Hさんがご飯から食べ始めたとしても、急いで止めるのは適切でない。**失語症に配慮した声かけが必要である。**

3　×　Hさんの希望を聞かずに、介護職員が箸で食事をするように指示するのは適切ではない。Hさんから箸の利用の希望があった場合は、**自助具の活用やリハビリテーションを通して段階的に箸が使えるようにしていく**のが望ましい。

4　×　片麻痺がある場合、食後の口腔ケアでは患側の頰部や歯列間に食べかすが残りやすい。介護職員は、**利用者自身で歯磨きをしてもらった後、適切な声かけをしながら磨き残しや食物残渣がないか確認する。**

5　×　食事の際は、姿勢の保持のため、**患側の手はテーブルの上に置いてもらう。**

問題97　クーリング・オフ制度

正答 3　重要度 ★★★

1　×　**モニター商法**は、モニターになることを条件に商品やサービスを特別に安く提供すると思わせて高額商品を買わせる商法で、クーリング・オフ期間は**20日間**である。クーリング・オフ期間が20日間のものとして、**内職商法**などがある。

2　×　通信販売の場合、**クーリング・オフ制度はない**が、返品の可否や条件に付いての特約がある場合には特約に従い、特約がない場合には、商品を受け取った日を含めて8日以内であれば、返品費用を消費者が負担して返品することができる。

3　○　受け取った書面の記載内容に不備があるときは、所定の期間を過ぎていてもクーリング・オフできることがある。●POINT●

4　×　2022年6月1日から、**電磁的記録によるクーリング・オフ通知を行うことができる**ようになった。また、FAXを用いたクーリング・オフもできる。

5　×　訪問購入のクーリング・オフ期間は、8日間である。クーリング・オフ期間が8日間のものは、ほかに**訪問販売、電話勧誘販売、特定継続的役務提供**（エステティック、美容医療、語学教室、学習塾、家庭教師など）がある。

マルチ商法（連鎖販売取引、ネットワークビジネス）	商品やサービスを購入・契約して、自分もまたその買い手を探し、買い手が増えるごとにマージンが手元に入る取引形態
催眠商法（SF商法）	ビルの一室や特設会場など閉めきった会場に人を集め、巧みな話術で日用品等を無料配付または格安で販売して雰囲気を盛り上げた後、高額商品を売りつける商法
ネガティブ・オプション（送りつけ商法）	注文していない商品を一方的に送りつけ、受け取った以上支払い義務があると消費者に勘違いさせて代金を払わせることを狙った商法
モニター商法	「モニター募集」などで人を集め、モニターになることを条件に商品やサービスを特別に安く提供すると思わせて高額商品を買わせる商法
霊感商法（開運商法）	「先祖を供養しないとたたりがある」などと不安をあおり、「不安を取り除くため」などと言って高額の壺や印鑑を買わせる商法
点検商法	点検を口実に来訪し、居住環境や什器などについて「危険な状態、交換が必要」などと事実と異なることを言って新品に取り替えさせ、代金を請求する商法

問題98　片麻痺のある人の杖歩行	正答 3	重要度 ★★★

1　✕　杖歩行で階段を上がるときには、**最初に杖を一段上**につき、そのあと健側（けんそく）の足を出す。最初に左足を一段上に乗せるのは適切ではない。

2　✕　溝を越えるときは、溝にできるだけ近づいて、**最初に杖を溝の向こう側**につく。左足からまたぐのは適切ではない。

3　〇　階段を下りるときは、最初に**杖を一段下**につき、そのあと患側（かんそく）の足を前に出す。

　　　●POINT●

4　✕　片麻痺（かたまひ）のある人の杖歩行を介助する際、介護福祉職は**患側後方**につく。右片麻痺の場合、右側の後ろから支えるため、左側の後ろで支えるのは適切ではない。

5　✕　階段を下りる際には、患側の膝折れに注意しなければならない。このため、体重が常に**健側にかかる**ようにする。患側の右足にかかるようにするのは適切ではない。

ステップ**UP** 杖歩行

■三動作歩行

健側の手で持つ

杖は原則として
大腿骨大転子の
高さ

①杖を一歩分前につく ➡ ②患側の足を前に出す ➡ ③健側の足を出し、
　　　　　　　　　　　　　　　　　　　　　　　　　患側の足に揃える

■杖歩行の際の留意点

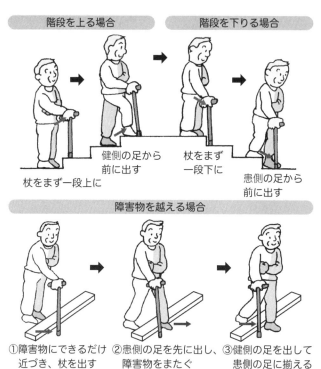

階段を上る場合	階段を下りる場合

健側の足から
前に出す

杖をまず一段上に

杖をまず
一段下に

患側の足から
前に出す

障害物を越える場合

①障害物にできるだけ　②患側の足を先に出し、③健側の足を出して
　近づき、杖を出す　　　障害物をまたぐ　　　　患側の足に揃える

ステップ**UP** 杖の高さ

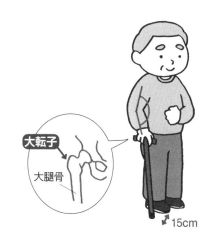

大転子

大腿骨

15cm

「杖をついたときに、軽く肘が曲がる」目安は、足から
15cm 離れた場所に杖をついたときの肘の角度が 150°
である。

※腰の曲がった高齢者の場合は、曲
　がった姿勢で杖の長さを決める。

	正答	重要度
問題99 洗濯マーク	1	★

　出題されているマークは、選択肢1の「水温**40℃**を限度に、**手洗いができる**」である。

　洗濯表示は2016（平成28）年12月より新しい表示となり、**国内外で統一**された。これにより従来の22種類が41種類に増え、繊維製品の情報がきめ細かく提供されるようになっている。洗濯処理の表示は14種類あり、手洗いは出題のマークのみ。残りは「家庭での洗濯禁止（1種類）」と「洗濯機使用可（12種類）」となり、洗濯機使用可は、温度の限度（30℃、40℃、50℃、60℃、70℃、95℃）別で、洗濯機の強弱もわかるようになっている。

ステップ⬆P　洗濯マーク

記号	記号の意味	記号	記号の意味
95	液温は95℃を限度とし、洗濯機で洗濯ができる	40	液温は40℃を限度とし、洗濯機で弱い洗濯ができる
70	液温は70℃を限度とし、洗濯機で洗濯ができる	40	液温は40℃を限度とし、洗濯機で非常に弱い洗濯ができる
60	液温は60℃を限度とし、洗濯機で洗濯ができる	30	液温は30℃を限度とし、洗濯機で洗濯ができる
60	液温は60℃を限度とし、洗濯機で弱い洗濯ができる	30	液温は30℃を限度とし、洗濯機で弱い洗濯ができる
50	液温は50℃を限度とし、洗濯機で洗濯ができる	30	液温は30℃を限度とし、洗濯機で非常に弱い洗濯ができる
50	液温は50℃を限度とし、洗濯機で弱い洗濯ができる	手洗い	液温は40℃を限度とし、手洗いができる
40	液温は40℃を限度とし、洗濯機で洗濯ができる	✕	家庭での洗濯禁止

	正答	重要度
問題100 ベッド上での洗髪の介助	2	★★

1　✕　利用者の枕を外して、肩の後ろや膝の裏に折りたたんだバスタオルやクッションを入れ、ケリーパッドのタオル部分が首の下になるように置き、**安楽な姿勢**にする。

2　○　洗髪する前にブラシで髪をとかすことで、汚れを浮かせる。髪がほつれてとかせないときは、毛先からほぐしながらとかすとよい。

3　✕　湯は頭皮に行き渡るようにかけ、介護者の手でシャンプーを泡立ててから、頭皮全体

をすみずみまで指の腹でマッサージするように洗う。これは頭皮を刺激して爽快感を与え、血行促進などの目的がある。 ●POINT●

4 ✕ ベッド上の洗髪では、湯を沢山使用するため、汚水用のバケツが満タンになりやすく、清潔な湯も不足しやすくなる。湯を廃棄したり、新しい湯を汲み直したりすることは、利用者、介護者とも負担になることがあるため、**すすぎの前にタオルで泡を拭き取る**ことで、すすぎが手早く行え、流すお湯の量も少なくなる。

5 ✕ 頭皮が濡れたままの場合、気化熱で冷えることや、細菌が繁殖して不潔になることが考えられる。洗髪後はバスタオルで十分に水分を取り、ドライヤーは20cm程度離して、**髪を広げながら乾かす**。

☑ 問題101 食生活	正答 1	重要度 ★★

1 ○ 消化管ストーマを造設している人は、便秘や下痢になりやすいため、**食材は細かく刻む**、一度にたくさん摂らない、よく噛んで食べるなどの注意が必要である。

2 ✕ 呼吸器機能障害がある人の場合、食べすぎて胃が膨れると**横隔膜が圧迫**されて呼吸がしにくくなることがあるため、無理をせず、**少量ずつ**、**数回に分けて**、必要なエネルギー量を摂るようにする。 ●POINT●

3 ✕ 血液透析を受けている人の場合、**塩分・水分・カリウム**の摂取制限がある。

4 ✕ 根菜には糖質が多く含まれているが、食物繊維も豊富に含まれている。糖尿病の場合、**食物繊維を十分に摂取**することが必要なため、避けることは適切ではない。摂りすぎに注意しながら食物繊維も摂取するようにする。

5 ✕ 心臓病の人の場合、心臓に負担をかけないためにエネルギー量を控えることが必要である。このため、**消化しやすい低カロリー食**にする。

☑ 問題102 入浴時の急変	正答 4	重要度 ★★

1 ✕ 浴槽内でぐったりしている場合、**浴槽の栓を抜き**、助けを呼んで人を集める。

2 ✕ 脳貧血を起こした場合には、その場にしゃがんだり、いすに座って**頭を低くする**などして脳への血流を促進させる。脱衣所まで移動すると、ふらついて転倒するおそれがある。

3 ✕ のぼせた場合には、浴槽から**ゆっくりと出た後**、**冷たいタオルを顔にあてて冷やす**。

4 ○ 入浴中は、**温熱作用や静水圧作用**によって**血管が拡張**している。そのため、血流が促進されて、心臓に戻る血流が増えるとともに、脳に十分な血液が流れている。急に浴槽から立ち上がると、血管が拡張したまま静水圧作用がなくなり、脳貧血を起こす。浴槽からはゆっくりと立ち上がる。 ●POINT●

5　✕　給湯温度が誤って高く設定されていた場合などにやけどすることがある。やけどが全身におよんでいたり、**広範囲にわたっている**場合には救急車を要請する。やけどが浅く、範囲が限られている場合には、痛みがなくなるまで流水で冷やす。

問題103　視覚障害がある人の誘導	正答 1	重要度 ★★★

1　○　介護福祉職の身長が利用者より低い場合、利用者に介護福祉職の**肩をつかんでもらう**。介護福祉職の身長が利用者より高い場合は、利用者に介護福祉職の**手首の近く**をつかんでもらう。また、利用者が子どもの場合は、介護福祉職が**子どもの手を握る**。　●POINT●

2　✕　階段の前では、階段に**直角に向かって**いったん**止まり**、そこに階段があることを利用者に伝える。

3　✕　歩く速さは、**利用者に**歩く速さが適当かどうかを確認し、適切な速さで誘導する。

4　✕　歩いている場所や周辺の状況、危険個所の説明など、利用者の不安を取り除くために、**必要に応じて声かけ**を行いながら誘導する。

5　✕　トイレへの誘導はプライバシーへの配慮が大切であるが、**トイレの中まで誘導**し、鍵のかけ方、便座の向き、トイレットペーパーやレバーハンドルの位置などを伝える。

ステップUP　　視覚障害者への介助の留意点

■白杖（はくじょう）を使う場合の歩行介助

● 介護者は、利用者が白杖を持つ手の反対側で半歩前に立ち、肘（ひじ）のすぐ上をつかんでもらう。

■状況の具体的な説明（例：階段を上るとき）

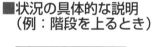

● 利用者のスピードに合わせ、「あと何段あるか」など説明しながら誘導する。

● 上りきったら、階段は終わりであることを伝える。

■いすに座るとき

● 利用者にテーブルやいすの背に触れ、確認してもらう。

● 利用者に自分でいすを引き、座ってもらう。介護者は見守る。

1　✕　足浴は、足を清潔にするだけではなく、全身の血行が促進されることで**身体も温まる**。リラックス効果や安眠効果も期待できる。

2　○　部分浴も全身浴と同様に、**利用者のプライバシーに配慮し**、必要に応じてカーテンやスクリーンなどを使用して行う。

3　✕　足浴は、**外出後や睡眠前（不眠時）に行うと、リラックス効果が高くなる**。

4　✕　洗髪は、**利用者の体調や生活習慣を考慮して**、方法や頻度を検討する。

5　✕　手浴には、関節リウマチによる**関節拘縮の予防や症状の緩和**などの効果があるため、行ったほうがよい。 **●POINT●**

1　○　めん類をそのままで食べることは、手が震えているＩさんには難しい。**細かく切って**自助具のスプーンですくえるようにすると食べやすくなる。 **●POINT●**

2　✕　**カステラは嚥下しにくい食べ物**である。また、つまようじをつまむことは手が震えているＩさんには難しく、適切ではない。

3　✕　餅は、**口の中に貼りつきやすく嚥下しにくい**。粥にしたほうが飲み込みやすくなる。

4　✕　野菜の煮物の具材が大きいと、手が震えているＩさんは**一口大に分けることが難しい**。また、そのまま口の中に入れるとむせる原因になる。

5　✕　スープは、とろみのあるポタージュにしたほうが嚥下しやすい。コンソメのようにさらさらした状態のものは、嚥下しにくい。

介護過程　解答・解説

☑
☑ **問題106** 介護過程の基本理解　　　　正答 5　　重要度 ★★

1 ✕　利用者の自己決定を尊重するが、利用者の要求を無制限に受け入れるということではない。介護職が**専門的視点から導き出した援助目標に即した支援**を行う。

2 ✕　利用者の自己決定を尊重するとともに、**個別性の高い介護**を行うことが必要である。
●POINT●

3 ✕　介護職だけで解決できるかどうかを見極め、必要に応じて**他職種協働**によるチームケアを実践することが大切である。

4 ✕　介護職の経験や先入観で利用者の状態を把握すると、全体観や客観性に欠けた視点で援助を行ってしまうことがあるため、利用者や家族の背景や生活課題を的確に把握し、**一人ひとりに適した介護**を行っていくことが必要である。

5 〇　利用者の心身の状況、経済状況、住環境、家族状況、生活様式、考え方などを十分に把握し、その人らしい日常生活を理解することが**根拠ある介護**の実践につながる。●POINT●

☑
☑ **問題107** ケースカンファレンス　　　　正答 2　　重要度 ★★

1 ✕　ケースカンファレンスは、介護福祉職だけ、看護職だけというようにそれぞれの職種だけで行う場合と、**多職種が集まって行う場合**がある。

2 〇　情報を共有することで、ケアの質の向上につながる。また、事例を検討することは、事例を発表した者だけでなく参加者全員が自分の**介護実践を振り返る機会**になる。
●POINT●

3 ✕　ケースカンファレンスは、事例を発表する者と、司会者の事前準備によって成否が決まる。司会者であっても、**十分な準備**が必要である。

4 ✕　ケースカンファレンスでは、自由に発言できる雰囲気が必要であるが、事例を発表する者を**責める場になってはならない**。

5 ✕　終了時間も最初に決定し、司会者が説明する。だらだらと行うのではなく、**限られた時間の中で実施**する。

問題108 介護過程の評価

正答	重要度
4	★★

1　✕　プロセスの評価では、実施されている援助が当初の計画通りに進んでいるかどうかを評価する。手順等が変更されている場合には、その実態を把握し、必要な場合には**計画を修正**する。

2　✕　内容を評価する場合には、現在の状況だけで判断するのではなく、**予防や自立支援の視点**をもって内容を精査する。

3　✕　効果を評価する場合、援助方法の**有効性**を判断する。その成果が設定した目標に対してどれくらい効果を上げたかを検証し、効果が上がらなかった部分については、要因を検討して必要があれば**目標の見直し**を行う。　●POINT●

4　○　評価の目的は、提供したサービスが、生活課題の解決や目標達成に向けて効果を上げているかどうかを確認し、**計画の妥当性を測る**ことである。

5　✕　援助を実施する過程で、**新たな生活課題が生じていないか**も評価する。

問題109 介護過程でのアセスメント

正答	重要度
4	★★

1　✕　面接は、面接室以外で行ってもよく、利用者が**リラックスできる環境**での対話も可能である。

2　✕　情報収集では、利用者がどのように問題をとらえているかという利用者の**主観的視点**と、その問題の背後にある潜在的な要因を追究する介護福祉職の**客観的視点**が必要である。　●POINT●

3　✕　記録からの情報収集は、家族や周囲の人による**日々の記録**の中から利用者の心身の状況の変化や行動の傾向性を観察するとともに、**関係職種が作成した記録**からも情報を収集する。

4　○　介護過程における生活課題は、利用者が望む生活を実現するうえで解決しなければならない問題を指し、それを**明確化**しなければならない。

5　✕　情報の分析・解釈では、疾患、障害、家庭環境などについて客観的に観察を行うことが必要であり、**他者との比較や介護福祉職の先入観・思い込み**などは排除しなければならない。

問題110 サービスの標準化とサービスの個別化

正答	重要度
3	★★

1　✕　Jさんの言動を否定することにより、認知症の症状が悪化する場合がある。すべてのスタッフおよび家族が、Jさんの**訴えを否定しないことが大切**である。関係者が情報を共有し、サービスの均一化を図ることが大切である。　●POINT●

2 ✕ 本人の意向を尊重し、**個別の状態に応じてサービスの個別化を図る**。

3 ◯ サービスの個別化として個人因子を活用すると、ニーズに適した個別援助に結び付きやすい。

4 ✕ **リハビリの内容はリハビリの専門職の計画に基づいて行われる**。多職種連携が大切であり、勝手に介護福祉職がリハビリの内容を決めたり、実施したりはしない。サービスの個別化として、Ｊさんの意向があれば役割としておしぼりたたみなどを促す。

5 ✕ Ｊさんのリハビリの内容はリハビリの専門職の計画に基づく。ラジオ体操はサービスの個別化ではなく、レクリエーションや準備体操として利用者全員で無理なく楽しく身体をほぐす目的で行うとよい。

☑ ☑ **問題111**	ICFの個人因子	正答 4	重要度 ★★

1 ✕ 人的環境であるため、ICFの環境因子にあたる。

2 ✕ ICFの健康状態にあたる。

3 ✕ 課題や行為の個人による遂行といえるのでICFの活動にあたる。

4 ◯ ライフスタイルであるためICFの個人因子にあたる。　**●POINT●**

5 ✕ 社会への参加といえるのでICFの参加にあたる。

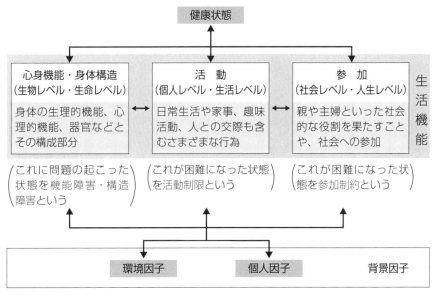

重要ワードの **再・確・認** ICFモデル

健康状態

心身機能・身体構造 （生物レベル・生命レベル）	活動 （個人レベル・生活レベル）	参加 （社会レベル・人生レベル）	生活機能
身体の生理的機能、心理的機能、器官などとその構成部分	日常生活や家事、趣味活動、人との交際も含むさまざまな行為	親や主婦といった社会的な役割を果たすことや、社会への参加	

（これに問題の起こった状態を機能障害・構造障害という）（これが困難になった状態を活動制限という）（これが困難になった状態を参加制約という）

環境因子　　　個人因子　　　背景因子

1 ✕ Lさんは「排泄の失敗による着替えと清掃がなければこのままで大丈夫」と話している。**排泄時の移動介助**が最も大きな負担とするのは適切ではない。

2 ◯ 着替えや清掃は、排泄の失敗によって生じる。**排泄の失敗は、最も大きな負担として適切である**。 ●POINT●

3 ✕ 排便そのものが負担になっているのではなく、**排尿や排便を失敗**することが着替えや清掃につながって負担になっている、排便は最も大きな負担として適切ではない。

4 ✕ Kさんには、糖尿病性網膜症がある。ただし、**Kさんの持病**はLさんの大きな負担にはなっていない。

5 ✕ **足腰の弱り**によって排泄の失敗が生じているが、足腰の弱りが最も大きな負担にはなっていない。

1 ✕ パッドの使用はLさんの介護負担の軽減につながるかもしれないが、**Kさんは「自分でトイレに行きたい」と話している**ため、Kさんのニーズに合致した内容とはいえない。

2 ✕ 水分摂取を我慢している理由は、Lさんの負担にならないようにトイレの失敗を回避するためであり、**Kさんは水分そのものを摂取したくないわけではない**。そのため、Kさんの短期目標として適切ではない。

3 ✕ トイレの失敗はADLの状況のひとつであり、ほかの身体状況である視覚障害や介護者Lさんを含めた生活環境の背景もアセスメントして、**真のニーズを把握する**ことが排泄自立につながる。

4 ✕ 今の生活を維持したいというKさんの話は主訴（デマンド）としてとらえられるが、Lさんとの生活を続けたいという思いだけではなく、このほかにも情報収集・分析をする必要がある。現状では**施設入所はKさん夫婦のニーズではない**と考えられる。

5 ◯ Kさんは、体調に不安のあるLさんにトイレの失敗によって負担をかけていることが、生活を継続できなくなる要因として考えていることがうかがえる。またLさんも、夫の着替えや清掃の問題以外はこのままでよいと言っているため、**Kさんの排泄自立を生活課題（ニーズ）としてとらえている**と考えられる。 ●POINT●

総合問題　解答・解説

総合問題1

| 問題114 | 変形性膝関節症 | 正答 4 | 重要度 ★★ |

1　×　変形性膝関節症^{しつかんせつしょう}は、男性より**女性に多くみられる**。　●POINT●

2　×　**肥満**によって膝^{ひざ}にかかる負担が大きい人に多い傾向がある。

3　×　膝関節の**軟骨がすり減る**ために起こる。関節にとげのような突起ができる変形性関節
症として、変形性肘関節症^{ちゅうかんせつしょう}がある。

4　○　O脚で**膝の内側に体重がかかる**人に多い傾向がある。　●POINT●

5　×　先天性要因が考えられる変形性関節症として、**変形性股関節症**^{こかんせつしょう}がある。変形性股関節
症は、先天性あるいは後天性要因によって股関節の構造が障害されて起こる。

| 問題115 | 訪問介護員（ホームヘルパー）の声かけ | 正答 1 | 重要度 ★★ |

1　○　初回訪問の場合、事前に情報を得ていてもMさんがどうしてほしいのかを**直接聞いて
把握する**ことが必要である。適切な声かけである。

2　×　N訪問介護員（ホームヘルパー）がすべてやることは、介護状態の進行につながる。
できることはやってもらいながら**できないことを手助けする**ことが必要である。

3　×　初対面のMさんに対して、「歩けなくなる」という声かけは適切ではない。まずは**信
頼関係**を築いていくことが大切である。

4　×　初対面のMさんに対して、会ったことのないご主人のことを教えてほしいと言うのは
適切ではない。信頼関係が築かれて、Mさんが**自分から話す**のを待つことが必要である。

5　×　Mさんは膝^{ひざ}の状態が悪く、自分で思うように動けない状態である。Mさんの**尊厳に配
慮する**ことが必要である。　●POINT●

| 問題116 | 訪問介護員（ホームヘルパー）の対応 | 正答 1 | 重要度 ★★ |

1　○　変形性膝関節症^{しつかんせつしょう}のため、**長時間台所で立っていることは膝^{ひざ}の負担**になる。このため、
時々いすに腰かけて休みながら料理できるようにするのは、適切な対応である。　●POINT●

2　×　Mさんが自分で料理をしたいと言ったのだから、**献立もMさんに考えてもらい**、料理
の楽しさを思い出してもらうことも必要である。N訪問介護員（ホームヘルパー）が献
立を考えるのは適切ではない。

3　×　Mさんが作りたい料理を確認し、そのうえで食材を購入することが大切である。また、

Mさんの希望があれば、一緒に近所で買い物をすることも大切である。

4　✕　料理をしたいと言っても、配食サービスが必要なくなったとはいえない。様子を見ていくことが必要である。**了解を得ずに断ることも適切ではない。**

5　✕　Mさんが料理をしてみたいと思い始めている。N訪問介護員（ホームヘルパー）は、**そばで見守り、必要に応じて手伝うことが大切である。**　●POINT●

総合問題2

| 問題117　発達障害の理解 | 正答 4 | 重要度 ★★ |

1　✕　自閉症スペクトラム障害の場合、ひとつのことにこだわりをもつことが特徴である。また、対人関係の障害もあるため、大学生活や会社への就職において障害となることもある。Oさんに疑われる疾患としては適切ではない。

2　✕　学習障害は、文部科学省の定義によれば、基本的には全般的な知的発達の遅れはなく、生育環境や教育環境に問題がないにもかかわらず、**聞く、話す、読む、書く、計算するまたは推論する能力のうち特定のものを習得したり用いることが困難な状態**をいう。事例から、Oさんにそのような面は見受けられず、学習障害を疑うのは適切ではない。

3　✕　反応性愛着障害は、相手に極度の警戒感を示したり、逆によく知らない人でもなれなれしく近寄っていくなど、**対人関係が十分に発達していないために起こる障害**である。Oさんに疑われる疾患として適切ではない。

4　○　注意欠陥多動性障害は、知能は正常であるが、**注意を持続できない、気が散りやすい、**極端に落ち着きがない、順番が待てないなどの症状が12歳までに現れる疾患である。この症状が続き、成人してから注意欠陥多動性障害であることがわかる場合もある。片づけようとしても途中で気が散って最後まで片づけられない、仕事に集中できないなど、Oさんは注意欠陥多動性障害が疑われる。　●POINT●

5　✕　強迫性障害は、無駄だとわかっていても必要以上に手を洗い続けるなど、**強迫観念にとらわれてしまう**疾患である。Oさんに疑われる疾患としては適切でない。

| 問題118　障害者総合支援法に基づくサービス | 正答 5 | 重要度 ★★ |

1　✕　訪問介護（ホームヘルプサービス）は、介護福祉士などが要介護者の居宅を訪問して、入浴、排泄、食事などの介護、その他の日常生活上の世話を行う「**介護保険法**」に基づくサービスである。

2　✕　居宅療養管理指導は、医師、歯科医師、歯科衛生士、薬剤師、管理栄養士、看護師などが要介護者の居宅を訪問し、療養上の管理・指導を行う「**介護保険法**」に基づくサー

ビスである。

3　✕　同行援護は、「障害者総合支援法」に基づいて、**視覚障害**により、移動に著しい困難を有する者につき、外出時において、当該者等に同行し、移動に必要な情報を提供するとともに、移動の援護等の便宜を供与するサービスである。Ｏさんに視覚障害はないため、受けられるサービスとして適切とはいえない。

4　✕　**看護小規模多機能型居宅介護**は、居宅の要介護者に対して、居宅サービスや地域密着型サービスを２種類以上組み合わせて利用するサービスのうち、訪問看護と小規模多機能型居宅介護を組み合わせてサービスを提供する「**介護保険法**」に基づくサービスである。

5　○　**行動援護**は、知的障害または精神障害により行動上著しい困難を有する者が行動する際、危険を回避するために必要な支援、外出支援を行う「**障害者総合支援法**」に基づくサービスである。Ｏさんの症状が重くなった場合に受けられる可能性がある。●POINT●

問題119　ソーシャルワーカーの対応	正答 2	重要度 ★

1　✕　Ｏさんが自分の障害について隠していると、上司や同僚には集中力がなく、やる気がないというとらえ方をされる恐れがある。**注意欠陥多動性障害であることを伝え、配慮してもらうことも必要である**ため、適切な助言とはいえない。

2　○　仕事の内容や言われたことを忘れないようにするため**メモをとることは適切**である。ただし、そのメモをなくさないような工夫も必要である。

3　✕　Ｏさんは片づけを始めても、ほかのことが気になって途中でやめてしまう。一気に片づけようとすることは難しいので、毎日**少しずつ片づける**ことを習慣づけていくことが大切である。

4　✕　Ｏさんが実家に戻って、身のまわりのことを母親にしてもらうこともひとつの方法である。ただし、Ｏさんがいつまでも自立できないことにもつながるため、一人暮らしを続けながら、一つひとつできるようにしていくことが大切である。**スモール・ステップの手法**である。●POINT●

5　✕　会社を退職したからといって、Ｏさんの状態が改善されるわけではない。**仕事をしながら、障害と向き合っていくことが大切**である。

総合問題3

問題120　狭心症の症状	正答 4	重要度 ★

1　✕　心筋が壊死する状態は**心筋梗塞**である。

2 ✕ 心臓の機能が低下して全身に十分な血液を送り出せなくなった状態は**心不全**である。時間の経過によって急性心不全と**慢性うっ血性心不全**に分けられる。

3 ✕ 心臓内にある4つの弁（三尖弁・肺動脈弁・僧帽弁・大動脈弁）のはたらきに異常があり、血液が通りにくくなったり、弁が壊れてしまい逆流したりする状態を総称して**弁膜症**という。

4 ○ 選択肢4の内容は**狭心症**である。心臓は活動により多くの酸素を必要とするが、酸素の供給量が足りない場合、心臓は酸素不足となり、胸痛（狭心痛）などが出現する。よって選択肢4が正しい。 **●POINT●**

5 ✕ **不整脈**は狭心症の症状ではない。不整脈には病気に由来するものと、運動や精神的興奮、発熱、加齢によって起こる生理的な不整脈がある。

問題121　入浴における環境づくり

正答	重要度
2	★

1 ✕ 浴槽の縁の高さは膝くらいの高さとして**40～45cm**程度が望ましい。著しく低い場合には腰掛ける際に危険が高く、立ち上がりにくくなる。

2 ○ **ヒートショック**とは、**急激な温度変化による身体の変化（血圧や脈拍数の急変）**のことをいう。狭心症のあるPさんはヒートショックにより発作を起こすことも考えられるため室温の管理に配慮する必要がある。 **●POINT●**

3 ✕ 浴室の手すりは**移動するための横型の手すり**だけでなく、洗い場のいすや浴槽内での**立ち上がりのための縦型の手すり**も必要であると考えられる。また、ボディソープ、水分などで滑りやすいことも配慮し、手すりの形状は握りやすい波型のものを使用するのもよい。

4 ✕ シャワーチェアの活用はさまざま考えられるが、一般的には頭や身体を洗うときに使用する福祉用具であり、座位保持力が低下している利用者が使用するものである。

5 ✕ 浴槽内いすは半身浴に活用してもよいが、特定福祉用具販売の対象としては、**座位の保持、浴槽への出入り**等の補助となるものとされている。

問題122　入浴支援

正答	重要度
4	★

1 ✕ 浴室の改修は介護保険の**住宅改修**を利用して、手すりの設置、段差の解消、滑りの防止などを行えるが、Pさんには**狭心症**があり、環境を整えても、解消されるとは考えにくい。

2 ✕ Pさんにとって日々の生活の楽しみだった入浴ができなくなることの**心理的なダメージ**は大きく、その後の生活に大きく影響すると考えられる。現在の不安要素を解消していく支援が必要である。

3　×　心疾患があるＰさんは、**ぬるめの湯**で、**長湯を避ける**ようにする必要がある。静水圧による心臓への負担軽減のために半身浴が望ましい。

4　○　Ｐさんには自身の身体状況、転倒などの危険に対する不安、家族への負担などのさまざまな不安があると考えられる。そのため、Ｐさん自身がどのように感じているのか、**精神的な側面**について配慮する必要がある。　●POINT●

5　×　入浴中に問題がなくても、入浴により入浴後は**体力の消耗**、体調やバイタルの変化に注意する必要がある。

|総合問題4|

| ☑ ☑ | **問題123** 介護福祉職の対応 | 正答 4 | 重要度 ★★★ |

1　×　現在の状態・状況に応じた支援内容、支援体制を検討することが必要である。食事においては自分で食べる喜びを損なわないように、全介助ではなく**自助具の活用**を検討する。　●POINT●

2　×　安易に介助を増やすのではなく、入浴の一連の動作において、どこに、どのような支障があり、どんな支援が必要であるか現状を観察する。**福祉用具を活用し自立支援を原則**とする。

3　×　Ｑさんは痛み止めを希望しているわけではない。関節の安静と運動のバランスをとることが必要であることを**医療職から説明をしてもらう**。

4　○　日常生活面において、関節に負担のかからない動作や自助具の活用方法を検討することが、現状では最も必要である。**理学療法士や作業療法士との連携は重要**である。

5　×　まずは、Ｑさんが自信を取り戻し、**在宅復帰に意欲が持てるような言葉かけ**が必要である。状態が変化しても自分でできることに目を向けて、身体状況の変化に合わせてできる活動や生活拡大の可能性を一緒にみつけることが大切である。

| ☑ ☑ | **問題124** 日常の生活支援 | 正答 2 | 重要度 ★★★ |

1　×　関節リウマチは慢性的に続く炎症のため、37℃台の微熱、倦怠感、食思不振、体重減少などの症状が現れる。日ごろから**日中の活動の様子や食事摂取量、体重の変化に注意**することが必要である。　●POINT●

2　○　関節の痛みや変形により、靴の着脱がしにくかったり、靴の形状によっては痛みが出たりすることもある。関節の保護、変形防止などを重視した靴選びは**義肢装具士に相談**する。

3　×　関節が動かしにくく、細かい動作が困難になる朝のこわばりが朝起きてから1時間以

上続いたり、長時間持続する関節のこわばりがみられる。**こわばりや関節の痛みが軽減してから、できることを促す。**

4　✕　身体を思うように動かせない、痛みが続くなどからストレスを抱えやすいので、**気分転換に野外への散歩は有効である。**朝日をあびることや、日光浴は、健康維持のために有効である。

5　✕　水分を控えることで脱水や便秘を招く危険が高まる。安全に排泄(はいせつ)行為ができるように、着脱しやすい衣服の工夫や転倒防止のためのトイレの環境を整えることなどが重要である。

☑ ☑	**問題125** 福祉用具の活用	正答 3	重要度 ★★★

1　✕　円座は、痔の悪化、出産後の患部の痛み軽減に有効である。また、腰痛、猫背、姿勢矯正などにも活用されるが、Qさんには当てはまらない。

2　✕　エアーマットレスは、被介護者が**自力で寝返りができず**、そして、介護者が**定期的に体位変換をしてあげられない場合**に活用する。被介護者が自力で寝返りができる場合は不向きであり、Qさんには当てはまらない。

3　○　関節の変形により、ソックスをはく動作は大変困難となるので、Qさんには有効である。ボタンを留める場合には**ボタンエイドの活用**が有効である。

4　✕　コミュニケーションエイドは、主に、**会話や筆談が困難な重度の障害者**において、他の人に意思を伝えるために作られた福祉用具である。Qさんには当てはまらない。

5　✕　スライディングボードは、骨折や麻痺、筋力低下などの影響によって、**立ち上がりや方向転換の移乗介助の全介助が必要な場合**に有効である。Qさんは自分で移動できるので当てはまらない。●POINT●

·· Memo ··

·· Memo ··

国家試験突破を強力サポート

2025年版介護福祉士試験対策書籍

ユーキャンだから効率的に学べる

- ●合格に的を絞った内容で学習の負担軽減
- ●ていねいな解説で理解度アップ！
- ●試験直前まで活用できる使いやすさ

出題範囲を効率よくインプット

よくわかる！速習テキスト

しっかり学べる
基本書

〔フルカラーテキスト〕
A5判
2024年5月17日発刊

書いて覚える！ワークノート

読んで書いて
知識を定着！

〔書き込み式〕
B5判
2024年4月12日発刊

問題演習で実践力UP

よくわかる！過去5年問題集

過去5年分を
徹底解説！

〔赤シート付き〕
A5判
2024年5月17日発刊

2025徹底予想模試

本試験を
シミュレーション！

〔取り外せる問題冊子〕
B5判
2024年5月17日発刊

2024年3月末現在。書名・発刊日・カバーデザイン等変更になる可能性がございます。

●法改正・正誤等の情報につきましては、下記「ユーキャンの本」ウェブサイト内「追補（法改正・正誤）」をご覧ください。
https://www.u-can.co.jp/book/information

●本書の内容についてお気づきの点は
・「ユーキャンの本」ウェブサイト内「よくあるご質問」をご参照ください。
https://www.u-can.co.jp/book/faq
・郵送・FAX でのお問い合わせをご希望の方は、書名・発行年月日・お客様のお名前・ご住所・FAX 番号をお書き添えの上、下記までご連絡ください。
【郵送】〒 169-8682 東京都新宿北郵便局 郵便私書箱第 2005 号
　　　　ユーキャン学び出版 介護福祉士資格書籍編集部
【FAX】03-3350-7883
◎より詳しい解説や解答方法についてのお問い合わせ、他社の書籍の記載内容等に関しては回答いたしかねます。

●お電話でのお問い合わせ・質問指導は行っておりません。

本文キャラクターデザイン なかのまいこ

2025 年版　ユーキャンの 介護福祉士　2025 徹底予想模試

2014 年	8 月 22 日	初　版	第 1 刷発行
2015 年	7 月 24 日	第 2 版	第 1 刷発行
2016 年	7 月 13 日	第 3 版	第 1 刷発行
2017 年	7 月 14 日	第 4 版	第 1 刷発行
2018 年	5 月 24 日	第 5 版	第 1 刷発行
2019 年	5 月 23 日	第 6 版	第 1 刷発行
2020 年	5 月 22 日	第 7 版	第 1 刷発行
2021 年	5 月 27 日	第 8 版	第 1 刷発行
2022 年	5 月 20 日	第 9 版	第 1 刷発行
2023 年	5 月 19 日	第 10 版	第 1 刷発行
2024 年	5 月 17 日	第 11 版	第 1 刷発行

編　者　ユーキャン介護福祉士試験研究会
発行者　品川泰一
発行所　株式会社 ユーキャン 学び出版
　　　　〒 151-0053
　　　　東京都渋谷区代々木 1-11-1
　　　　Tel 03-3378-1400

編　集　株式会社 東京コア

発売元　株式会社 自由国民社
　　　　〒 171-0033
　　　　東京都豊島区高田 3-10-11
　　　　Tel 03-6233-0781 （営業部）

印刷・製本　望月印刷株式会社

※落丁・乱丁その他不良の品がありましたらお取り替えいたします。お買い求めの書店か自由国民社営業部（Tel 03-6233-0781）へお申し出ください。

© U-CAN, Inc. 2024 Printed in Japan ISBN978-4-426-61563-5